Walter Kugler

Dreigliederung
Die Kunst der Zusammenarbeit

Walter Kugler

Dreigliederung

Die Kunst der Zusammenarbeit

Verlag am Goetheanum

www.goetheanum-verlag.ch

2. Auflage 2021

Umschlaggestaltung von Wolfram Schildt, Berlin,
unter Verwendung der Wandtafelzeichnung von Rudolf Steiner zum
Vortrag vom 25. Mai 1920, GA 336

Satz: Höpcke, Hamburg
Druck und Bindung: Majuskel Medienproduktion GmbH, Wetzlar

ISBN 978-3-7235-1620-1

Für Uli,
mit dem man über Dreigliederung und Begriffe
trefflich streiten konnte,

und Cornelia,
die das alles ertragen, aber auch munter – und immer das
Praktische im Sinn – mit- und weiter getragen hat.

Inhalt

Auftakt

Aufgabe: die Dinge sehen, wie sie sind!
Mittel: aus hundert Augen auf sie sehen können,
aus vielen Personen.

Friedrich Nietzsche
Nachgelassene Fragmente 1880–1882,
Kritische Studienausgabe, KSA, Bd. 9, S. 466

Drei Empfehlungen

Erstens: Dreigliederung ist ein Ausrufezeichen. Seine Botschaft: Die Soziale Frage ist nicht nur eine Angelegenheit des Wirtschaftslebens, sondern auch eine Angelegenheit des Rechtslebens und des Geisteslebens. Dies gilt auch für innerbetriebliche Angelegenheiten. Ob Industrieunternehmen oder Einrichtungen des Bildungswesens: immer geht es um rechtliche, wirtschaftliche und geistige Vorgänge und dies nicht nacheinander, sondern gleichzeitig.

Zweitens: Der soziale Organismus ist dreigegliedert – seit jeher. Nur bemerkt man dies aufgrund zahlreicher Fehlentwicklungen nicht. Die Krankheitssymptome sind offensichtlich. Deshalb braucht der soziale Organismus eine Therapie. Es braucht den dreigliedrigen Blick.

Drittens: Der Schlüssel zur Therapie der einzelnen Glieder des sozialen Organismus ist die Zusammenarbeit. Wie heißt es doch zu Beginn von Steiners programmatischer Schrift *Die Kernpunkte der Sozialen Frage* aus dem Jahr 1919? «In ihr wird deshalb durchaus nicht theoretisch festgesetzt: Dies soll so oder so sein. Sondern es wird zu Menschengemeinschaften angeregt, die aus ihrem Zusammenleben das sozial Wünschenswerte herbeiführen können.»[1]

Jeder hat es gelesen, jeder?

«Marx würde sagen: Wenn nach mir einer kommt, der etwas Neues bringt und er heißt nicht Marx, sondern Steiner, dann haltet Euch an den lebendigen Geist und nicht an die alten

Abb. 1 Titelblatt Die Kernpunkte der Sozialen Frage, 1919

Knochen.»[2] Das ist die Stimme eines Arbeiters an einer Betriebsräteversammlung in Stuttgart, der sichtlich berührt war von dem ‹Neuen›, das Rudolf Steiner in seinen einleitenden Worten den Zuhörern ins Gedächtnis diktierte.

Das Neue, es kam nicht über Nacht, sondern erschien gleichsam als Zwischenbericht eines Jahrzehnte langen Beobachtens und Reflektierens der sozialen Verhältnisse im Großen wie im Kleinen, in der Weltwirtschaft wie im Zwischenmenschlichen. So hatte Steiner bereits als 27-Jähriger im Jahre 1888 in seiner Eigenschaft als Redakteur der *Wiener Deutschen Wochenschrift* die Debatten der Abgeordneten im Wiener Parlament verfolgt und die Geschehnisse in zahlreichen Zeitungsartikeln kritisch kommentiert[3]. In jedem dieser Essays spürt man seine Präsenz, spürt man den Atem eines nicht dem Gleichschritt verpflichteten Denkers, und man spürt bereits den zukünftigen Verfasser einer Freiheitsphilosophie (1894), in der er jeglichem normativen Anspruch moralischer Gesetze eine deutliche Abfuhr erteilte.

Lässt man sich auf seine außergewöhnlichen Überlegungen einmal ein, dann wird man schon bald Zeuge eines rastlos Suchenden, bei dem es wohl ein Innehalten, aber keinen Stillstand gibt und der knapp 30 Jahre später mit seinem Buch *Die Kernpunkte der Sozialen Frage* die Feuilletonisten namhafter Zeitungen beschäftigen wird, sei es bei der *New York Times* (14.1.1923), der *New York Tribune* (26.5.1921) oder der britischen *Daily News* (16.9.1920). In Letztgenannter war unter der Überschrift «Wie Kapital behandelt werden soll – Ein Buch, über das in Europa diskutiert wird» u.a. zu lesen: «Von jedem Denkenden des Kontinents wird ein auffallendes Buch besprochen, das von einem bemerkenswerten Manne im Frühjahr dieses Jahres veröffentlicht wurde [...] Jeder, der irgend etwas ist, hat es gelesen.» Jeder?

Mit der Seele denken

Ein Gegengewicht zum Un-Geist seiner Zeit zu bilden, das war eines der großen Motive, das Steiner umtrieb und unter anderem zu einer Reihe von ‹Gegenwartsreden› veranlasste, die er 1920 in Stuttgart gehalten hat. Warum sind wir eigentlich Materialisten? fragt er seine Zuhörer, um dann mit seiner Antwort den Nerv der Zeit damals – und heute wohl ebenso – zu treffen. Wir sind Materialisten nicht deshalb, dozierte Steiner, «weil wir das Leben falsch interpretieren, sondern weil wir falsch leben. [...] Wir schalten die Seele aus und denken mit dem Gehirn.»[4] Worauf es aber ankommt,

Deutsche Wochenschrift.

Organ für die nationalen Interessen des deutschen Volkes.

Abonnement:

Redaction und Administration:

Berlin W., Steglitzerstraße 30 31. Wien, I., Oppolzergasse 4.

Anzeigen:

VI. Jahrgang. Berlin — Nr. 28 — Wien 13. Juli 1888.

Inhalt: Die dauernden Früchte einer kurzen Regierung. Von R. Redlich. — Papstthum und Liberalismus. Von S–r. — Feuilleton: Theodor Storm †. Von Dr. Max Vogler. — Professor Knoll und die deutsche Opposition. Von E. Pernerstorfer. — England in Gefahr. Von Roderich v. Bornstetten. (Schluß.) — Das Gemeindekind. Von Fr. Lemmermayer. — Wein. Gedicht von Fercher von Steinwand. — Frauenmuth. Von Robert Howe Fletcher. Deutsch von Max Lorbing. (Fortsetzung.) — *Die Woche. — Eingesendet. — Büchersch[au]. — Anzeigen.

Die dauernden Früchte einer kurzen Regierung.

Laßt fahren hin das allzu Flüchtige,
Ihr sucht bei ihm vergebens Rath!
In dem Vergang'nen lebt das Tüchtige,
Es lebt in jeder guten That.

Wenn es eines äußerlichen Zeugnisses dafür bedürfte, daß die hunderttägige Regierung des edlen Friedrich tiefgehende, dauernde Wirkungen [illegible] hat, so könnte man [illegible] in dem [illegible] Eifer finden, mit dem alle Feinde des Lichts und einer volksthümlich freien Staatsauffassung bemüht sind, dieses kostbare Blatt aus dem Buche unserer vaterländischen Geschichte herauszureißen oder, da sie das denn doch, Gott sei Dank, nicht vermögen, es wenigstens pietätlos zu besudeln. Denn ein anderer Zweck läßt sich nur schwer erdenken für die in aller Breite vor der Oeffentlichkeit geführten Erörterungen über allerlei unlautere Einflüsse, von denen der verewigte Kaiser bei seiner Thronbesteigung und während seiner Regierung geleitet worden sein soll.

Ganz gewiß dürfen die Acten über das traurige Jahr, das hinter uns liegt, nicht mit dem Grabe Kaiser Friedrich's geschlossen sein. Eine klar sehende, unbefangene Geschichtschreibung wird dereinst Recht und Unrecht abwägen und das Urtheil sprechen, und auch heute schon mögen Diejenigen, denen das Wohl des Landes anvertraut ist, erwägen, welche thatsächlichen Folgerungen sie aus ihrer Auffassung vergangener Dinge zu ziehen haben. Aber gehässige Anschuldigungen und Verdächtigungen auf den Markt zu bringen, das Gedächtniß Kaiser Friedrich's und die Ehre der ihm zunächst stehenden Personen dem ziellosen Gezänk des Tages preiszugeben — welchem Interesse kann das dienen? Dem des Kaiserhauses gewiß nicht; und man würde es gerechtfertigt finden, wenn der junge Kaiser aus Rücksichten der Pietät wie aus Rücksicht auf die Würde der von seinem Vater ererbten Krone sein Ansehen gebrauchte, um diesem Treiben ein Ende zu machen, dessen Tactlosigkeit je länger je mehr den Unwillen aller anständigen Leute in Deutschland erregt. Kaiser Wilhelm hat mit so warmer, pietätvoller Anerkennung der hohen Verdienste seines Vaters das Erbe desselben übernommen, daß es kaum begreiflich ist, wie sich die Verunglimpfer der „neunundneunzig Tage" so dreist hervorwagen können, denn gerade sie würden den Muth hiezu ohne die Deckung, die sie zu besitzen wähnen, am allerletzten finden.

Nur über einen Punkt verbreiten jene Erörterungen ein dankenswerthes Licht: daß nämlich thatsächlich die bisher abgeleugnete Absicht bestanden hat, den Kaiser Friedrich auf Grund seiner Krankheit vom Throne fernzuhalten, und daß diese Absicht — wodurch auch immer, vermuthlich aber durch die Willenskraft des todtkranken Mannes selbst — vereitelt worden ist. Diese letztere Thatsache kann man jetzt nicht mehr ungeschehen machen, aber es wird auch nicht gelingen, ihre Nachwirkungen wesentlich abzuschwächen.

Selbst wenn Diejenigen, welche die müßige Frage der Regierungsfähigkeit aufgeworfen haben, ebensoviele durchschlagende Gründe für sich hätten, als sie in Wahrheit gegen sich haben, würde es ihnen wenig helfen. Was wollen sie denn? Das Einzige wäre doch, daß sie Herrn v. Puttkamer wiederholten. Nun, sie mögen es versuchen. Man kann es ruhig aussprechen, daß Herr v. Puttkamer, so lange er Minister war, dem Volke in Preußen mit Ausnahme der erbitterten Socialdemokraten ziemlich gleichgiltig war. Die parlamentarischen Sympathien und Antipathien werden zwar von den Wählern im Lande auf das Commando der Parteipresse „mitgemacht", aber sie gehen meist Niemandem sonderlich zu Herzen, und so wäre denn auch Herr v. Puttkamer an und für sich selbst nach der constitutionellen Seite keineswegs völlig unmöglich. Aber man versuche es nur, diesen Mann, durch dessen Entlassung Kaiser Friedrich seine politische Willensmeinung zu erkennen gegeben hat, wieder zurückzurufen. Wenn er den Muth haben sollte, einem solchen Rufe zu folgen, der Haß des Volkes würde ihn treffen und ein Sturm des allgemeinsten Unwillens würde ihn sofort wieder beseitigen. Wer etwas Anderes glaubt, bringt die Empfindungen des Landes für den herrlichen Mann nicht in Anschlag, mit dem es alle Leiden der tödtlichen Krankheit mitgefühlt, den es bewundernd bis zuletzt seine Pflicht erfüllen sah, und mit dem es seine schönsten Hoffnungen hat begraben müssen.

So kurz die Regierung Kaiser Friedrich's war, einen so tiefen Einschnitt in die Entwicklung unserer inneren politischen Verhältnisse hat sie gemacht. Wäre Kaiser Wilhelm drei Monate später gestorben, oder hätte man seinen kranken Sohn zum Verzicht auf die Ausübung der Regierungsgewalt bewegen können, so wäre auf den greisen Wilhelm der jugendliche unmittelbar gefolgt, der es sich zur Aufgabe gemacht hat, in den Wegen seines Großvaters zu gehen. Diese Wege, soweit Prinz Wilhelm als reifender Mann sie hat verfolgen können, sind diejenigen der letzten zehn Jahre, in denen Fürst Bismarck uneingeschränkter als früher den Gang der Politik bestimmte, und zwar, nach Abwendung von der Bahn der Siebziger Jahre, in conservativerer Richtung und in autokratischeren Formen. Eine Reaction im schlimmen Sinne hatten wir nicht, und Fürst Bismarck ist zu sehr Staatsmann, um nicht auch nach der Rechten hin extreme Ansprüche energisch abzuweisen. Gleichwohl hatte sich die Entwicklung der Dinge erheblich nach rechts gewandt, und der junge Kaiser wäre durch persönliche Neigungen und Anschauungen leicht dahin geführt worden, die Fortsetzung der Politik Wilhelm's I. in noch schärferer Betonung dieser Richtung zu suchen.

Es ist eine Art geschichtlichen Naturgesetzes, daß der Thronfolger gern nach der oppositionellen Seite neigt. Das ist nicht nur richtige dynastische Hauspolitik, sondern es ist heilsam für die Entwicklung der Staaten, die nicht zu weit in einseitiger Richtung gedrängt werden dürfen. Unter diesem Gesichtspunkte wäre es für Preußen sicher kein Glück, wenn unsere Geschichte zwischen dem ersten und dem zweiten Wilhelm nicht einen Friedrich III. zu nennen hätte. Das freilich bleibt ewig beklagenswerth, daß seine Regierung uns kaum viel mehr als diesen seinen Namen bringen konnte, daß er mit gebrochener Kraft im Angesichte des Todes den Thron bestieg, auf dem er so große Hoffnungen zu erfüllen und so hohe Pläne auszuführen berufen war. Hätte er auch nur die ihm vergönnten drei Monate in voller Kraft seines hohen Amtes walten können, so hätte es gewiß nicht erst eines fortschrittlichen „Wortes zur rechten Zeit" und der Beihilfe einer angeblichen „Camarilla" bedurft, um ihn mit einem Quos ego Diejenigen in ihre Schranken weisen zu lassen, die jetzt an seiner Regierungsfähigkeit mäkeln, denen er aber in ihrem Herzen noch viel zu regierungsfähig war. Wir, die wir uns voll auf dem Boden seiner Anschauungen wissen, wir beklagen es, daß er nicht regierungsfähiger war, wie es ihn selber gewiß am meisten betrübt hat. Aber vergebens waren deshalb diese drei Monate nicht. Sie haben genügt, das Gleichgewicht der politischen Principien zu bewahren, eine im besten

Abb. 2 Wiener Deutsche Wochenschrift, 1888

ist, dass «dasjenige, was zwischen den Menschen geschieht, durch das Erleben jedes einzelnen Menschen geschieht und nicht dadurch, dass die Menschen wie eine Tierherde leben und durch irgendeine Organisation von oben ihnen alles dasjenige befohlen wird, alles angeordnet wird, was die Richtung, der Weg ihres Lebens sein soll.» Der Mensch, so Steiner, muss lernen, mit der Seele zu denken, «muss das

DIE

PHILOSOPHIE DER FREIHEIT.

GRUNDZÜGE

EINER

MODERNEN WELTANSCHAUUNG

VON

DR. RUDOLF STEINER.

Beobachtungs-Resultate nach naturwissenschaftlicher Methode.

ARTES ET LITTERAE

EF

BERLIN.

VERLAG VON EMIL FELBER.

1894.

Abb. 3 Philosophie der Freiheit, 1894

New Scheme of Social Organization

A Review by
RAYMOND G. FULLER

THE THREEFOLD COMMONWEALTH. By Rudolph Steiner. Authorized translation by E. Bowen-Wedgwood. Pp. 206. New York: Threefold Commonwealth Publishing Association.

HERE is a remarkable book by a remarkable man, Rudolph Steiner Ph. D., of Vienna, mystic and occultist, theosophist, until the break with Mrs. Besant, anthroposophist now on his own account, a man who has experimented and published strikingly in the fields of education, medicine, and art, in accordance with his esoteric philosophy and yet in a manner not without results and suggestions of value to traditional thinkers and regular practitioners in these fields, appears as a sociologist in "The Threefold Commonwealth." The book was written in German several years ago and was first translated into English by O. Henry Frederick under the title, "The Tri-organic Social Organism" (Detroit: the Goetheanum Press). The earlier translation was not regarded as satisfactory by the followers, or admirers, of Dr. Steiner, and wider publicity for his ideas was desired; hence the present volume.

But the book is not merely part of the literature of a religious or semi-religious cult; it has novelty and bigness as a contribution to sociological literature—the most original contribution in a generation. The author is a German thinker as well as a Rosicrucian esotericist, and has addressed himself to social problems from an unusual point of view, producing the highly interesting conception of the Threefold Commonwealth. "Interesting" is used as a word of praise, not of disparagement. Most of our books on social maladjustment and the future of civilization are based on either an economic or a psychological interpretation of society; Dr. Steiner has what may be called a spiritual interpretation, and he would reorganize society in such a way as to bring it into conformity with spiritual realities.

"What ails the body social," says Dr. Steiner, "is the impotence of the spiritual life."

> It devolves upon this book—an unpopular task today—to show that the chaotic condition of our public life comes from the spiritual life's dependence on the state and on industrial economy, and to show further that one part of the burning social question is the emancipation of the spiritual life from this dependence.

The spiritual life, as Dr. Steiner sees it, is neither a collection of instincts nor a collection of ideas and ideals, but an entity that transcends the life of man and yet works in and through man and gives life all the reality it has. It is life itself. The comparative impotence of this spiritual life, its relative frustration, is the fundamental cause of the working-class movement. Let the author (through his translator) speak:

> The man of today who is obliged to live the life of a worker * * * needs a spiritual life from which power can come—power to give his soul the sense of his human worth. For when the capitalist economic order of recent times caught him up into its machinery, the man himself, with all the deepest needs of his soul, was driven for recourse to some such spiritual life. But the kind of spiritual life which the leading classes handed on to him as ideology left his soul void. Running through all the demands of the modern working class is this longing for some link with the spiritual life other than the present form of society can give; and this is what gives the directing impulse to the social movement today. * * *
>
> At present, the worker thinks that he has struck the main force in his soul when he talks about his "class consciousness." But the truth is, that ever since he was caught up into the capitalist economic machine he has been searching for a spiritual life that could sustain his soul and give him a "human consciousness"—a consciousness of his worth as a man—which there is no possibility of developing with a spiritual life that is felt as ideology. This "human consciousness" was what he was seeking. He could not find it; and so he replaced it with "class consciousness" born of the economic life. His eyes are riveted upon the economic life alone, as though some overpowering suggestive influence held them there. And he no longer believes that elsewhere, in the spirit or in the soul, there can be anywhere a latent force capable of supplying the impulse for what is needed in the social movement. All he believes is, that the evolution of an economic life, devoid of spirit and of soul, can bring about the particular state of things which he himself feels to be the one worthy of man. Thus he is driven to seek his welfare in a transformation of economic life alone. He has been forced to the conviction that with the transformation of economic life all those ills would disappear that have been brought on through private enterprise, through the egoism of the individual employer, and through the individual employer's powerlessness to do justice to the claims of human self-respect in the employe. And so the modern worker was led on to believe that the only welfare for the body social lay in converting all private ownership of means of production into a communal concern or into actual cummunal property. This conviction is due to people's eyes having been removed, as it were, from everything belonging to soul and spirit, and fixed exclusively on the economic process.

Society and social institutions—the State and the school in particular—are dominated by the economic life, with consequences many and various. The economic life extends its influence far beyond its own proper sphere. The modern capitalist system of economy, says Dr. Steiner, recognizes nothing but commodities, and in the capitalistic processes something has been turned into a commodity which the worker feels must not and can not be a commodity—namely, his labor power. He has much to say about the loathing which the worker feels at being obliged to barter his labor-power to the employer, as goods are bartered in the market; his loathing at seeing his personal labor-power play part as a factor in the supply and demand of the labor market, just as goods in the market are subject to supply and demand. We have had from other writers much criticism of the capitalistic system as affecting legislation and education, to the neglect or subordination of human values and as outraging the worker's sense of personality; but Dr. Steiner does not blame capitalism, he believes that any social system based primarily on economics must necessarily produce similar results. It is not reform of the economic system that he advocates; it is reform of the whole social system. Liberty is not to be found by changing to some other form of industrial economy than capitalism. It is not to be found in Marxism or neo-Marxism.

> So long as the economic system has the regulating of labor-power, it will go on consuming labor-power just as it consumes commodities—in the manner that is most useful to its purposes. * * * One cannot divest human labor-power of its commodity character unless one can find a way of separating it out from the economic process. It is of no use trying to remodel the economic process so as to give it a shape in which human labor may come by its rights inside that process itself.

At times Dr. Steiner sounds like many another critic of capitalism, at times like many another critic of socialism. He does not want capitalism. He wants the social order completely revised and changed, and that, as he carefully explains, is precisely why socialism will not answer; for socialism is an economic remedy. He does not want anything between capitalism and socialism. He does not want social legislation or Government ownership, or, as solutions, such things as profit-sharing and employe representation. Least of all does he want anarchism. All talk of socialization he regards as futile, in whatever sense the term "socialization" may be used—whether as meaning the common ownership of property or the triumph of humanitarianism. Futile so far as a solution of the social problem is concerned, socialization will prove no cure, but only a quack remedy, possibly even a fatal one for social life; that is, "unless in men's hearts, in men's souls, there dawns at least an instinctive perception of the necessity for a threefold division of the body social." If the body social is to function healthily, it must develop three organic divisions; it must become triorganic. The economic life must have its separate division; so must "the life of rights," and so must the spiritual life—three autonomous divisions, functioning apart, yet bound together. Hard to conceive? But that is the conception of the Threefold Commonwealth.

Memorial Arch at Hartford, Conn.

Drawing by Howard Mingos.

One of the three divisions is that which belongs to the economic life—or in which the economic life belongs. Its concern is with everything in the nature of production of commodities, circulation of commodities, and consumption of commodities. The production, circulation and consumption of goods is to be regulated, not by laws, but by people themselves, from their own direct insight and interests. (If this is not clear, the reviewer suggests going to Dr. Steiner's book for possible enlightenment. There will be associations, having their rise in purely economic considerations and drawn jointly from circles of consumers, traders and producers. The actual conditions of life will of themselves determine the size and scope of the associations.

> In these associations it will not be "wage-workers" sitting, using their power to get the highest possible wages out of the "work-employer"; it will be hand-workers, co-operating with the spiritual workers, who direct production, and with those interested in consuming the product, to effect a balance between one form of service and another, through an adjustment of prices. * * * Everything will take place by agreement between man and man, and between one association and another.

The second branch of the Threefold Commonwealth is the "rights-state," with legislative and administrative machinery for the expression and effectualization of the "life of rights." Here is the sphere of politics, but politics divorced from economics. Here is the realm of social ethics, of human relationships. In the rights-state, "built up on those impulses in human consciousness which go by the name of 'democratic,'" men's rights and duties are adjusted. Hours of labor and modes of labor are regulated independently of economic considerations. Every man meets his fellow on an equal footing, because all transactions and all control are confined to those fields of life in which all men are competent to form an opinion. Such transactions as are necessary between the executive heads of the rights-state and the economic organization are to be carried on pretty much as between the Governments of sovereign States today. Dr. Steiner does not elucidate; throughout his book he leaves a good deal to the imagination of the reader, and that, no doubt, is the method of true art.

The third division of "the body social" under the threefold plan has to do with "all those things which are connected with mental and spiritual life." But that phrase is not very clear, Dr. Steiner admits, and "spiritual culture" is not satisfactory, either. Perhaps, he says, one might more accurately express it as "everything that rests on the natural endowments of each single human being—everything that plays a part in the body social on the ground of the natural endowments, both spiritual and physical, of the individual." Definition and description of the spiritual life are difficult, partly because language itself is under the domination of forces and influences, habits and modes of thought that are primarily economic; the bondage of the spiritual life is shown in the limitations of language.

> The educational and teaching system, lying as it does at the root of all spiritual life, must be put under the management of those people who are educating and teaching, and none of the influences at work in State or industry should have any say or interference in this management. No teacher should spend more time on teaching than will allow of his also being a manager in his own sphere of activity. And in the way that he himself conducts the teaching and education, so too he will conduct the management. Nobody will issue instructions who is not at the same time actively engaged in teaching and educating. No parliament has any voice in it, nor any individual who once on a time may have taught but is no longer personally teaching. The experience learned at first hand in actual teaching passes direct into the management.

Quite different, you see, is Dr. Steiner's belief from the usual notion that the conduct of education is the business of the State; and most persons, including socialists, "find it difficult to conceive of anything else than that society should educate the individual to its service according to its own standards. "The State of the present day establishes law schools, or at least requires that the jurisprudence taught in them shall be the same as the State has fixed for its own constitution and administration; but when the law schools proceed wholly from a free spiritual life, this free spiritual life will itself supply the substance of the jurisprudence taught. "The State will wait to take its mandate from the spiritual life." "It will be fertilized by the reception of living ideas such as can issue only from a spiritual life that is free."

The author denies that his tri-organic plan is an attempt to revive the three old estates of the Plow, the Sword and the Book. In the Threefold Commonwealth men will not be divided into grades, classes or estates. It is the body social itself that will be divided, functionally, and thereby man for the first time will be able to be truly man. The three social divisions will be such that every man will have his own life's roots in each of the three. His calling will give him a footing in

(Continued on Page 23)

Abb. 4 New York Times, 1923

Denken zu einer in sich selbst bestehenden, freien Beweglichkeit des Seelischen umformen»[5].

Das hätte wohl auch der amerikanischen Schriftstellerin und (Regierungs-)Kritikerin Susan Sontag (1933–2004) gefallen, die zeitlebens einen «Kreuzzug» gegen die Trennung von Denken und Fühlen geführt hat. So ließ sie im Jahr 1978 in einem Interview mit Jonathan Cott ihrem legitimen Zorn freien Lauf: «Die Vorstellung, es gäbe einen Unterschied zwischen Denken und Fühlen, ist nur eine dieser Formen von Demagogie, die viel Unheil über die Leute bringt, weil sie sie misstrauisch gegenüber Dingen macht, gegenüber denen sie nicht misstrauisch oder gleichmütig sein sollten.»[6]

Steiner ging in seinen ‹Gegenwartsreden› noch einen Schritt weiter, indem er nicht nur für eine Überwindung des Gegensatzes von Denken und Fühlen plädierte, sondern zugleich «die Durchgeistigung des Leibes mit dem Willen» einforderte, denn «das Hineinführen des Willens in alles Sinnliche, in alles Leibliche und in alles Soziale», das ist es, worauf es ankommt. Und das ist es, was auch der «Entzauberung der Welt» – ein von Max Weber 1917 in seinem Vortrag «Wissenschaft als Beruf» eingeführter Terminus – entgegenwirken kann. Alles in allem gilt es, die Aufmerksamkeit auf die Entfaltungsmöglichkeiten von drei seelischen Eigenschaften zu richten: das Denken, das Fühlen und das Wollen – und es geht um deren Gleichberechtigung im Kanon menschlicher Lebensäußerungen. Alle diese Überlegungen kann man angesichts der fast schon tragischen Eindimensionalität, die unsere gegenwärtigen Lebensverhältnisse bestimmt, gleichsam mit Rotstift unterstreichen. Hinzu kommt noch ein weiterer Aspekt, der sich aus dem superintellektuellen Denken der letzten Zeit nahezu spurlos verabschiedet hat, dessen Daseinsberechtigung aber Robert Musil schon in einer Tagebuchnotiz aus dem Jahr 1920 betont hat: «Rationalität und Mystik, das sind die Pole der

Zeit»[7]. Mit diesen Worten erinnert er uns an die seit eh und je bekannten Eckdaten jener Wegstrecke, auf der jeder ein Wissender und Unwissender, jeder ein Fremder unter Vertrauten ist. Wie wohl kaum einer hat Rudolf Steiner diese Pole der Zeit in sich vereinigt, vor allem aber ausgehalten und in Reden und Schriften, Bildern und Architektur seiner Zeit entgegengehalten. Deshalb waren sie vielen schon zu Lebzeiten unbequem und sind es heute noch.

Einer, der ein halbes Jahrhundert nach Erscheinen der «Kernpunkte der Sozialen Frage» seine Sicht auf die Dreigliedrigkeit des sozialen Organismus kundtat, war der Künstler Joseph Beuys, der mit seinem Ausruf «Die Mysterien finden am Hauptbahnhof statt» Steiners Diktum «vom Labortisch, der zum Altar werden muss», neu belebt hatte. Des Geredes überdrüssig, dass man endlich die Dreigliederung einführen müsse, entgegnete Beuys: «Der soziale Organismus ist dreigliedrig, allerdings in einer verzerrten Form, d. h. in pathologischer, krebsgeschwulstartiger Konstellation oder in verfilzter Form usw. Es wäre ein völliges Missverständnis, wenn man aus Steiners *Kernpunkten* z. B. herauslesen würde, dass er vorhat, den sozialen Organismus dreizugliedern. Das hat er gar nicht vor, sondern er stellt fest, was ist, und gibt lediglich die therapeutischen Maßnahmen an.»[8]

Der Schlüssel zu dieser Therapie ist die Zusammenarbeit – ohne Wenn und Aber. So wie der menschliche Organismus mit seinen drei Hauptfunktionen, also dem ‹Nerven-Sinnes-System›, dem ‹Rhythmischen System› und dem ‹Stoffwechsel-Gliedmaßen-System›, dreigliedrig, aber auch immer wieder therapiebedürftig ist, damit alle Funktionen sinnvoll ineinandergreifen können, so verhält es sich auch mit dem sozialen Organismus. Nicht das, was das Trennende zwischen Geistesleben, Rechtsleben und Wirtschaftsleben ausmacht, ist das Wesentliche, sondern ihr Zusammenwirken. Und dies wirkt umso gesünder, je bewusster man sich der Eigenheiten, d.h. des Wesens der drei Funktionsglieder des sozialen Organismus ist. Denn: Dreigliederung heißt, das soziale Ganze differenziert betrachten, um im nächsten Moment die einzelnen ‹Teile› wieder miteinander in Beziehung zu bringen. Dabei können wir einmal ganz getrost hinter uns lassen, was alles an Klugem schon gesagt wurde z.B. über Wirtschaft, Recht und Kultur. Es geht darum, aus der eigenen Wahrnehmung, der eigenen Vorstellungskraft, der eigenen Phantasie und der eigenen Erfahrung all das heraufzuholen und freizusetzen, was wir selbst für wesentlich halten. Dabei ist das Wesentlichste, immer das *Leben* im Auge zu behalten. Steiner wollte keine Reform der Wirtschaft, des Rechts oder der Kultur, sondern anregen zu einem Bewusstsein dessen, was im öffentlichen Raum Wirtschafts*leben*, was Rechts*leben*, was Geistes*leben* ist. Zweifellos, alles Leben braucht auch seine Form, aber die muss aus ihm selbst heraus entwickelt werden. Es ist schließlich das Bewusstsein, was zwischen Form und Leben vermittelt. Wie Geist niemals ohne Materie und Materie nie ohne Geist wirksam werden können, so auch das Leben nie ohne Form und die Form nie ohne Leben. Das Ganze funktioniert aber erst dann, wenn drei ‹Persönlichkeiten› miteinander kooperieren: das Ich, das Du und der Andere. Dreigliederung ist symphonisches Komponieren, ist Zusammenklang einzelner Grundfunktionen unseres sozialen Lebens, der umso besser gelingt, wenn der einzelne Ton zu seinem Recht kommt.

Eines steht fest: die Soziale Frage lässt sich nicht ein für allemal lösen. Das hat auch der mit dem Nobelpreis für Wirtschaft 1970 geehrte P.A. Samuelson festgestellt, denn: «Weil das Verhalten von Menschen und Institutionen sich ständig ändert, müssen sich unsere Theorien ständig ändern.» Dem sei allerdings noch hinzugefügt: auch unsere

Praxis und unsere Gewohnheiten müssen sich ändern. Recht hat auch Thomas Schmid, nach dessen Einschätzung der Prozess der Moderne auf halbem Weg stehengeblieben ist. Die Frage ist nur, ob dieser Prozess überhaupt in Gang gekommen ist, weil man letztlich nicht umhinkann festzustellen, dass immer wieder die alten Hüte hervorgeholt und aufgeputzt bzw. das vorhandene Ideen-Potential nicht ausgeschöpft wird.

Heute, daran besteht kein Zweifel, sind wir noch weit davon entfernt, aus all dem die entsprechenden Folgerungen zu ziehen und eine Win-win-Situation für alle zu schaffen. Wir leben zwar in einer Welt der Arbeitsteilung, aber die Welt, in der wir den Ertrag teilen, muss erst noch geschaffen werden. Drum, lassen wir die Attrappen, lassen wir all die Potemkinschen Dörfer hinter uns und machen uns an die (Zusammen-)Arbeit.

Unter den Dreigliederern soll es kluge Leute geben, die wissen, was der ‹richtige Preis› ist und wie eine Wirtschaftsassoziation ‹wesensgemäß› zu gestalten ist, weil man über all dies ja auch wesentliche Aussagen im Werk Steiners finden kann. Aber man kann bei ihm auch die folgende Überlegung finden und die sollte nicht unterschätzt werden: «Es ist ein, ich möchte sagen, soziales Mysterium, meine Damen und Herren, dass jedes Einzelurteil falsch ist.»[9] – Und diese Aussage ist nichts anderes als die Herausforderung zur bedingungslosen Zusammenarbeit, das ist sozusagen das ‹bedingungslose Grundeinkommen› eines jeden.

Abgründe

Dass zwischen Theorie und Praxis gewisse Differenzen bestehen, gehört zu den Binsenweisheiten unseres Daseins, mit denen wir mehr oder weniger vernunftgemäß unsere Existenz gestalten oder einfach nur überdauern. Dass aber in Politik und Wirtschaft der Unterschied zwischen dem, was bereits gedacht, und dem, was und wie etwas getan wird, die Schmerzgrenze längst überschritten hat, sollte uns nicht nur nachdenklich stimmen, sondern alle Fasern unseres gesellschaftspolitischen Bewusstseins in Aufruhr versetzen. Jahr für Jahr lesen wir in den Berichten verschiedener UN-Organisationen, dass trotz hoch ausgereifter Technologien und globalem Waren- und Geldverkehr es nicht auch nur annähernd gelingt, den Bedarf der Menschheit an Grundnahrungsmitteln, an elementarer medizinischer Versorgung oder auch nur an Trinkwasser zu befriedigen. Da muss, da kann doch etwas nicht stimmen.

Ohne Zweifel, es ist schon Vieles und Großes gedacht und gelehrt, zugleich aber auch verzerrt worden, denn wohl in keinem anderen wissenschaftlichen Gebiet war man so bereit, sich in Systemen und Verabsolutierungen aufzureiben wie auf dem Gebiet der Ökonomie. Dass man vom 20. Jahrhundert als dem Jahrhundert der Ideologien sprechen konnte, ja musste, hängt damit zusammen. Ob Manchesterkapitalismus, Monetarismus, Neoliberalismus oder Kathedersozialismus, ob Markt, Wettbewerb oder Deregulierung des Staates, selbst so eine zunächst unschuldig daherkommende Formel wie die von Angebot und Nachfrage geriet zur Ideologie und die Folge ist, dass man sich immer weiter entfernt von dem, was den Sinn des Wirtschaftens eigentlich ausmacht. Von dem, was einst als Gemeinwohl ein hoch geachtetes Ideal war, hat sich das ‹Wohl› schon längst verabschiedet und geblieben sind die ersten beiden Silben.

Gerechtigkeit, Freiheit, Gleichheit und Brüderlichkeit, das alles sind Begriffe, die – mal so, mal so freigelegt oder verklausuliert – in manchen Köpfen der Zunft der Nationalökonomen immerhin lange Zeit präsent waren. Doch scheinen die Zeiten unwiederbringlich verloren, in denen die Ökonomen noch wussten, dass die Wirtschaftsfrage eng mit der Sozialen Frage verknüpft ist und das Wohl aller das Thema ist, um das es geht, wenn auch die Wege dorthin sehr unterschiedlich aussehen können. Ja, die Experten werden auch nicht müde, den Bedarf an immer neuen Theoremen mit den sich schnell verändernden Verhältnissen zu begründen. Einer von ihnen ist Paul A. Samuelson, der sich gerne als ‹letzter Generalist› titulieren ließ und sich mit folgenden Gedanken deutlich von den Chicago-Ökonomen, die davon ausgingen, dass das Verhalten der Wirtschaftenden auch langfristig stabil bleibt, abgrenzte: «Ökonomie ist sowohl Kunst als auch Wissenschaft, weil das Verhalten von Menschen und Institutionen sich ständig ändert – unsere Theorien müssen sich mit ihnen verändern.» So zu lesen in seiner *Volkswirtschaftslehre*[10], einem der erfolgreichsten Lehrbücher aller Zeiten. Recht hat er, doch weder seine Interpreten noch die Praktiker haben sich daran gehalten. Aber bleiben wir beim Praktiker. Er ist gleichermaßen der Garant dafür, dass zwar auf höchstem Niveau produziert und gehandelt wird, aber an der Armut hat sich dadurch grundlegend wenig geändert. Unter der Führung eines top geschulten Managements werden neue, weltumspannende, gigantische Unternehmen errichtet, von denen jedoch schon welche mal plötzlich spurlos von der Landkarte verschwinden wie einst die Fürstentümer am Ausgang des Mittelalters. Aber auch das Thema Ausbeutung ist längst nicht vom Tisch, denn: ob Mensch oder Natur, das scheint ja immer noch einerlei, Hauptsache die Rendite stimmt. Das Thema der ‹gerechten› Verteilung wird wohl noch eine Weile allein Gegenstand von Sonntagsreden bleiben. Lohndumping auf der einen Seite und Managerlöhne aristokratischen Ausmaßes wider alle Regeln der praktischen Vernunft auf der anderen Seite lassen jedes Lehrbuch zur

Makulatur werden. Und dass der Mensch längst zur Ware und purem Unkostenfaktor degeneriert wurde, ist zweifellos die Folge sowohl mancher Theorien wie auch der Praxis, die sich ja immer den Gegebenheiten zu beugen hat. «Wenn uns im Zimmer friert, so werden wir nicht so an den Thermometerstand herangehen, dass wir auf irgendeine geheimnisvolle Weise die Thermometersäule in die Länge ziehen; wir werden uns gar nicht um das Thermometersinken kümmern, werden aber einheizen», so Rudolf Steiner 1922 in einer Rede[11] vor Nationalökonomen zum Thema Theorie und Praxis, das er fürs Erste mit folgenden Worten beendete: «Volkswirtschaftswissenschaft ist beides, eine theoretische Wissenschaft und eine praktische Wissenschaft. – Nur wird es sich darum handeln, wie wir das Praktische mit dem Theoretischen zusammenbringen.»[12]

Kontext 1: Prinzip Sehnsucht

Jede Zeit und mit ihr das von den Chronisten überlieferte Bild ist ebenso vielsprachig wie sprachlos, ist ebenso reich an Verheißungen wie an apokalyptischen Untergangschiffren. Dabei nimmt auf der Zeitenskala der Wechsel von einem zum nächsten Jahrhundert jeweils eine exponierte Stellung ein, wird gleichsam zur Plattform all dessen, was sich an Erinnerungen und Visionen – rückwärts- wie vorwärtsgewandt – termingerecht heraufholen oder heraufbeschwören lässt. Die Wende vom 19. zum 20. Jahrhundert macht da keine Ausnahme. In der Wissenschaft, in der Kunst und in der Gesellschaft waren die Weichen schon längst in Richtung Moderne gestellt. Mit Hertz' Nachweis elektromagnetischer Wellen, der Entdeckung der Röntgenstrahlen, der Erfindung der drahtlosen Telegrafie, mit der Elektrifizierung der Arbeits- und Wohnwelten und der rasanten Entwicklung hin zu einer neuen Mobilität mit Hilfe von Autos und U-Bahnen schien der Siegeszug der Naturwissenschaften unaufhaltsam. Die Kategorie des ‹Zufalls› war durch die Methodenhoheit der Naturwissenschaften längst abgeschafft, die Erkenntnistheorie zur Wissenschaftstheorie mutiert und die menschliche Seele aus dem Gesamtzusammenhang des menschlichen Seins im Kodex der empirischen Psychologie neu verortet worden.

Die Wende vom 19. zum 20. Jahrhundert vollzog sich auf dem Gebiet des sozialen Lebens geradezu in diametralem Gegensatz zu dem, was die Protagonisten der literarischen Moderne oder der Bildenden Kunst ins Gästebuch der Zeit diktiert hatten. Während in der Kunst «die Sehnsucht nach dem unteilbaren Sein, nach Befreiung von den Sinnestäuschungen unseres ephemeren Lebens»[13], herbeigesehnt wurde, hatte sich in den Gesellschaftsanalysen der Sozialreformer um die Mitte des 19. Jahrhunderts bereits die Wende vom Idealismus zum Materialismus vollzogen und in der materialistischen Geschichtsauffassung von Marx sowie in der Religionskritik von Ludwig Feuerbach, gefolgt von abstrakten sozialdarwinistischen Denkfiguren verschiedenster Protagonisten erste Höhepunkte erreicht. Von nun an wurde die Gesellschaft als ein soziales Kräftespiel betrachtet, als eine von Stoff und Kraft bestimmte, sich im rücksichtslosen Lebenskampf entwickelnde Wirklichkeit. Doch die so geschaffenen Verhältnisse riefen auch die Gegenkräfte auf den Plan. Im Widerstand gegen die wachsende soziale Ungleichheit formierte sich die Arbeiterbewegung, die schon bald jene, in den ‹Gründerjahren› positionierte wirtschaftliche und politische Solidität immer wieder in ihren Grundfesten zu erschüttern drohte. Die massiven gesellschaftlichen Veränderungen und die Technisierung des Lebens riefen in vielen Gesellschaftsschichten latente Zukunftsängste und Endzeitstimmungen hervor. Damit hatte das 20. Jahrhundert bereits seine Unschuld verloren und die politischen und sozialen Katastrophen waren nur noch eine Frage der Zeit.

Kontext 2: Steuerungsprobleme

Der Aktualitätsgrad sozialer Fragestellungen steigt mit der Krisenanfälligkeit jeweils vorherrschender Steuerungs- und Macht-Mechanismen, die einerseits in der Praxis, andererseits in der Theorienbildung erfahrbar wird. Probleme der Steuerung sozialer Prozesse sind daher immer wieder Gegenstand eingehender Untersuchungen, in denen es vor allem darum geht, Gesellschaftssysteme in Hinblick auf ihre Bedingungen und Möglichkeiten einer System- und Sozialintegration von dem jeweiligen Steuerungszentrum her zu erfassen. Dabei wurde verschiedentlich festgestellt, dass «in differenzierten Gesellschaften das politische System gegenüber dem soziokulturellen und dem ökonomischen System eine übergeordnete Stellung»[14] einnimmt. Dieser Auffassung widerspricht jedoch Luhmann, der darauf hinweist, dass moderne Industriegesellschaften «kein eindeutiges Primat eines funktional ausdifferenzierten Teilsystems»[15] erkennen lassen. Auffallend ist – trotz zahlreicher Widersprüchlichkeiten –, dass sich neuere Gesellschaftsanalysen nicht mehr auf einen nur allzu oft vagen Totalitätsbegriff von Staat und/oder Gesellschaft stützen, sondern zunehmend die einzelnen gesellschaftlichen Teilsysteme – Ökonomie, Politik, Kultur – fokussieren.

Einer der bedeutendsten Vertreter dieser Richtung ist der amerikanische Soziologe Daniel Bell, der in der Einleitung seines Buches *Die Zukunft der westlichen Welt* sein methodisches Vorgehen in der folgenden Weise beschreibt: «Im Gegensatz zu der ganzheitlichen Auffassung von Gesellschaft halte ich es für angemessener [...] die zeitgenössische Gesellschaft als ein Phänomen zu begreifen, das aus drei deutlich unterschiedenen Bereichen besteht, deren jeder einem anderen axialen Prinzip gehorcht. Ich unterteile die Gesellschaft zum Zwecke der Analyse in die techno-ökonomische Struktur, die politische Ordnung und die Kultur. Diese Bereiche sind nicht kongruent; sie weisen verschiedene Rhythmen des Wandels auf und unterliegen verschiedenen, sich jeweils anders legitimierenden Normen und sogar gegensätzlichen Verhaltensweisen. Die Unstimmigkeiten zwischen diesen Bereichen sind für die mannigfaltigen Widersprüche innerhalb der Gesellschaft verantwortlich.»[16]

Bells Analyse führt dahin, dass jedes dieser Teilsysteme eigene Steuerungsmechanismen und -prinzipien aufweist und hinsichtlich eines gesellschaftlichen Ganzen als gleichwertig empfunden werden kann. Dadurch aber, dass Entscheidungen welcher Art auch immer zusehends in den staatlich-politisch-administrativen Kontrollraum verlagert werden, kristallisiert sich für ihn immer deutlicher die Frage nach den Beziehungen zwischen öffentlichem Interesse einerseits und privaten Bedürfnissen andererseits zum Kernproblem der Sozial-Politik heraus.

Die Notwendigkeit einer sich an diesen drei Subsystemen orientierenden Analyse wurde in der Aufbruchsstimmung der siebziger Jahre immer häufiger erkannt (vgl. Habermas, Offe, Luhmann u. a.), blieb jedoch in ersten Anfängen stecken und kam schließlich zum Stillstand. Steiners Ansatz begnügt sich jedoch nicht nur mit analytischen und systemtheoretischen Fingerübungen, sondern seine Bedeutung ist gerade darin zu sehen, dass er in konsequenter Weise die ‹Dreigliedrigkeit› über die Analyse hinaus zum konstituierenden Prinzip des gesellschaftlich-öffentlichen Lebens an sich erhebt.

Inzwischen ist auch der systemtheoretische Denkansatz passé. «Nicht nur die Planwirtschaft», so der Soziologe Ulrich Beck[17], «ist pleite, auch die Systemtheorie, die Gesellschaft subjektunabhängig denkt, ist gründlich widerlegt worden. In der zustimmungslosen, geradezu legitimatorisch entkernten Gesellschaft kann offenbar bereits ein Windstoß, den der Ruf nach Freiheit verursacht, das Kartengehäuse der Macht zusammenbrechen lassen. Das Weiche – die Orientierungen, Hoffnungen, Ideen, Interessen der Menschen – triumphiert über das Harte: die Organisation, das Etablierte, Mächtige.» Einen Triumph über das Harte, über die Organisation konnte kürzlich der YouTuber Rezo feiern, der wenige Tage vor den Europawahlen im Mai 2019 das Video *Die Zerstörung der CDU* ins Netz stellte. Der Ausgang der Wahlen wurde für die CDU zu einem Desaster. Innerhalb von zehn Tagen war das Video 14 Millionen Mal aufgerufen worden. Eine neue, digitale Epoche hat sich zu Wort gemeldet und der Politik das beschert, was schon längst an der Zeit war. Lange hat man Steiner wegen seiner außergewöhnlichen, unbequemen und vor allem allen Gewohnheiten zuwiderlaufenden Ideen milde belächelt, doch die Zeichen der Zeit sind vielleicht näher am Wesentlichen als auch schon.

Eine neue Aufmerksamkeit erhielt Steiners Gedankenkosmos in den siebziger Jahren mit dem Aufkommen der Alternativbewegung. Der unendlichen theoretischen Debatten müde geworden, hatte sich eine neue Generation auf den Weg gemacht, das, was in ihren Köpfen war, schließlich auf die Füße zu stellen. Steiners Pädagogik, seine Landbaumethode und noch manches andere fand bei den Alternativen starken Anklang und hat sogar so manchen Linken nicht unbeeindruckt gelassen. So hat der Soziologe Joseph Huber dem Abdruck, den Anthroposophen vielerorts sichtbar dem neuen Zeitgeist eingeprägt haben, ein ausführliches Statement im ‹Kursbuch›, ein Kultperiodikum der Linken, unter dem Titel «Astral-Marx» gewidmet, in dem es u.a. heißt:

> *Mir persönlich ging es mit der Anthroposophie wie im Märchen vom Igel und vom Hasen. Als linke Hasen rennen wir uns nach den sozialistischen Träumen die Hacken ab, und wenn wir wo hinkommen, steht da oft ein anthroposophischer Igel und sagt: Ätsch, ich bin schon da – hier ist ein klassenloses Krankenhaus, dort eine eigene Genossenschaftsbank, da sind selbstverwaltete Kindergärten und Schule, Verlage, alternative Heil- und Therapieeinrichtungen, Tagungsstätten, freie Kunstakademien, Arzneimittelfabriken, biodynamische Landwirtschaftsbetriebe und anderes. Wo die heutige Linke mit lautem Getöse relativ wenig erreicht, schaffen Anthroposophen im Stillen viel.*[18]

Joseph Huber ließ es aber nicht dabei bewenden, die anthroposophischen Praxisfelder zu beschreiben, sondern setzte sich auch mit dem geisteswissenschaftlichen Hintergrund und damit auch der Dreigliederung des sozialen Organismus auseinander. Und er konnte es sich schließlich auch nicht «verkneifen, zwischen Marx und Steiner kurz zu resümieren», was dann zu der Schlussfolgerung führt: «Über Marx hinaus- und an Steiner nicht vorbeigehen.»

Vereinzelt gab es immer wieder mal Ansätze einer öffentlichen Diskussion über die Dreigliederung wie etwa in einem Essay von Karl Ohem, betitelt *Ganzheitsdenken in der Wirtschaft*, erschienen in der Frankfurter Allgemeinen Zeitung vom 5. Juni 1986. Einige Wochen zuvor beendete Otto Schily seine (vorläufig) letzte Rede vor dem Deutschen

Bundestag[19] mit einem leidenschaftlichen Plädoyer für Steiners Dreigliederung, das immerhin – so das Protokoll – lebhaften Beifall bei den Grünen auslöste. In den siebziger und achtziger Jahren war es vor allem der Künstler Joseph Beuys, der auf seine Weise die Dreigliederung immer wieder ins Gespräch brachte und z. B. an der Dokumenta 5 (1972) als seinen Beitrag ein ‹Büro für direkte Demokratie› einrichtete und dort 100 Tage lang dem Publikum Rede und Antwort stand und auf die Frage eines Besuchers, ob zwischen seinen und Steiners Ideen ein Zusammenhang besteht, ohne zu zögern antwortete: «Wir arbeiten ja auch nach dem Dreigliederungsmodell von Rudolf Steiner.»[20]

Wie weiter?

Nach diesem Auftakt geht es weiter mit der Darstellung der für jede Art der Zusammenarbeit unerlässlichen Substanzbildung, das heißt mit der Ausbildung von ‹Richtkräften›. Anhand einiger geradezu aufregend-erregender Gedankengänge des jungen wie auch des älteren Steiner wird der Blick auf eine enzyklopädische Landschaft gerichtet, die in dem dann folgenden Kapitel über die ‹Dreigliederung› ihrem Praxistest unterzogen wird. Wie Steiner sich selbst im Laufe seines Lebens immer wieder neu den brennenden sozialen Fragen – und dies nicht nur theoretisch, sondern ganz praktisch – gestellt hat, wird dann im Kapitel ‹Steiner unterwegs› behandelt. Dieses stark biographisch ausgerichtete Kapitel kann gelesen werden als eine Art Lehrstück, wie sich äußere Ereignisse mit inneren Erlebnissen verbinden, wie sich Heiliges und Profanes, Esoterisches und Exoterisches zu einem Lebensentwurf verbünden, der wohl einzigartig ist. Dass bei einer solchen Gratwanderung Missverständnisse oder auch Enttäuschungen nicht ausbleiben, hat Steiner mit Blick auf die sogenannten Praktiker und auf diejenigen, die sich einem spirituellen Leben verschrieben haben, auch selbst erkannt und in seinen ‹Vorbemerkungen› zu den *Kernpunkten* dem Leser eingestanden: «So werden die Ausführungen dieser Schrift den ‹Geistigen› wohl zu ungeistig, den ‹Praktikern› zu lebensfremd erscheinen.»[21]

Bei der Lektüre dieser Wegbeschreibung kann sich dann jeder fragen: Und was mache ich? – Ich denke, Steiners Weg darf gerne als ein Beispiel oder Vorbild, in jedem Fall aber als eine Aufforderung und Herausforderung, die Dinge selbst – und mit anderen zusammen – in die Hand zu nehmen, gedeutet werden.

Richtkräfte

Dieser eine Satz kann unter anderem Richtkraft für soziales Denken in der Zukunft geben. Dieser eine Satz ist der: Man reicht aus, ohne dass man Ideen hat, in Zeiten von Revolutionen und Kriegen, man kann aber nicht ausreichen ohne Ideen in Zeiten des Friedens; denn werden die Ideen in Zeiten des Friedens rar, dann müssen Zeiten von Revolutionen und von Kriegen kommen. – Zum Kriegführen und zu Revolutionen braucht man keine Ideen. Um den Frieden zu halten, braucht man Ideen, sonst kommen Kriege und Revolutionen. Und das ist ein innerer spiritueller Zusammenhang. Und alle Deklamationen über den Frieden nützen nichts, wenn nicht diejenigen, die die Geschicke der Völker zu leiten haben, sich bemühen, gerade in Friedenszeiten Ideen zu haben. Und sollen es soziale Ideen sein, so müssen sie sogar von jenseits der Schwelle herrühren. Wird eine Zeit ideenarm, so schwindet aus dieser Zeit der Friede.

Rudolf Steiner
Vortrag in Dornach am 24. November 1918.
In: *Entwicklungsgeschichtliche Unterlagen zur Bildung eines sozialen Urteils.*
GA 185 a, S. 212

Substanzbildung

Meine Damen und Herren.
Die Welt sieht doch ganz anders aus!

Diese Begrüßungsformel von Joseph Beuys, nachzulesen auf einer seiner Schultafeln, ist durchaus freundlich gemeint, wird aber von vielen, nicht zuletzt weil sie eigentlich irgendwie noch nicht ganz zu Ende gedacht erscheint, eher beklemmend oder auch als Provokation wahrgenommen. In der Tat wird jeder sich fragen: Anders als was? Vielleicht anders als gestern? Oder in Zukunft? Ja, doch, wahrscheinlich. Oder anders als unser Vorstellungsvermögen es zulässt, die Welt zu sehen? Oder anders, wenn wir mehr Aktivität, mehr Wärme in unser Denken bringen? – Wie auch immer, dieser Satz macht vor allem eines deutlich: Beuys ging es darum – und da befindet er sich ganz in Übereinstimmung mit Rudolf Steiner –, neue Sichtweisen zu provozieren, das heißt zunächst einmal, das Denken nicht überwuchern zu lassen von einem ständigen Mehr an Information, sondern anzureichern mit Wärme, mit Imaginationen, Inspirationen und Intuitionen – anders eben.

Die Installation der 100 Tafeln, zu denen auch die oben erwähnte gehört, befindet sich heute im Museum ‹Hamburger Bahnhof› in Berlin. *Richtkräfte* hat Beuys diese Installation genannt. Da stellt sich natürlich die Frage: Richtkräfte wofür? Die Antwort ist auf einer der Tafeln zu lesen:

Richtkräfte einer neuen Gesellschaft

Die Verwendung des Wortes *Richtkräfte* ist alles andere als eine Provokation, sondern vor allem ein Appell an die Entwicklung und Entfaltung eines beseelten Denkens, das für ein sinnvolles Zusammenleben unerlässlich ist. Damit hat

Beuys auf einen Terminus verwiesen, der bei Rudolf Steiner konnotiert ist mit ‹Erkenntniskräften›, ja mit ‹Initiationskräften›[22]. Und diese wiederum sind es, die die Voraussetzung für einen Heilungsprozess bilden. Das Gemeinwohl muss keine Utopie bleiben.

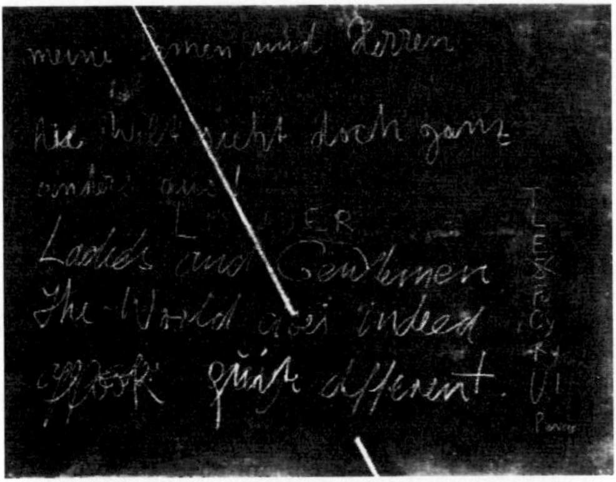

Abb. 5 Joseph Beuys, Wandtafel:
Die Welt sieht doch ganz anders aus

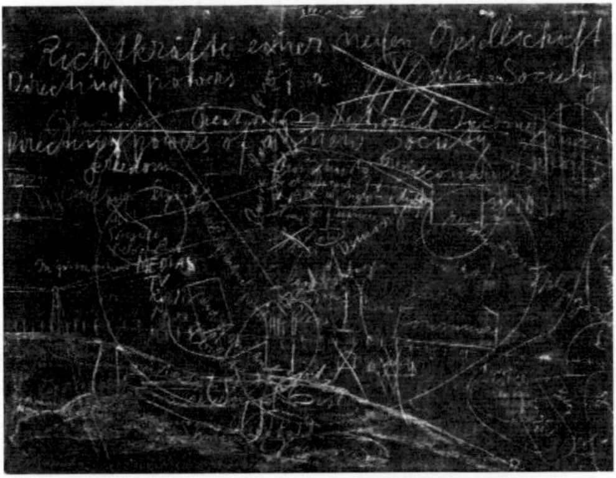

Abb. 6 Joseph Beuys, Wandtafel:
Richtkräfte einer neuen Gesellschaft

Der große Grundsatz der Zeit

«Die Menschen können nicht menschlich ihre Gedanken bewältigen; das ist das bedeutsamste Charakteristikon unserer Zeit», rief im Jahr 1918 Steiner seinen Zuhörern zu und wohl kaum einer von ihnen wird an der Richtigkeit dieser Diagnose gezweifelt haben, denn soeben hatte die abendländische Kultur ein weiteres Eckdatum in ihre Geschichtsbücher geschrieben: Vier Jahre Weltkrieg, und das so verheißungsvoll angekündigte, noch junge Jahrhundert hatte seine Unschuld verloren. Die Chiffren des vielzitierten Fortschrittglaubens, die man im Triumphzug vom 19. in das 20. Jahrhundert hinübergetragen hatte, verblassten jäh; die Frage nach dem Sinn des Lebens hatte sich reduziert auf atemlose Strategien des nackten Überlebens.

Schon als sich im letzten Viertel des 19. Jahrhunderts die Repräsentanten eines neuen Zeitalters anschickten, das vorhandene Terrain flächendeckend neu zu beackern, da hatte Steiner, zunächst als Goetheforscher, dann als Philosoph, Redakteur und Vortragender bekannt geworden, einen Satz in das Gedächtnis seiner Zeit eingeschrieben, der sein eigenes zukünftiges Wirkungsfeld absteckte und zugleich programmatisch ein Stück der Postmoderne vorwegnehmen sollte:

> *Nur das für wahr halten, wozu uns unser eigenes Denken zwingt, nur in solchen gesellschaftlichen und staatlichen Formen sich bewegen, die wir uns selbst geben, das ist der große Grundsatz der Zeit.*[23]

Das war im Jahre 1888, als der 27-jährige Rudolf Steiner sich in einem in der «Deutschen Wochenschrift» erschienenen Artikel mit der von Papst Leo XIII. am 20. Juni 1888 verkündeten Enzyklika *Libertas praestantissimum donum* (dt.

Die Freiheit ist das vorzüglichste unter den natürlichen Gütern) kritisch auseinandergesetzt hat. Eine der zentralen Aussagen in der Enzyklika lautete: «Die uneingeschränkte Freiheit des Denkens und die öffentliche Bekanntmachung der Gedanken eines Menschen gehören nicht zu den Rechten der Bürger.»[24] Was soll man dazu sagen? Vielleicht war ja damit gemeint, dass beides dem Menschen unmittelbar gegeben ist und gar nicht erst durch eine profane Rechtssetzung legitimiert werden muss?

Wider den Gleichschritt

Angesichts der Kontroversen zwischen Konservativen, Sozialisten und der Staatsmacht, entwickelte Steiner im Jahre 1898 erste Leitgedanken für eine zeitgemäße Gesellschaftsordnung, die dem Freiheitswesen des Menschen gerecht werden sollten, womit er zugleich dem weit verbreiteten ‹Pseudoliberalismus› radikal entgegentrat. Ausgehend von einer Besprechung des Buches *Die soziale Frage* von dem an der Universität in Bern lehrenden Ludwig Stein, formulierte er das *Soziologische Grundgesetz*, das besagt, dass man alle sozialen Phänomene unter dem Aspekt des sich zur Individualisierung entwickelnden Menschen zu betrachten habe – und dies zu einer Zeit, in der der Gleichschritt ganz oben auf der Tagesordnung stand:[25]

> *Die Menschheit strebt im Anfange der Kulturzustände nach Entstehung sozialer Verbände; dem Interesse dieser Verbände wird zunächst das Interesse des Individuums geopfert; die weitere Entwicklung führt zur Befreiung des Individuums von dem Interesse der Verbände und zur freien Entfaltung der Bedürfnisse und Kräfte des Einzelnen.*

Zweifellos haben auch andere auf einen solchen notwendigen Paradigmenwechsel hingewiesen und wie Gustav Schmoller oder John Stuart Mill den Individualisierungsprozess mit dem Aspekt der gerechten Verteilung verknüpft (Mill: «... die größtmögliche persönliche Freiheit mit der gerechten Verteilung der Früchte der Arbeit zu verbinden»), doch mit der schrittweisen Ausgrenzung soziologischer und philosophischer Überlegungen aus dem Kanon der praktischen Ökonomie wurden solche Aspekte hinfällig.

Gemeinwohl

1905/06 meldete sich Steiner erneut zu Wort, diesmal in einer Aufsatzfolge, wobei nun auch all jene Erfahrungen zum Zuge kamen, die er während seiner sechsjährigen Lehrtätigkeit (1899–1904) an der von Wilhelm Liebknecht begründeten Arbeiterbildungsschule in Berlin, an der er auch Rosa Luxemburg und anderen namhaften Vertretern der Arbeiterbewegung begegnete, sammeln konnte. Ausgangspunkt seiner Überlegungen war, dass man die Tatsache, ob jemand arm oder reich ist, von den Begriffen Ausgebeutete bzw. Ausbeuter trennen müsse, denn letztlich, so Steiner, erweist sich jeder als potentieller Ausbeuter, der unter dem Gesichtspunkt von Eigennutz oder der Vorteilnahme das Produkt, das ein anderer erzeugt hat, erwirbt. «Ob ich arm bin oder reich: ich beute aus, wenn ich Dinge erwerbe, die nicht genügend bezahlt werden.» Eine Lösung des Problems besteht für Steiner zunächst darin, dass der Mensch ein Verständnis dafür gewinnt, dass er die Arbeit aus Liebe für seine Mitmenschen verrichtet, und er erinnert daran, dass es bereits seit Urzeiten ein *Gesetz* gibt, das man auch als *Soziales Hauptgesetz* bezeichnen kann:

Das Heil einer Gesamtheit von zusammenarbeitenden Menschen ist umso größer, je weniger der Einzelne die Erträgnisse seiner Leistungen für sich beansprucht, das heißt, je mehr er von diesen Erträgnissen an seine Mitarbeiter abgibt, und je mehr seine eigenen Bedürfnisse nicht aus seinen Leistungen, sondern aus den Leistungen der anderen befriedigt werden. Alle Einrichtungen innerhalb einer Gesamtheit von Menschen, welche diesem Gesetz widersprechen, müssen bei längerer Dauer irgendwo Not und Elend erzeugen.

Hieraus ergab sich für ihn, dass arbeiten und ein Einkommen erzielen zwei ganz unterschiedliche Gesten sind und es daher im Bewusstsein und dann auch in der gesellschaftspolitischen Konsequenz zu einer Trennung von Arbeit und Einkommen kommen muss.

Die Ursachen der von Marxisten immer wieder ins Gespräch gebrachten ‹Verelendung› sieht er in erster Linie darin, «dass Erwerb und Beruf, dass Lohn und Arbeit eins geworden sind»[26]. Arbeit hat für ihn die Qualität des Tuns für andere und das Einkommen die des Auf-sich-selbst-bezogen-Seins. Arbeitet der Mensch, um ein Einkommen zu erzielen, d. h., ist sein einziges Interesse an dem Produkt der Erwerb, dann wird der egoistische Aspekt zum dominierenden Prinzip erhoben. Die Ursachen für diese Entwicklung sieht er weniger in der fortschreitenden Industrialisierung als in der Unfähigkeit, ihr durch entsprechende Sozialformen ein menschenwürdiges Dasein zu verleihen. Die enge Beziehung zu dem erzeugten Produkt, die noch die Handwerker im Mittelalter hatten, ging zugunsten des Primates des Erwerbs verloren. «Die Menschheit hat aber nicht einen Ersatz schaffen können, der den Menschen wieder anschließt an das Produkt.»[27]

In den weiteren Ausführungen zu diesem ‹Gesetz› heißt es:

> *«Alle Einrichtungen innerhalb einer Gesamtheit von Menschen, welche diesem Gesetz widersprechen, müssen bei längerer Dauer irgendwo Elend und Not erzeugen. Dieses Hauptgesetz gilt für das soziale Leben mit einer solchen Ausschließlichkeit und Notwendigkeit, wie nur irgendein Naturgesetz in Bezug auf irgendein gewisses Gebiet von Naturwirkungen gilt. Man darf aber nicht denken, dass es genüge, wenn man dieses Gesetz als ein allgemeines moralisches gelten lässt oder es etwa in die Gesinnung umsetzen wollte, dass ein jeder im Dienste seiner Mitmenschen arbeite. Nein, in der Wirklichkeit lebt das Gesetz nur so, wie es leben soll, wenn es einer Gesamtheit von Menschen gelingt, solche Einrichtungen zu schaffen, dass niemals jemand die Früchte seiner eigenen Arbeit für sich selber in Anspruch nehmen kann, sondern doch diese möglichst ohne Rest der Gesamtheit zugute kommen. Er selbst muss dafür wiederum durch die Arbeit seiner Mitmenschen erhalten werden. Worauf es also ankommt, das ist, dass für die Mitmenschen arbeiten und ein gewisses Einkommen erzielen zwei voneinander ganz getrennte Dinge seien.»*[28]

Die hier thematisierte Trennung von Arbeit und Einkommen, die Mitte der achtziger Jahre von Ralf Dahrendorf, Ulf Fink, Thomas Schmid u. a. in die Diskussion über den Sinn von Lohnarbeit eingebracht worden war, hat seit geraumer Zeit wieder im Zusammenhang mit dem Thema eines *Bedingungslosen Grundeinkommens* an Aktualität gewonnen.

Egoismus oder was?

Was ist es eigentlich, was den Menschen immer mehr vom Menschen entfremdet, was ihn in jener unerträglichen Art an- oder umtreibt, so dass er das Wesentliche aus den Augen verliert? Ist es wirklich der pure Egoismus, der den Blick für den anderen, für das Ganze verstellt? Oder sind es jene inhaltslosen, moralischen Imperative des Miteinander und Füreinander, die mehr verhindern, denn wachsen lassen? Ist da nicht so mancher Ökonom aus früheren Tagen, der mit dem Prinzip der Arbeitsteilung das Paradigma einer sozialen Zukunft vorgab, weitergegangen als die Verfechter moralischer Gebote? Nehmen wir Adam Smith. Der schrieb einmal: «Mag man den Menschen für noch so egoistisch halten, es liegen doch offenbar gewisse Prinzipien in seiner Natur, die ihn dazu bestimmen, am Schicksal anderer Anteil zu nehmen, und die ihm selbst die Glückseligkeit dieser anderen zum Bedürfnis machen, obgleich er keinen anderen Vorteil daraus zieht, als das Vergnügen, Zeuge davon zu sein.»[29] Mit diesen Worten beginnt der ‹Vater der Nationalökonomie› seine *Theorie der ethischen Gefühle*, in der er der Frage nachgeht, wie eine zivilisierte Gesellschaft freier Menschen zusammengehalten wird und warum neben dem Selbsterhaltungstrieb auch Nächstenliebe und Altruismus zu entwickeln sind. Doch sie werden gerne übersehen angesichts seines Plädoyers zugunsten des Eigeninteresses, das in den viel zitierten Satz einmündet: «Nicht vom Wohlwollen des Metzgers, Brauers und Bäckers erwarten wir das, was wir zum Essen brauchen, sondern davon, dass sie ihre eigenen Interessen wahrnehmen.»[30] Beide Äußerungen, weil scheinbar in ihrer Widersprüchlichkeit unvereinbar, gegeneinander auszuspielen – wie vielfach (siehe Buckle, Mill, Oncken, Vaihinger, Lange u. a.) geschehen –, ist genauso töricht wie das Vorhaben, den Egoismus überwinden zu wollen zugunsten eines Altruismus oder umgekehrt, denn ein genaueres Hinsehen lehrt uns: es ist dieser Widerspruch, der letztlich alles in Bewegung hält.

Dass gerade ethische Forderungen jedwede Einseitigkeit vermeiden sollten, hat auch Rudolf Steiner immer wieder zur Sprache gebracht und die weitverbreitete Anschauung kritisiert, wonach «ethisch nur sei, wenn der Egoismus überwunden werde durch die Liebe, und wenn die Menschen sich so entwickeln, dass an die Stelle des Egoismus lautere Liebe trete».[31] Denn worauf es Steiner ankommt, ist, ein Verständnis zu gewinnen dafür, «was eigentlich für ein Kraftgegensatz besteht zwischen Egoismus und Liebe». Sein Resümee zielt dahin, verstehen zu lernen, dass «aller Egoismus des Menschen darauf angewiesen ist, dass der Mensch sich mit seinem Mitmenschen abfindet, dass der Mensch mit seinem Mitmenschen zusammenlebt und zusammenarbeitet. Der Egoismus selber erfordert das Zusammenleben und Zusammenwirken mit den anderen Menschen. Und so ist auch vieles von dem, was wir gemeinschaftlich mit anderen Menschen entwickeln, durchaus auf den Egoismus gebaut und kann sogar zu den edelsten Tugenden des Menschen gehören.» Und Steiner wäre nicht Steiner, wenn er hierbei nicht auch ganz konkrete Lebensverhältnisse im Auge gehabt hätte. Entsprechend beendet er sein Nachdenken über das Verhältnis Egoismus-Altruismus mit einem Blick auf die ökonomischen Verhältnisse. Ausgehend von der Feststellung, dass die Befriedigung des Bedarfs der Menschen weltweit die zentrale Aufgabe des Wirtschaftens ist, stellt er die Frage, was denn dem Bedarf nach Konsumtion eigentlich zugrunde liegt. Seine überraschende Antwort lautet: «Der Egoismus liegt dem Bedarf, der Konsumtion zugrunde.» Hat man dies einmal begriffen, «dann», so Steiner, «wird man für das Wirtschaftsleben nicht die Frage aufwerfen: Wie ist der Egoismus zu überwinden? –, sondern: Wie ist es dem Altruismus möglich, den berechtigten Egoismus zu befriedigen?» Und in der ihm eigenen Art fügt er noch hinzu: «Vielleicht klingt diese Frage weniger idealistisch – aber wahr ist sie.»

Alles an seinen Platz, so lautet Steiners Devise, die für den Egoismus ebenso gilt wie für den Altruismus. Damit zeichnet sich deutlich ab, dass er noch einen anderen Weg einschlägt als Adam Smith – und dies ausgerechnet im Zusammenhang mit der Arbeitsteilung, die der Schotte ja erst so richtig ins Gespräch gebracht hat. Denn für Steiner ist es gerade die Arbeitsteilung, die den Egoismus als treibende Kraft des Wirtschaftens für untauglich erklärt: »Indem die moderne Arbeitsteilung heraufgekommen ist, ist die Volkswirtschaftslehre in Bezug auf das Wirtschaften darauf angewiesen, den Egoismus mit Stumpf und Stiel auszurotten. Bitte, verstehen Sie das nicht ethisch, sondern rein wirtschaftlich! Wirtschaftlich ist der Egoismus unmöglich. Man kann nichts für sich mehr tun, je mehr die Arbeitsteilung fortschreitet, sondern man muss alles für die anderen tun.»[32] Dies steht nicht im Widerspruch zu dem oben Gesagten, sondern hier geht es um die Festlegung des geometrischen Ortes von Egoismus und Altruismus im Wirtschaftsleben: Egoismus hat seine Daseinsberechtigung auf der Seite des Konsums, Altruismus auf der Seite der Produktion und Distribution.

Wirkender Geist[33]

Heilsam ist nur, wenn
Im Spiegel der Menschenseele
Sich bildet die ganze Gemeinschaft
Und in der Gemeinschaft
Lebet der Einzelseele Kraft.

Den wirkenden Geist
An die Stelle des gedachten setzen
Heißt in dieser Zeit
Die soziale Grundforderung empfinden.

Gegensätze[34]

So waren damals die geistige und die sinnenfällige Welt in ihrer vollen Gegensätzlichkeit mir vor die Seele getreten. Aber ich empfand den Gegensatz nicht als etwas, das durch irgendwelche philosophische Gedanken – etwa zu einem Monismus – ausgleichend geführt werden müsste. Ich empfand vielmehr, dass ganz voll mit der Seele in diesem Gegensatz drinnen stehen, gleichbedeutend ist mit Verständnis für das Leben haben. Wo die Gegensätze als ausgeglichen erlebt werden, da herrscht das Lebenslose, das Tote. Wo Leben ist, da wirkt der unausgeglichene Gegensatz; und das Leben selbst ist die fortdauernde Überwindung, aber zugleich Neuschöpfung von Gegensätzen.

Sinn des Ganzen[35]

Vor allen Dingen kommt in Frage, dass eine von den heutigen Verhältnissen geforderte soziale Ordnung nicht herzustellen ist, ohne dass man sich bewusst wird: Diese soziale Ordnung ist damit verknüpft, dass der Mensch selbst sich erkennt in seiner Beziehung zum Sozialen.

Dreigliederung

Rudolf Steiner war ein sehr exakter Beobachter aller dieser Vorgänge. Er hat ja gar nichts erfunden, sondern er hat alles nur beobachtet. Aus der Wahrnehmung hat er praktisch die Ergebnisse nebeneinandergeschrieben. Und die Ergebnisse der Wahrnehmung zeigen eben, dass der soziale Organismus dreigegliedert ist, schon längst ist, dass er nicht erst dreigegliedert zu werden braucht. Der soziale Organismus ist dreigliedrig, allerdings in einer verzerrten Form, d. h. in pathologischer, krebsgeschwulstartiger Konstellation oder in verfilzter Form usw.

Es wäre ein völliges Missverständnis, wenn man aus Steiners Kernpunkten z. B. herauslesen würde, dass er vorhat, den sozialen Organismus dreizugliedern. Das hat er gar nicht vor, sondern er stellt fest, was ist, und gibt lediglich die therapeutischen Maßnahmen an, die im Bewusstsein auftauchen müssen, damit die Menschen das, also vom Bewusstsein her, richtig regeln, die Prinzipien bewusster regeln, dass nicht der soziale Organismus, der schon dreigegliedert ist, ewig bewusstlos bleibt und aus der Bewusstlosigkeit heraus eben zu den ganzen Verfilzungen, Verknotungen und Fehlstellungen kommt. Also ist es ein Therapeutisches, was da vorliegt bei Steiner, und das ist natürlich von eminenter Wichtigkeit.

Joseph Beuys
Rainer Rappmann, Gespräch mit Joseph Beuys,
in: Harlan, Rappmann, Schata:
Soziale Plastik. Materialien zu Joseph Beuys.
Achberg 1976, S. 13 f.

Abb. 7 Rudolf Steiner, Prag 1919. Foto: Karel Novak

Ausgangspunkte

Ein wesentlicher Anstoß, die Zeitverhältnisse eingehend zu überdenken, ergab sich für Steiner aus der Beobachtung der Entwicklung des Parlamentarismus und der Parteien. Das Sich-Bewusstmachen der Dreigliedrigkeit des sozialen Organismus als zukunftsorientierter Gestus für die Gestaltung gesellschaftlicher Prozesse ist seine Antwort auf das Versagen der damaligen parlamentarischen Demokratien, wie es durch die Entwicklung vor und nach der Wende vom 19. zum 20. Jahrhundert bis hin zum Ersten Weltkrieg und durch seinen Verlauf sowie in den sich ankündigenden Entwicklungstendenzen erfahrbar wurde.

Der ‹klassische› Einheitsstaat, repräsentiert durch den

demokratischen Parlamentarismus, schließt das Wirtschaftsleben ebenso ein wie das geistig-kulturelle Leben. Hier beginnt nun Rudolf Steiners Kritik, indem er darauf verweist, dass weder das Wirtschafts- noch das Kulturleben ihrem Wesen nach demokratisch sind, noch sein können. Der Begriff ‹Demokratie› gehöre wesensgemäß zum Parlamentarismus, und dieser kann nur beruhen auf dem, «was zwischen Mensch und Mensch dadurch festgesetzt werden kann, dass der Mensch einfach ein erwachsener, mündiger Mensch ist»[36].

Steiners funktionale Gliederung des sozialen Organismus in ein Geistes-, Rechts- und Wirtschaftsleben bedeutet daher auch nicht die Konstituierung dreier Parlamente, sondern zielt daraufhin ab, Grundlagen zu schaffen, aus denen heraus die dem Wirtschafts- und Kulturleben entsprechenden Organisationsformen gefunden werden müssen:[37]

> *Der soziale Organismus ist gegliedert wie der natürliche. Und wie der natürliche Organismus [des Menschen] das Denken durch den Kopf und nicht durch die Lunge besorgen muss, so ist dem sozialen Organismus die Gliederung in Systeme notwendig, von denen keines die Aufgabe des andern übernehmen kann, jedes aber unter Wahrung seiner Selbständigkeit mit den anderen zusammenwirken muss.*
>
> *Das wirtschaftliche Leben kann nur gedeihen, wenn es als selbständiges Glied des sozialen Organismus nach seinen eigenen Kräften und Gesetzen sich ausbildet, und wenn es nicht dadurch Verwirrung in sein Gefüge bringt, dass es sich von einem anderen Gliede des sozialen Organismus, dem politisch wirksamen, aufsaugen lässt. Dieses politisch wirksame Glied muss vielmehr in voller Selbständigkeit neben dem wirtschaftlichen bestehen wie im natürlichen Organismus das Atmungssystem neben dem*

Kopfsystem. Ihr heilsames Zusammenwirken kann nicht dadurch erreicht werden, dass beide Glieder von einem einzigen Gesetzgebungs- und Verwaltungsorgan aus versorgt werden, sondern dass jedes seine eigene Gesetzgebung und Verwaltung hat, die lebendig zusammenwirken. Denn das politische System muss die Wirtschaft vernichten, wenn es sie übernehmen will; und das wirtschaftliche System verliert seine Lebenskräfte, wenn es politisch werden will. Zu diesen beiden Gliedern des sozialen Organismus muss in voller Selbständigkeit und aus seinen eigenen Lebensmöglichkeiten heraus gebildet ein drittes treten: das der geistigen Produktion, zu dem auch der geistige Anteil der beiden anderen Gebiete gehört, der ihnen von dem mit eigener gesetzmäßiger Regelung und Verwaltung ausgestatteten dritten Glied überliefert werden muss, der aber nicht von ihnen verwaltet und anders beeinflusst werden kann, als die nebeneinander bestehenden Gliedorganismen eines natürlichen Gesamtorganismus sich gegenseitig beeinflussen.

Aus der damaligen politischen Situation heraus und mit Blick auf die bevorstehenden Versailler Friedensverhandlungen begründet Steiner sein Konzept einer Dreigliederung des sozialen Organismus mit den Worten:

Nicht ein Deutschland, das nicht mehr da ist, müsste der Außenwelt gegenübertreten, sondern ein geistiges, politisches und wirtschaftliches System in ihren Vertretern müssten als selbständige Delegation mit denen verhandeln wollen, von denen das Deutschland niedergeworfen worden ist, das sich durch die Verwirrung der drei Systeme zu einem unmöglichen sozialen Gebilde gemacht hat.[38]

Steiner geht es nicht darum, aus theoretischen Erwägungen heraus Konzeptionen etwa für ein neues Steuersystem oder Bankwesen vorzulegen, sondern «die Bedingungen herzustellen, unter denen die besten sozialen Einrichtungen entstehen können»[39]. Dabei wird es unumgänglich sein, sich aus der Umklammerung vorherrschender Machtverhältnisse zu lösen, das heißt im Geistesleben von der ‹Weltherrschaft der Phrase›, im Rechtsleben von der ‹Weltherrschaft der Konventionen› und im Wirtschaftsleben von der ‹Weltherrschaft der Routine›.[40]

Konfliktpotential

Soziale Konflikte, so Steiner, treten zumeist da auf, wo ein schier unüberbrückbarer Widerspruch zwischen der Ideenwelt einerseits und der Lebenspraxis andererseits offenbar wird. Diese Tatsache legitimiert nicht nur geisteswissenschaftliche Forschungsmethoden auf dem Gebiet der Sozialwissenschaft, sondern macht sie unerlässlich; insbesondere dann, wenn festgestellt werden kann, dass jene Kluft zwischen menschlichen Sehnsüchten und Bedürfnissen und der sozialen Wirklichkeit immer größer wird dadurch, dass die sozialen Forderungen aufgrund ihrer politisch-ideologischen Attitüden immer abstrakter werden, wie dies um die Jahrhundertwende der Fall war. Dabei kommt es ihm, den man gerne als Okkultisten aus dem gesellschaftspolitischen Diskurs ausschließt, gerade darauf an, dass man nicht nur «von einer Geistigkeit weiß oder zu wissen glaubt, sondern darauf, dass dies eine Geistigkeit ist, die auch beim Erfassen der praktischen Lebenswirklichkeit zutage tritt. Eine solche begleitet diese Lebenswirklichkeit nicht als eine bloß für das innere Seelenwesen reservierte Nebenströmung.»[41]

Im Verlauf seiner sechs Jahre währenden Tätigkeit als Lehrer an der von Wilhelm Liebknecht gegründeten Arbeiterbildungsschule in Berlin – siehe unten das Kapitel *Steiner unterwegs* – hatte Rudolf Steiner hinreichend die Gelegenheit, die damaligen sozialen Verhältnisse, insbesondere was die Situation des Proletariats betraf, zu studieren. Aus diesen Arbeitszusammenhängen heraus und besonders aufgrund seiner zahlreichen Auseinandersetzungen mit Vertretern der sozialistischen Bewegung wurde ihm immer deutlicher, dass dasjenige, was menschliche Arbeit, was Beruf und deren Verhältnis zum Einkommen und Erwerb ist, den Kristallisationspunkt dessen bildet, was man *Die Soziale Frage* nennt.

Sein grundlegend neuer Ansatz bezüglich einer Klärung dieser Frage liegt darin, dass er, entgegen der marxistischen Auffassung, wonach die Notlage des Proletariats als logische Folge bisheriger historischer Entwicklungen, als eine ‹Geschichte des Klassenkampfes› seit dem Beginn der menschlichen Zivilisation betrachtet wird, das Elend, die Armut im 19. Jahrhundert als Resultat derjenigen Lebensformen beschreibt, die sich in dieser Zeit selbst herausgebildet haben. Für Steiner gibt es kein eindeutiges Prinzip sozialen Wandels innerhalb der Menschheitsgeschichte zugunsten eines Abbaus von Machtstrukturen mit dem Ziel der Emanzipation, sondern für ihn produziert jede Gesellschaft auch neue Unterdrückungsmechanismen, die nur auf der Grundlage eines jeweils neu zu schaffenden Bewusstseins überwunden werden können. Dadurch versetzt er sich in die Lage, aus der aktuellen Zeitsituation heraus sachgemäße Begriffe zu bilden. Welche Probleme mit einem solchen Ansatz verbunden sind, spricht aus den folgenden Worten: «Geisteswissenschaft ist unbequem. Zwar nicht für diejenigen, die sich nur an das halten, was in Worten verbreitet ist, und sich dann auf eine abstrakte Lebensanschauung beschränken; aber für die, welche sich tiefer in sie hineinwagen, ist sie unbequem. Sie hat es nicht zu tun mit ein paar mechanischen Vorstellungen, sondern sie zwingt dazu, sich für die verschiedensten Stufen des Daseins besondere Begriffe anzueignen.»[42]

Freiheit – Gleichheit – Brüderlichkeit

Worte des Bischofs

Er war ein leidenschaftlicher Kritiker des Absolutismus, war Erzieher des Enkels und eventuellen Thronfolgers seiner Majestät König Ludwig XIV. und er war Erzbischof von Cambrai. Die Rede ist von François Fénelon, einer außergewöhnlichen Persönlichkeit im Zeitalter des Absolutismus in Frankreich. Für seinen Zögling schrieb er in den Jahren 1694–1696 den Roman *Les Aventures de Télémaque*. Auf der abenteuerlichen Reise des Telemachos, Sohn des Odysseus, mit Mentor, seinem Lehrer, die durch verschiedene Länder der Antike führt, erleben die beiden die Armut und Not der Menschen, verursacht durch korrupte Ratgeber der in unnötige Kriege verstrickten Herrscher. Mentor erzählt daraufhin seinem Schüler, dass es für alle diese Probleme auch Lösungen gibt, die ein friedliches Miteinander mit den Nachbarn oder mehr Gerechtigkeit unter den Menschen ermöglichen. Der Schlüssel dafür ist, so doziert Fénelon weiter, dass die Menschen begreifen, was das eigentlich Menschliche ausmacht: Freiheit-Gleichheit-Brüderlichkeit. Als im April 1699 der Roman – notabene ohne seine Zustimmung – im Druck erschien, wurde Fénelon vom Hof verbannt.

Knapp hundert Jahre später war ganz Frankreich in Aufruhr und am 21. Juni 1793 ließ der Bürgermeister der Pariser Kommune an die Mauern seines Amtssitzes die Worte schreiben: Liberté, égalité, fraternité ou la mort – Freiheit, Gleichheit, Brüderlichkeit oder der Tod. – Es war wohl der Buchdrucker Antoine-François Momoro, der dann als Erster die Devise der Französischen Revolution Freiheit-Gleichheit-Brüderlichkeit verwendete. Allerdings war, wie die französische Historikerin Mona Ozouf herausgefunden hat, diese Devise nur eine von vielen wie etwa *Amitié, Charité, Sincérité, Union* (Freundschaft, Barmherzigkeit, Aufrichtigkeit und Einigkeit) oder die des Bürgermeisters von Étampes *Freiheit, Gleichheit, Eigentum*. Im Trubel der Revolution ging schon bald die Parole von Freiheit-Gleichheit-Brüderlichkeit unter. Und keine nennenswerte Aufmerksamkeit erlangte sie im Verhandlungsmarathon des Wiener Kongresses 1814/1815, an dem nach den Napoleonischen Kriegen Europa neu vermessen und der Adel seine in den Kriegszeiten verloren gegangenen Privilegien wieder einforderte. Damit waren die Ideale Freiheit-Gleichheit-Brüderlichkeit schon im Keime erstickt worden. Erst mit der französischen Verfassung von 1848 waren sie wieder im öffentlichen Bewusstsein angekommen.

Aufklärung und Freimaurerei

«Aufklärung ist der Ausgang des Menschen aus seiner selbst verschuldeten Unmündigkeit. Unmündigkeit ist das Unvermögen, sich seines Verstandes ohne Leitung eines anderen zu bedienen.»[43] Was der Philosoph Immanuel Kant mit diesen Worten freisetzt, ist Ergebnis einer Debatte, die das 18. Jahrhundert, vor allem in England, Frankreich und Deutschland, prägte. Die Aufklärung, das Enlightenment, ist – mit all ihren Widersprüchen – gleichsam der Eintritt in

Abb. 8 Freiheit, Gleichheit, Brüderlichkeit,
Münze 20 Francs, 1851

ein neues Zeitalter. Aufklärerisch Gesinnte trafen sich aber nicht nur an Universitäten, sondern auch in Zirkeln, die abseits von Fürstenhöfen und Kirchen immer mehr an Bedeutung zunahmen. Eine wesentliche Rolle spielten dabei die Freimaurerlogen, in denen sich freie Geister zusammenschlossen, um ihre Gedanken in selbstbestimmter Weise an den Prinzipien einer aufgeklärten Vernunft auszurichten. Die Ideale *Freiheit-Gleichheit-Brüderlichkeit* hatten hier ihre Heimat ebenso wie die staatsrechtliche Neuschöpfung von der Gewaltenteilung. So hatte Montesquieu, der wie Lessing, Goethe und viele andere den Freimaurern angehörte, den Überlegungen von John Locke, der dem Staat jedwede uneingeschränkte Macht absprach und stattdessen eine Gewaltenteilung in Legislative und Exekutive forderte, eine dritte Kraft, die Judikative, hinzugefügt. Die Ideen von John Locke hatten auch maßgeblichen Einfluss auf die von Thomas Jefferson, ebenso Freimaurer, formulierte amerikanische Unabhängigkeitserklärung, in der 1776 unveräußerliche Rechte wie die auf Leben, Freiheit und das Streben nach Glück festgehalten wurden. Auch der Begriff der Menschenrechte geht auf einen Freimaurer zurück, auf Jean-Jacques Rousseau.

Schon 1906 hat Rudolf Steiner auf die Bedeutung der Freimaurerei für die Entwicklung des sozialen Lebens hingewiesen und sie als Keimzelle für eine neue ‹königliche Kunst›, d.h. ‹soziale Kunst› bezeichnet:

> *Langsam und allmählich greifen in den gegenwärtigen Entwicklungszyklus der Menschheit die organischen, die lebendigen Kräfte ein. Es wird eine Zeit kommen, so phantastisch es auch dem heutigen Menschen erscheinen mag, wo der Mensch nicht mehr nur Bilder malen, nicht mehr nur leblose Skulpturen anfertigen wird, sondern wo er imstande sein wird, dasjenige lebendig zu erschaffen, was er heute nur malen, mit Farbe und Meißel gestalten kann.*
>
> *Was aber weniger phantastisch erscheinen wird, ist die Tatsache, dass schon heute im Wirken des sozialen Lebens die erste Morgenröte der Verwendung der lebendigen Kräfte beginnt: das eigentliche Geheimnis, das sich um den Gral herumschlingt. Das letzte Ereignis auf sozialem Gebiet, das durch die alte Maurerei herbeigeführt wurde, war die Französische Revolution, in der mit den Ideen Gleichheit, Freiheit, Brüderlichkeit konsequent die Grundidee der alten Maurerei auf sozialem Gebiete in die Öffentlichkeit kam. Die das wissen, wissen auch, dass durch unzählige Kanäle die Ideen, die vom Gral ausgegangen sind, verbreitet wurden und die eigentlich wirkenden Kräfte in der Französischen Revolution waren.*
>
> *Nur als ein missglückter, als ein unmöglicher Versuch, als letzter, ich möchte sagen, verzweifelter Kampf innerhalb*

der zu Ende gehenden Menschheitswelle steht das da, was man heute Sozialismus nennt. Er kann ein wirklich positives Resultat nicht herbeiführen. Was durch ihn erreicht werden soll, kann nur durch das lebendige Wirken erreicht werden; die Säule der Stärke genügt nicht. Der Sozialismus kann nicht mehr durch unlebendige Kräfte gemeistert werden. Die Ideen der Französischen Revolution, Freiheit, Gleichheit, Brüderlichkeit, waren die letzten Ideen, die aus dem Unlebendigen flossen. Unfruchtbar, dem Sterben geweiht ist alles dasjenige, was noch in demselben Geleise bleibt. Denn das heute in der Welt bestehende große Übel, das ungeheure Elend, das mit so furchtbarer Gewalt zum Ausdruck kommt in dem, was man die Soziale Frage nennt, kann nicht mehr mit dem Unlebendigen gemeistert werden. Dazu bedarf es einer königlichen Kunst; und diese königliche Kunst ist es, die inauguriert worden ist in dem Symbol des Heiligen Gral.

Der Mensch muss durch diese königliche Kunst etwas in seine Hand bekommen, was ähnlich ist derjenigen Kraft, die in der Pflanze sprosst, derjenigen Kraft, die der Magier verwendet, wenn er die Pflanze, die vor ihm steht, schneller wachsen macht. In ähnlicher Weise muss von dieser Kraft ein Teil verwendet werden zum sozialen Heil. Diese Kraft, die beschrieben worden ist von solchen, die etwas von den rosenkreuzerischen Geheimnissen wissen, wie zum Beispiel von Bulwer in seinem Zukunftsroman ‹Vril›, ist gegenwärtig aber noch in elementarem Keimzustande. Sie wird in der Freimaurerei der Zukunft der eigentliche Inhalt der höheren Grade sein. Die königliche Kunst wird in der Zukunft eine soziale Kunst sein.[44]

Die Ideale Freiheit, Gleichheit und Brüderlichkeit haben seit ihrem Auftreten Ende des 18. Jahrhunderts immer wieder die Gemüter bewegt. Vermutlich aber war Rudolf Steiner der Erste, der sie nicht pauschal auf den Staat oder die Gesellschaft als Ganzes bezogen gedeutet und sich, wie viele andere, in der Diskussion um die damit auftretenden Widersprüchlichkeiten verzettelt hat. Vielmehr hat er erkannt, dass diese Ideale erst dann in ihrer ganzen Tragweite zur Erscheinung kommen, wenn sie den einzelnen, wesentlichsten Funktionen des öffentlichen Lebens zugeordnet werden: Die Freiheit dem Geistesleben, die Gleichheit dem Rechtsleben und die Brüderlichkeit dem Wirtschaftsleben.

Dass Steiner kein nebuloser Schwärmer oder abgehobener Esoteriker ist, zeigt seine eingehende Reflexion der Wirkensweise der Ideale der Französischen Revolution. In einem ersten Schritt schildert er die Widersprüche, die von Kritikern dieser Ideale vorgebracht wurden, um dann im nächsten Schritt diese zu bestätigen, denn: solange man am Einheitsstaat festhält, dann können auch die Ideale nicht wirksam werden. Dies wird erst möglich sein, wenn man ein Bewusstsein von der Dreigliedrigkeit des sozialen Ganzen hat. Hier nun Steiner im Wortlaut[45]:

> *Es gab scharfsinnige Denker, welche im Laufe des 19. Jahrhunderts sich Mühe gegeben haben, zu zeigen, wie es unmöglich ist, in einem einheitlichen sozialen Organismus diese Ideen von Brüderlichkeit, Gleichheit, Freiheit zu verwirklichen. Solche glaubten zu erkennen, dass sich diese drei Impulse, wenn sie sich verwirklichen sollen, im sozialen Organismus widersprechen müssen. Scharfsinnig ist nachgewiesen worden zum Beispiel, wie unmöglich es ist, wenn der Impuls der Gleichheit sich verwirk-*

licht, dass dann auch die in jedem Menschenwesen notwendig begründete Freiheit zur Geltung komme. Und man kann gar nicht anders als zustimmen denen, die diesen Widerspruch finden; und doch muss man zugleich aus einem allgemein menschlichen Empfinden heraus mit jedem dieser drei Ideale Sympathie haben!

Dies Widerspruchsvolle besteht aus dem Grunde, weil die wahre soziale Bedeutung dieser drei Ideale erst zutage tritt durch das Durchschauen der notwendigen Dreigliederung des sozialen Organismus. Die drei Glieder sollen nicht in einer abstrakten, theoretischen Reichstags- oder sonstigen Einheit zusammengefügt und zentralisiert sein. Sie sollen lebendige Wirklichkeit sein. Ein jedes der drei sozialen Glieder soll in sich zentralisiert sein; und durch ihr lebendiges Nebeneinander- und Zusammenwirken kann erst die Einheit des sozialen Gesamtorganismus entstehen. Im wirklichen Leben wirkt eben das scheinbar Widerspruchsvolle zu einer Einheit zusammen. Daher wird man zu einer Erfassung des Lebens des sozialen Organismus kommen, wenn man imstande ist, die wirklichkeitsgemäße Gestaltung dieses sozialen Organismus mit Bezug auf Brüderlichkeit, Gleichheit und Freiheit zu durchschauen. Dann wird man erkennen, dass das Zusammenwirken der Menschen im Wirtschaftsleben auf derjenigen Brüderlichkeit ruhen muss, die aus den Assoziationen heraus ersteht. In dem zweiten Gliede, in dem System des öffentlichen Rechts, wo man es zu tun hat mit dem rein menschlichen Verhältnis von Person zu Person, hat man zu erstreben die Verwirklichung der Idee der Gleichheit. Und auf dem geistigen Gebiete, das in relativer Selbständigkeit im sozialen Organismus steht, hat man es zu tun mit der Verwirklichung des Impulses der Freiheit. So angesehen, zeigen diese drei Ideale ihren Wirklichkeitswert.

Joseph Beuys, eng vertraut mit Steiners Gedankenkosmos, hat sich in zahlreichen Vorträgen und Interviews immer wieder neu mit dem Grundsätzlichen der Dreigliederungsidee befasst, so auch mit den Idealen der Französischen Revolution. Unter seinen zahlreichen Notizen ist auch ein Blatt zu finden, dessen Inhalt auf den ersten Blick sehr kryptisch erscheint, aber auf den zweiten Blick sehr konkret, wenn auch diese Überlegungen zunächst sehr fern zu liegen scheinen. Beuys ‹erzählt› hier von einem «rein seelischen Zustand», d.h. einem Zustand, der losgelöst ist von allem Physisch-Materiellen. Einen solchen Zustand erlebt der Mensch aber nur im Nachtodlichen bzw. Vorgeburtlichen. Gleichwohl, so schreibt er, befindet man sich dann nicht außerhalb des Wirtschaftlichen, weil auch im Nachtodlichen die Ideale *Freiheit-Gleichheit-Brüderlichkeit wirken*. Und sie wirken, weil sie «übersinnliche Substanzformen» sind.

Rechtsleben

Nicht nur für Juristen

Das Rechtsleben ist nicht nur Angelegenheit der Juristen – dann spricht man zumeist auch nicht vom ‹Rechtsleben›, sondern von der Justiz oder von der Juristerei. Dass es möglichst hoch qualifizierte Richter und Anwälte, Staatsrechtler und Völkerrechtler braucht, soll hier nicht in Frage gestellt werden. Aber: Rechtsvorgänge gehen uns alle an. Sie sind ein wichtiges Bindeglied in allen Lebensbereichen, geben Halt anhand von Gesetzen und Verordnungen, von Verträgen und mündlichen Abmachungen. Das Recht ist nichts Exklusives, sondern Alltägliches. Und das ist es, worauf es Steiner ankommt. Zugegeben: er war kein studierter

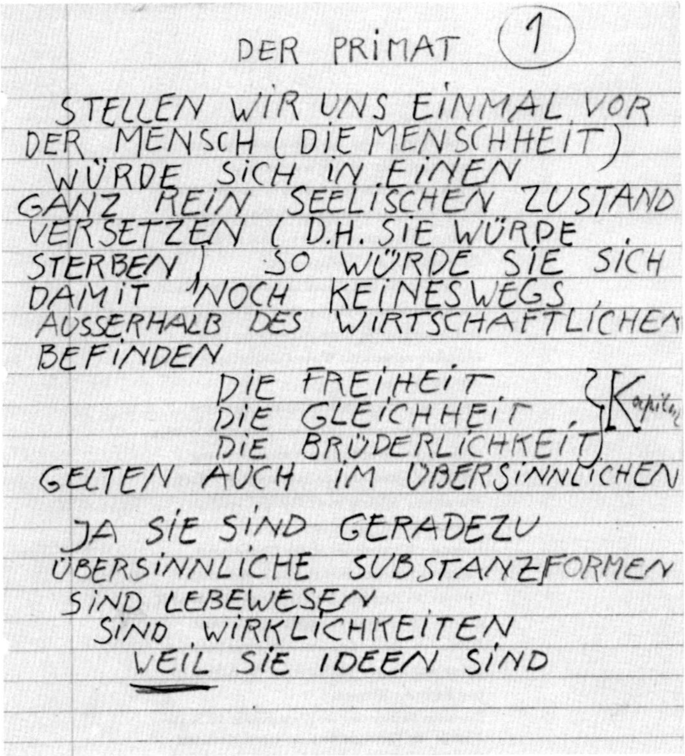
DER PRIMAT (1)

STELLEN WIR UNS EINMAL VOR
DER MENSCH (DIE MENSCHHEIT)
WÜRDE SICH IN EINEN
GANZ REIN SEELISCHEN ZUSTAND
VERSETZEN (D.H. SIE WÜRDE
STERBEN) SO WÜRDE SIE SICH
DAMIT NOCH KEINESWEGS
AUSSERHALB DES WIRTSCHAFTLICHEN
BEFINDEN

DIE FREIHEIT
DIE GLEICHHEIT
DIE BRÜDERLICHKEIT
Kapital

GELTEN AUCH IM ÜBERSINNLICHEN

JA SIE SIND GERADEZU
ÜBERSINNLICHE SUBSTANZFORMEN
SIND LEBEWESEN
SIND WIRKLICHKEITEN
WEIL SIE IDEEN SIND

Abb. 9 Joseph Beuys, Notizblatt, Übersinnliche Substanzformen

Jurist, aber auch Adam Smith war kein Ökonom, sondern Altphilologe. Mehr als zehn Jahre hat er griechische und lateinische, dann auch englische Literatur studiert. Später schrieb er eine Abhandlung über den Ursprung der Sprache. Allerdings: Gut ein Jahr lang widmete er sich auch dem Studium der Nationalökonomie. Eigentlich wollte er Dichter werden. Wie auch immer: entscheidend ist nicht der Studiennachweis, sondern von noch höherer Bedeutung ist, was man denkt, was man tut und dies zeitlebens. Steiner, und dies ist hier schon verschiedentlich angesprochen worden, war permanent unterwegs. Sein Interesse galt der Mathematik ebenso wie der Philosophie, der Kunst, dem Kosmos, der Wirtschaft, der Natur, vor allem aber dem Menschen und der Menschheit. Und es war ihm geradezu eine Notwendigkeit, dass geisteswissenschaftliche Forschung sich auch auf das Alltägliche richtet und damit auch auf das Recht. Bereits 1905 hat er hierzu eigens einen Vortrag gehalten und dort unter anderem ausgeführt: «Wenn es entlegen scheinen könnte, über irgendein Thema im Zusammenhang mit der Anthroposophie zu sprechen, so könnte das gewiss mit Bezug auf das heutige gelten, wo wir den Versuch machen wollen, unser juristisches Studium und unser juristisches Leben im Zusammenhang zu betrachten mit dem, was wir anthroposophische Bewegung nennen.»[46] Das Thema war ihm wichtig, vor allem auch um zu zeigen, dass die anthroposophische Bewegung «eingreift in das unmittelbare Leben».

Etliche Jahre später wird er in Zürich einen öffentlichen Vortrag halten, in dem er über die Abhängigkeiten des Rechtslebens vom Wirtschaftsleben, über die Bedeutung und die Grenzen des demokratischen Prinzips, aber auch über das Strafrecht spricht. Höchst aufschlussreich sind seine Überlegungen Letzteres betreffend. So wird «das Strafrecht, das wie der Schatten eigentlich unsoziale Zustände begleitet»[47], auf ein Minimum reduziert werden müssen und in Zukunft, wenn «der einzelne zivilrechtlich, privatrechtlich oder sonst irgendwie, auch strafrechtlich, sein Recht zu suchen hat oder zu finden hat, in diesem Augenblick geht das Recht über von dem eigentlichen Rechtsboden auf den Boden des Geisteslebens.»[48]

Vom Rechtsstaat zum Rechtsleben

Das Rechtsleben[49] ist für Steiner das Ereignisfeld, auf dem die Verhältnisse der mündigen Menschen zueinander geregelt und damit auch gestaltet werden. Was im Rechtsleben als erkenntnisleitendes Motiv zur Entfaltung kommen soll, das hat er bereits in seinen Kommentaren zu Goethes Naturwissenschaftlichen Schriften zum Ausdruck gebracht: «Rechtsanschauungen und Sittlichkeitsbegriffe kommen und gehen mit den Völkern, ja sogar mit den Individuen. Immer ist die Individualität maßgebend.»[50] – In diesem Sinne bekommt auch seine Äußerung im Vortrag vom 15. Januar 1916[51] einen besonderen Stellenwert. Unter anderem spricht er dort über den italienischen Philosophen und Theologen Antonio Rosmini. Seine Ausführungen kulminieren dann in den Worten, dass Rosmini die Begriffe aus dem Nominalistischen gelöst und in das Erleben hineingeführt habe, anders ausgedrückt: Rosmini hat die Begriffe vom Physischen ins Ätherische hinübergeführt. Richtet man nun den Blick auf Rosminis Rechtsauffassung, die er ausführlich dargelegt hat in seiner *Filosofia del diritto* (*Philosophie des Rechts)*, dann wird man vielleicht ein wenig ahnen können, was Steiner gemeint haben mag. So heißt es bei Rosmini: «Die Person des Menschen ist das substantiell menschliche Recht und daher auch das Wesen des Rechtes.»[52] Ähnliche Gedanken findet man auch bei David Hume, der für Rosmini ein wesentlicher Inspirator war.

Fragen des Rechts stellten sich mit den großen Entdeckungen im 16. Jahrhundert völlig neu, denn der Staat wurde jetzt nicht mehr als eine konstante feste Größe gesehen, sondern aufgrund der Begegnung mit anderen Völkern taten sich neue Perspektiven auf, die zu einem neuen Nachdenken über das, was Gemeinwesen ist, führten. So hatte der Entdecker Amerigo Vespucci von einer neuen Welt berichtet, in der die Menschen naturverbunden leben und kein Eigentum kannten, sondern alles gemeinsam besaßen und darüber hinaus keinen König hatten, der über sie herrscht. Petrus Martyr, u. a. Historiograph Karl V. (1500–1558) und Chronist von Christoph Columbus, schwärmte in seinem 1511 erschienenen Werk *De Orbe Novo* von der neuen Welt als einem Ort, an dem man «ohne den Fluch des Geldes, ohne Gesetze und unbillige Richter»[53] sein Dasein lebte. Die Folge dieser ersten Stufe einer globalen Weltsicht war, dass sich die Europäer auf ihre Geschichte besannen und mit dem Blick nach vorne ihr Rechtssystem neu definierten. Nahezu zeitgleich erschienen zu Beginn des 16. Jahrhunderts die zeitkritischen Abhandlungen von Machiavelli, Erasmus von Rotterdam und Thomas Morus. Gut hundert Jahre später die von John Locke und Montesquieu. Auf Letzteren geht der Begriff der Gewaltenteilung zurück. Um zukünftig Machtmissbrauch und Korruption zu verhindern, schlug er vor, die Regierung in drei unabhängige Organe – Exekutive, Legislative, Judikative – aufzuteilen. Dies bedeutete zugleich, dass die Regierenden selbst an die Gesetze gebunden sind. Die Gewaltenteilung ist in der Folgezeit zu einem Grundpfeiler moderner freiheitlich-demokratischer Rechtsstaaten geworden. In eine ähnliche Richtung haben auch einige der Väter des deutschen Grundgesetzes, das 1949 verabschiedet wurde, gedacht. «Die Würde des Menschen ist unantastbar», heißt es im Grundgesetz und weist dem Staat bzw. der ‹staatlichen Gewalt› die Aufgabe zu, diese Würde zu schützen. Der Staat hat sich seitdem auch daran gehalten, aber im alltäglichen Leben wird sie permanent vernachlässigt. Die Würde des Menschen zu schützen, ist nicht nur eine Aufgabe des Staates, sondern eines jeden. Wie auch immer, das Ineinanderwirken von Recht und Staat hat uns den ‹Rechtsstaat› beschert, ein großer Fortschritt zweifellos, allerdings hat dies auch zur Stärkung des von Steiner vielfach kritisierten Monoliths *Einheitsstaat* geführt. Der Schritt vom Rechtsstaat zum Rechtsleben wäre also noch zu vollziehen. Entscheidend dafür ist, dass ein jeder sich bewusst macht, dass das Rechtsleben nicht irgendwie ein Anhängsel des Wirtschaftslebens, auch nicht des Geisteslebens ist, sondern ein eigenständiges Feld gesellschaftlichen Handelns. Dass eine solche Anschauung, weil quer zu den Denkgewohnheiten, erst einmal zu Missverständnissen führen kann, war Steiner durchaus bewusst, weshalb er in seinem Zürcher Vortrag[54] über Rechtsfragen im Oktober 1919 um eine Klarstellung bemüht war:

> *Auf dem Rechtsboden kann es sich nur handeln um die Festlegung von Gesetzen, die eben die öffentlichen Rechte durch Majoritätsbeschlüsse regeln. Gewiss, sehr viele Menschen sagen: Aber was ist denn schließlich das öffentliche Recht? Es ist ja nichts anderes als dasjenige, was, in Worte gefasst, in Gesetze bringt, was in den wirtschaftlichen Zuständen lebt! – Es ist in vieler Beziehung so. Aber das lässt die Idee von der Dreigliederung des sozialen Organismus, wie sie die Wirklichkeit überhaupt nicht unberücksichtigt lässt, durchaus nicht außer Acht: Was sich durch die Beschlüsse auf demokratischem Boden als rechtens ergibt, das tragen selbstverständlich die Menschen, die wirtschaften, in das Wirtschaftsleben hinein. Nur sollen sie es nicht heraustragen und zum Rechte erst machen. Sie tragen es in das Wirtschaftsleben hinein.*

Überraschung

Sie hatten sich die Begegnung wohl zunächst anders vorgestellt, jene drei Herren, die aus Stuttgart angereist waren, um mit Rudolf Steiner die *Grundsätze zur sachlichen Auf-*

baupolitik zu erörtern. «Es ist ganz schrecklich, wie wenig in Deutschland Verständnis für Außenpolitik besteht»[55], begrüßte Steiner die Gäste in seinem Atelier. Und er blieb beharrlich am einmal eingeschlagenen Thema: «Auch die Sozialpolitik muss heute als Außenpolitik behandelt werden», fuhr er fort und beendete schließlich seinen Monolog mit dem Hinweis, dass er beabsichtige, in Zürich vier Vorträge zu halten, die er anschließend zu veröffentlichen gedenke, was dann auch geschah. Am 28. April erschien sein Buch *Die Kernpunkte der Sozialen Frage in den Lebensnotwendigkeiten der Gegenwart und Zukunft.*

Jene Begegnung hat am 25. Januar 1919 stattgefunden. Bei den drei Herren handelte es sich um Emil Molt, seines Zeichens Direktor der Waldorf Astoria Zigarettenfabrik, den Kaufmann Hans Kühn und Roman Boos, ein promovierter Jurist. Als Rudolf Steiner seine Ausführungen über Außenpolitik beendet hatte, konzentrierten sich die vier auf das mitgebrachte Papier *Die Grundsätze sachlicher Aufbaupolitik*, in dem die wesentlichsten Gedanken des Stuttgarter *Rates geistiger Arbeiter* festgehalten worden waren. Nachdem Steiner einige kritische Bemerkungen zu diesem *Rat* vorgebracht hatte, regte Molt an, doch etwas auszuarbeiten, «was wir alle unterschreiben könnten», und schlug die Gründung eines *Bundes* vor, «wo Rudolf Steiner auftreten könnte». Dieser sagte hierauf: «Ein Rückhalt müsste schon da sein», woraufhin Molt erwiderte: «Die Anthroposophische Gesellschaft ist dazu nicht geeignet; sie soll sich ja auch nicht mit Politik befassen.» Hierauf Rudolf Steiner: «Wieso, wer sagt das?» Molt, Boos und Kühn, wie das Protokoll festhält, «unisono»: «Der Statutenentwurf». Rudolf Steiner: «Dieser ist ja von 1911 und außerdem durch den Krieg längst ausgelöscht. Die Anthroposophische Gesellschaft kann sich ruhig mit Politik befassen. Ich rede ja auch immer von Politik.» – Nach einigem Hin und Her über die politisierte Entente-Freimaurerei stellte Hans Kühn schließlich die Frage: «Könnte sich die Gesellschaft als Partei betätigen?» Prompt folgte die Antwort von Rudolf Steiner: «Sie ist kein Verein, nur eine Gesellschaft. Der einzelne hat volle Freiheit. Man braucht für eine Partei nicht diesen Namen zu wählen. Es müssten auch Nicht-Anthroposophen als Angehörige aufgenommen werden.» – Wie exakt auch immer das von Roman Boos angefertigte Protokoll ist, eines wird deutlich: Rudolf Steiner ist immer für eine Überraschung gut. In diesem Fall zeigt sich einmal mehr seine in alle Richtungen oszillierende Beweglichkeit, die auch ein starkes politisches Engagement des Geisteswissenschaftlers nicht ausschließt.

Anthroposophische Gesellschaft und Politik

Wie heißt es doch in den an der *Weihnachtstagung* 1923 angenommenen Statuten (Ziff. 4)[56] der Anthroposophischen Gesellschaft? «Die Politik betrachtet sie nicht als in ihren Aufgaben liegend.» In der Folgezeit hat wohl kaum ein Satz zu immer wieder solch beträchtlichen Verunsicherungen innerhalb der Mitgliedschaft geführt wie gerade dieser, insbesondere dann, wenn die aktuellen Zeitverhältnisse ein politisches Engagement auch von Seiten der Mitglieder geradezu herausforderten. Verweisen dann gerne die einen darauf, dass ja Rudolf Steiner in den letzten Kriegsjahren und verstärkt in den Jahren 1919/1920 immer wieder über Politik gesprochen und auch die Mitglieder zur Mitwirkung an der Neugestaltung des sozialen Organismus aufgerufen hat, so betonen die anderen, dass sich dies mit der *Weihnachtstagung* im Jahr 1923, an der die Anthroposophische Gesellschaft neu konstituiert wurde, grundlegend geändert habe und diese neue Haltung ihren entsprechenden Ausdruck in den Statuten gefunden hat.

Haben wir es hier nun mit einem Widerspruch oder mit einer Konsequenz zu tun, die sich für Steiner aus den konkreten Verhältnissen heraus ergeben hat? Letzterem den Vorzug zu geben scheint naheliegend, kommentiert er doch selbst in seinem Eröffnungsvortrag vom 24. Dezember 1923 jenen Passus aus Ziffer 4 der Statuten mit den Worten: «Diesen Satz brauchen wir, weil zahlreiche Missverständnisse aus allerdings nicht klarem Verhalten vieler unserer Mitglieder während der Dreigliederungszeit entstanden sind. Anthroposophie ist vielfach zu dem Ansehen gekommen, als ob sie sich in die politischen Angelegenheiten der Welt hineinmischen wollte – was sie nie getan hat, nie tun kann – dadurch, dass die Dreigliederungssache von unseren Freunden vielfach an die politischen Parteien herangebracht worden ist, was von vornherein ein Fehler bei diesen Freunden war.»[57]

Zweifellos, die Angriffe gegen Rudolf Steiner und die Anthroposophie, die sich insbesondere im Zusammenhang mit der Oberschlesien-Abstimmung[58] und den damit verbundenen Aktivitäten der Dreigliederer verstärkt haben, veranlassten Rudolf Steiner zu einer deutlichen Zäsur, ja zu einer sofortigen Beendigung der Dreigliederungsaktivitäten auf der allgemeinen politischen Bühne, was aber nicht zugleich bedeutet, dass dem Gedanken der sozialen Neugestaltung von nun an weniger Aufmerksamkeit gewidmet werden sollte.

Ein wesentlicher und damit zugleich grundlegender Hinweis in Bezug auf ein tieferes, ein umfassenderes Verständnis der ganzen Problematik findet sich bereits in dem eben zitierten Kommentar Rudolf Steiners, nämlich dass sich die Anthroposophie nie in die politischen Angelegenheiten «hineingemischt» hat. Dies bedeutet, dass er auch die Aktivitäten in den Jahren 1917 bis 1921 nicht als Einmischung in die «politischen Angelegenheiten der Welt» verstanden wissen wollte. Damit wird nun zugleich auch deutlich, dass das Argument, dass Rudolf Steiner mit Ziffer 4 der Statuten die Konsequenzen aus den ereignisreichen Jahren der Dreigliederungsbewegung gezogen hat, nicht stichhaltig ist, zumal bereits 1913 im «Entwurf der Grundsätze einer Anthroposophischen Gesellschaft»[59] schon eine ganz ähnliche Formulierung wie in den Statuten von 1923 zu finden ist. Wörtlich heißt es dort: «Ebenso [wie religiöse Propaganda, Anm. W. K.] sind streng ausgeschlossen von der Gesellschaftstätigkeit alle Arten politischer oder sozial-politischer Wirksamkeit.» Hieraus lässt sich folgern, dass in Bezug auf das Verhältnis zwischen Anthroposophischer Gesellschaft und Politik eine Kontinuität seit 1913 bestand und im Jahre 1923 diese Haltung nochmals bekräftigt wurde. Dazwischen liegen nun jene turbulenten Kriegsjahre, liegen die Jahre eines unermüdlichen Einsatzes von Seiten Rudolf Steiners für eine Neugestaltung des sozialen Organismus im Sinne der Dreigliederung.

Gleichwohl ist es nicht leicht, sich ein klares Bild zu machen, wie er das Verhältnis zur Politik, zum allgemeinen politischen Geschehen aufgefasst wissen wollte, besonders auch deshalb, weil er selbst, vor allem im Jahr 1919, mit großem Engagement auf den verschiedensten Bühnen politischer Meinungsbildung und politischen Handelns aufgetreten ist. So sprach er vor Betriebsräten, vor Industriellen, vor Gewerkschaftlern[60] und vor Repräsentanten verschiedener politischer Gremien (zum Beispiel Württembergische Sozialisierungskommission) und hat im Zusammenhang mit der Oberschlesien-Abstimmung sogar von der Notwendigkeit politischer Agitation[61] gesprochen. Die Urteilsbildung wird vor allem auch deshalb noch erschwert, weil in immer wieder ganz anderen komplexeren Zusammenhängen, die uns aber oft nur fragmentarisch oder schlaglichtartig überliefert sind, ganz verschiedene Äußerungen und Haltungen Rudolf Steiners entgegentreten und außerdem die dem heutigen Zeitgenossen so vertrauten Meinungen, Begriffe und Bezeichnungen den Weg zu dem Eigentlichen beziehungsweise Wesentlichen versperren.

Wie nun Rudolf Steiner selbst dennoch den zeitlichen Gegebenheiten und Veränderungen Rechnung tragen wollte, zeigt die folgende Äußerung aus seinem Vortrag vom 3. März 1920[62]: «Wenn man streng die Dreigliederung auffasst, ist es prinzipiell nicht ganz richtig, sich nicht zu beteiligen am Parlament. Das prinzipiell Richtige, im Sinne der Dreigliederung konsequent gedacht, wäre: an den Wahlen sich zu beteiligen, so viele wählen lassen als gewählt werden können, ins Parlament eintreten und Obstruktion zu betreiben bei allen Fragen, die sich auf das Geistesleben und Wirtschaftsleben beziehen. Das würde konsequent im Sinne der Dreigliederung gedacht sein.»

Wie kritisch Steiner den politischen Parteien gegenüberstand, lässt sich sehr anschaulich an seinen Äußerungen im Verlauf des vierten Diskussionsabends mit den Arbeiterausschüssen der Stuttgarter Großbetriebe ablesen. Zu einem tieferen Verständnis des Parteiwesens führt allerdings erst der Vortrag vom 6. August 1920[63], in dem er aus rein geisteswissenschaftlicher Sicht das Wesen der beiden großen Parteiströmungen (liberal: Luziferisches / konservativ: Ahrimanisches) zur Darstellung bringt. Die Notwendigkeit einer solchen Betrachtungsweise leitet er ein mit der Frage: «Wie viele Menschen wissen heute davon, dass Parteimeinungen Abschattungen sind von Wesenhaftem in der geistigen Welt?» Dass das weite Feld der Politik gerade vom Gesichtspunkt der Geisteswissenschaft einer bewussten Durchdringung bedarf, klingt auch deutlich an in dem Vortrag vom 6. Oktober 1918. Nachdem er dort eingehend ausgeführt hat, dass die Sinneswelt ihr eigenes Wesen bisweilen verhüllt, fordert er dazu auf, «diese Dinge gründlich zu verstehen, gründlich in seine Erkenntnisgesinnung aufzunehmen», denn «das gehört zu den Anforderungen des Menschenlebens in der Zukunft, insbesondere zu den Anforderungen, die von den Zeitgeistern selber an diejenigen gestellt werden, die Erkenntnis für die Zukunft suchen wollen, die auf irgendeinem Gebiete Willen entfalten wollen. Insbesondere müssten ergriffen werden die geistigen Kulturzweige, Theologie, Medizin, Jurisprudenz, Philosophie, Naturwissenschaft, Technik und selbst soziales Leben und sogar Politik; Politik, ja, ja wahrhaftig, auch dieses sonderbare Gebilde! In all das müsste eingeführt werden von denjenigen, welche die Zeit verstehen, das, was aus der Geisteswissenschaft folgt.»[64]

Der ins Geistige übertragene Krieg

Einen gewissen Schlüssel zur Beantwortung der Frage, was denn Steiner als das Essentielle, als das Wesen des Politischen versteht, kann man in der dritten Seminarbesprechung finden, die er im Rahmen des Nationalökonomischen Kurses im Sommer 1922 durchgeführt hat. Dort heißt es:

> *Das Politische ist in der Weltgeschichte ein sekundäres Produkt. Das beruht lediglich darauf, dass die primitiven, vielleicht höchst unsympathischen, aber ganz ehrlichen Machtverhältnisse allmählich die Form des Krieges unter den Menschen angenommen haben. Man kann zwar nicht sagen, der Krieg sei die Fortsetzung der Politik nur mit anderen Mitteln, aber die Politik ist der ins Geistige übertragene moderne Krieg. Denn dieser Krieg beruht darauf, dass man den Gegner täuscht, dass man irgendwelche Situationen herbeiführt, die ihn täuschen. Jede Umgehung im Kriege, alles Mögliche, was nicht di-*

rekte offene Angriffe sind, beruhen auf einer Täuschung des Gegners. Und der Feldherr wird sich um so größere Verdienste zuschreiben, je besser es ihm gelingt, den Feind zu täuschen. Das ist, übertragen aufs Geistige, die Politik. Sie finden ganz dieselben Kategorien in der Politik darin. – Wenn man von Politik redet, so möchte man sagen: Es müsste danach gestrebt werden, dass die Politik in allem überwunden wird, selbst in der Politik. Wir haben nämlich im Grunde genommen erst dann eine wirkliche Politik, wenn sich alles das, was auf politischem Felde spielt, in rechtlichen Formen abspielt.[65]

In dem, was Steiner im Nationalökonomischen Seminar über das Wesen der Politik aussagt, ist das eigentlich Zukunftsweisende seiner Gedanken und auch seines Handelns während der Dreigliederungszeit zu sehen: Sein damaliger Einsatz steht nicht im Widerspruch zu den in den Statuten 1913 und 1923 niedergelegten Gesichtspunkten, sondern, indem er immer wieder auf die Notwendigkeit eines dreigegliederten sozialen Organismus hinwies, begann er zugleich die politische Landschaft, das politische Verständnis umzuwandeln in Richtung eines neuen Rechtsverständnisses, in Richtung neuer Rechts- und damit auch politischer Verhältnisse.

Einer, der geahnt hat, in welche Richtung Steiners Überlegungen zielen, ist der ehemalige Minister der norwegisch-schwedischen Unionsregierung, Sigurd Ibsen, ein Sohn des Dichters Henrik Ibsen, der am Schluss seines 1925 erschienenen Artikels *Gegensätze der Politik* (Politikkens Motsetninger), in dem er eingehend Rudolf Steiners Dreigliederungsgedanken behandelt, zu folgender Schlussfolgerung gelangt: «Auf der anderen Seite besteht für den Staat keine Notwendigkeit, in das Wirtschaftsleben einzugreifen, ebenso wenig wie er sich in das Geistesleben einzumischen braucht: er könnte sehr wohl als ausschließlich politisch-juristische Einrichtung bestehen.»[66]

Welch ein Genuss, mit Steiner über Politik zu sprechen!

Es war im April 1926. In der Redaktion der französischen Zeitung *Matin* saßen sich zwei Journalisten gegenüber: Arved Arenstam und Jules Sauerwein. Letzterer war gerade aus Rom gekommen, wo er Augenzeuge des Attentates auf Mussolini war. «Wie hätte sich auch dieses Ereignis abspielen können, ohne dass Sauerwein dabei gewesen wäre?» – fragte sich Arenstam, damit die Bedeutung seines Gegenüber gleichsam mit Rotstift unterstreichend. – Im dann folgenden Gespräch entstand nach und nach ein vielfarbiges Porträt dieses außergewöhnlichen Journalisten und dann hatte Arenstam noch eine letzte Frage: «Welches war denn Ihre interessanteste Begegnung in diesen siebzehn Jahren?» – Antwort Sauerwein: «Ich habe fast alle Monarchen der Erde gekannt, fast alle Premierminister und Marschälle. Aber niemand vermochte auf mich einen so nachhaltigen Eindruck auszuüben wie der österreichische Philosoph und Okkultist Rudolf Steiner. Dies war der interessanteste Mann, dem ich in meinem Leben begegnet bin. Ich habe ihn in Wien kennengelernt, und wir sind bis zu seinem im vorigen Jahr erfolgten Tode Freunde geblieben. Ich besuchte ihn regelmäßig in seinem herrlichen Heim in Dornach bei Basel, das vor drei Jahren einer ruchlosen Brandstiftung zum Opfer fiel. Die Staatsmänner und wären sie noch so mächtig – hatten auf mich immer den Eindruck von Schauspielern gemacht, die ihrer Rolle nicht ganz sicher sind. Aber welch ein Genuss, mit Steiner über Politik zu sprechen! Nur ein so großer und reicher Verstand vermag auch mit solcher Richtigkeit die einzelnen Probleme zu erfassen.»[67] Dem ist hier nichts mehr hinzuzufügen.

Rudolf Steiner
[Das Link, Fassung A[68]]

Eines hohen Parlamentes weises Mitglied
Das richtet an seine hohe Regierung
Einen stürmischen Appell!
Hat man nicht gehört?
Hat keiner von euch vernommen?
Da sitzt ein kluger Mann
Ganz fern von unsrer Universitas
Abgelegen im Hinterland:
Er wollte Privatdozent sein
Für die Lehre vom Recht –
Es dauert zehn Jahre
Er wird es immer nicht.
Doch dafür entdeckt er
Entdeckt er – denkt euch:
Dass das Recht
So gelehret wird
Ein Link ist –
Und wieder vergingen zehen Jahre
Und er saß, sprach, lehrte
Als erster auf dem Katheder
Linksphilosophie.

Rudolf Steiner
[Das Link, Fassung B]

Eines hohen Parlamentes weises Mitglied
Das richtete an die Regierung
Einen stürmischen Appell:

Wo; Wann; Warum nicht! Weshalb nicht?
Da sitzt einer der klügsten Menschen
Von jeder Universität ganz fern
Der sann nach universitärer Art
Und er – erfand – erfand wirklich
Das Link
Erfand zu dem Recht das Link –
Machet eure Ohren auf, hört!
Und die Regierung hörte
Und sie systemisierte
Den Lehrstuhl für Linksphilosophie.

Wirtschaftsleben

Das Ideal des sich selbst regulierenden Marktes ist ein utopisches und selbstzerstörerisches Projekt, das faktisch mit keiner existierenden Form des menschlichen Zusammenlebens vereinbar ist. Ein freier Markt hat noch nie existiert und wird dies auch nie tun.
Die Expansion der Markt- und Warenbeziehungen ging immer mit einer aggressiven Interventionspolitik des Staates einher, welche die systemischen Mängel des Marktes abzufedern und den Widerstand der Menschen gegen den ökonomischen Hurrikan zu brechen suchte.
Die historische Alternative, vor der wir heute stehen, ist mit Polanyi nicht die zwischen dem freien Markt und der kollektiven Intervention. Wir können nur zwischen verschiedenen Arten der politischen Vermittlung wählen; zwischen unterschiedlichen ‹Gegenbewegungen›, die entstehen, um die lebensbedrohlichen Wirkungen des Kapitalismus zu beschränken. Die Frage wird lauten, ob die politische Regulation darauf abzielt, die Privilegien der Eliten zu schützen, und ob sie in diesem Sinne einen reaktionären, identitären und totalitären Charakter besitzt oder ob sie die Möglichkeit zur Stärkung von Demokratie und Aufklärung eröffnet.

César Rendueles
Globale Regression und postkapitalistische Gegenbewegungen.
In: Heinrich Geiselberger (Hrsg.):
Die große Regression. Eine internationale Debatte über die geistige Situation der Zeit.
Berlin 2017, S. 236 f.

Alles ist teilbar

Sogar Geld ist teilbar. Das verstehen zwar Kinder. Und gerecht muss geteilt werden. Aber Erwachsene haben damit ihre Mühe, so auch der vielleicht einflussreichste Ökonom des 20. Jahrhunderts, Paul Anthony Samuelson, der in seinem Bestseller *Volkswirtschaftslehre* zwar rhetorisch gekonnt das Problem von Armut und Reichtum zur Sprache bringt, dann aber die Verteilungsgerechtigkeit dem Staat zuschiebt und der Ökonomie die Rolle des Zuschauens, denn «Ökonomie kann nicht vorschreiben, welche Schritte ein Staat unternehmen sollte, um Gerechtigkeit herzustellen».[69] Recht hat er, aber es kann doch wohl nicht Aufgabe der Wirtschaft sein, Ungerechtigkeiten zu produzieren.

Börsengeschäfte haben es so an sich, dass sie dem Einen zum Vorteil und dem Anderen zum Nachteil geraten. Aber: Was ist das Wesentliche am Geld? Das Wesentliche am Geld ist, dass es teilbar ist. Und: Teilen ist kein Vorgang, der die Menschen voneinander trennt, sondern miteinander verbindet, man denke zum Beispiel an das «Mitteilen» oder das «Anteil nehmen». – So einfach ist das. Solche Überlegungen findet man aber nicht in nationalökonomischen Lehrbüchern.

Teilbar ist auch der Geist. Geist ist nicht nur das Gegenteil von Ungeist, sondern auch von Langeweile. Geist ist nicht objektiv messbar, aber subjektiv erfahrbar als Sinnenliebkosung, als intellektuelle Erregung, als Fähigkeit. Die Engländer haben ein ganz spezielles Verhältnis zum Geist, denn er erscheint ihnen z. B. in der Pointe eines Witzes oder einer Paradoxie. Das englische Wörtchen ‹wit› bedeutet ‹Witz› und zugleich ‹Geist›.

Wir sprechen von Mannschaftsgeist und Zeitgeist. Und manchmal hat jemand einen Geistesblitz und wir meinen, er hat eine Inspiration oder Intuition. Das sind Erfahrungsmomente, Augenblicke von unermesslicher Kraft. Und diese Kraft zu bündeln durch Konzentration, Meditation und Hingabe an das große Ganze, an das große Unbekannte, das ist es, was zu den Aufgaben eines jeden gehört. Der Geist, die Triebkraft alles Werdens und Vergehens, ist fraglos allseits präsent. Ein erster Schritt des Verstehens könnte damit getan sein, dass man einfach mal dem Rat Wittgensteins folgt, denn nur, «Wenn man noch viel verrückter denkt, als die Philosophen, kann man ihre Probleme lösen».[70] Das ist doch recht geistvoll, oder?

Teilbar ist auch die Verantwortung. Diejenigen, die gegenwärtig mit hehren Worten als Verantwortungsträger tituliert werden, gehören zumeist den höheren Lohnklassen an. Dieser Tatbestand – oder soll ich sagen: dieses Gerede von Verantwortung auf höchster Stufe – kommt aber einer Entmündigung all derer gleich, die tagtäglich für sauberes Wasser in unseren Wasserleitungen sorgen oder für die Wareneingangskontrolle zuständig sind. Herabgewürdigt wird unter diesem Aspekt auch die Arbeit des Bäckers oder Metzgers, des Flugzeugmechanikers oder der Kindergärtnerin, denn: *Jeder* trägt Verantwortung und es lässt sich nicht messen, ob einer mehr Verantwortung trägt oder weniger. Verantwortung ist auf den ersten Blick nicht teilbar, denn sie verteilt sich von selbst auf diejenigen, die etwas Sinnvolles tun. Und dennoch: Verantwortung ist teilbar, indem jeder dem anderen den nötigen Respekt entgegenbringt.

Neue Ideen, neue Begriffe

Mit ihrer Rückkehr in feudale Lebenswelten hat sich die Wirtschaft auf den Index größtmöglicher Risiken und Instabilität gesetzt und damit zugleich das gesellschaftliche und politische Gefüge in eine Schieflage gebracht. Der hochgepriesene, sich selbst regulierende Markt ist zusehends zu einem selbstzerstörerischen Projekt geworden. Wohin die Entwicklung geht und was nottut, hat Steiner schon sehr früh deutlich erkannt: «Wir brauchen andere Köpfe auf unseren Schultern»[71], diktierte er in das Gedächtnis seiner Zuhörer und meinte damit vor allem, dass es nicht mit blindem Pragmatismus, nicht mit partiellen Reformen an der Oberfläche der durch den Weltkrieg in einen desolaten Zustand verfallenen Wirtschaft getan ist, sondern dass es darauf ankommt, die bestehenden Ideen und Begriffe zu hinterfragen und an ihre Stelle neue zu setzen.

Zahlreiche Beispiele für Innovationen im Wirtschaftsleben enthält der von ihm auf Anregung von Wirtschaftsstudenten im Sommer 1922 gehaltene *Nationalökonomische Kurs,* dem sich seminaristische Unterredungen anschlossen. Ausgehend von der Frage, ob die ständige Höherbewertung von Grund und Boden überhaupt einer Wirklichkeit entspricht, führte er in seinem fünften Vortrag die gängige Praxis ad absurdum, denn «Grund und Boden, insofern er bloß Natur ist, kann ja überhaupt keinen Wert haben».[72] Der heutige Wert, so Steiner, ist ja nichts anderes, als «auf Grund und Boden fixiertes Kapital». Deshalb hat man es nicht mit einem wirklichen Wert, sondern mit einem Scheinwert zu tun.

Im Weiteren befasst sich Steiner mit dem Konkurrenzprinzip, das Nonplusultra des sogenannten freien Marktes. An seiner Stelle fordert er das Assoziationsprinzip, das eine intensive Zusammenarbeit der Produzenten untereinander, dann aber auch zwischen Produzenten, Händlern und Konsumenten beinhaltet. Nur mit Hilfe solcher Assoziationen, so Steiner, lässt sich der Bedarf in der Welt befriedigen – ein Unterfangen, von dem man heute, trotz der vielen technologischen Errungenschaften, trotz weltweit agierender Großkonzerne und zahlreicher Absichtserklärungen, meilenweit entfernt ist.

Der Umgang mit Kapital, mit der Preis- und Lohngestaltung, aber auch das Verhältnis von Wirtschaft und Politik werden ebenfalls in diesen Vorträgen sowie in den sich anschließenden Seminaren ausführlich behandelt. Dabei zeigt Steiner in einer ungeheuren Dichte weitreichende Perspektiven auf, die ein radikales Umdenken sowie praktische Handhabungen geradezu herausfordern.

Die Krux des gegenwärtigen Denkens ist, dass es letztlich immer noch von vorindustriellen, mittelalterlichen Denkmustern geprägt ist. Obgleich moderne Industriegesellschaften gewaltige Entwicklungen durchgemacht haben und heute weltweit agieren, ist das Begriffs- und Wertesystem gleichsam an seinem Ausgangspunkt stehengeblieben. Immer noch wird geredet von Lohnarbeit, von Zöllen oder eben National-Ökonomie, als hätten sich nationale Interessen nicht schon längst im Zuge der geschichtlichen Ereignisse gründlich ad absurdum geführt. Nationale Grenzen und staatliche Einengungen können die globale Ausbreitung mehr oder weniger behindern, nicht jedoch verhindern. Dieses Phänomen gilt es ernsthaft zur Kenntnis zu nehmen und nicht zu bejammern. Allerdings darf damit nicht zwangsläufig die Ideologie des Neo-Liberalismus verbunden werden. Es liegt in der gesunden Entwicklung des Wirtschaftslebens, dass Unternehmen über nationale Grenzen hinweg agieren. Das schafft die Möglichkeit einer erdumspannenden Verbindung der Menschen untereinander und miteinander. Dazu bedarf es keiner Ideologie und keines staatlichen Dirigismus. Ein Versuch nach den verheerenden Schlachten des Ersten Weltkrieges, auf der politischen Ebene zunächst einmal die Völker einander näher zu bringen, war die Gründung eines Völkerbundes. Und so fand vom 7. bis 13. März 1919 in Bern die Internationale Völkerbunds-Konferenz statt, an der Rudolf Steiner als Gast teilnahm. Anlässlich dieser Konferenz, jedoch außerhalb des offiziellen Programmes, hielt er am 11. März im Großratssaal des Berner Rathauses einen Vortrag über grundlegende Aspekte eines Völkerbundes, zu dem auch namhafte Persönlichkeiten eingeladen wurden.

Hier erwies sich Steiner einmal mehr als ein außergewöhnlicher, immer wieder Grenzen überschreitender Denker. Seine Alternative zum nationalen Einheitsstaat, der sich in den zurückliegenden Jahren selbst sein Grab geschaufelt hat, umschrieb er dort mit dem Begriff *Soziale Territorien*:

> *Alle diese Verhältnisse werden auch auf internationalem Gebiete auf eine gesunde Grundlage gestellt, wenn die gesunde Grundlage erst im einzelnen sozialen Territorium eingetreten sein wird. Aus diesen einzelnen sozialen Territorien wird dann der Mensch hervorgehen, der in der rechten Weise auch zum internationalen Leben das seinige beitragen kann.*[73]

Mit den Schieflagen auf politischer und wirtschaftlicher Ebene haben sich durch Jahrhunderte hindurch auch zahlreiche Schriftsteller befasst. Dabei ist unübersehbar, dass sie häufig viel kritischer und auch konstruktiver und kreativer mit wirtschaftlichen Fragen umgegangen sind als die Ökonomen, was einmal mehr zeigt, dass es keinen Sinn macht, Wissenschaft und Kunst zu trennen. Sie unterscheiden sich zwar in ihren Ergebnissen, aber nicht in ihren Methoden – hat schon der Philosoph Paul Feyerabend in seinen Zürcher Vorlesungen in den Jahren 1981-1983[74] nachgewiesen.

Zu den kritischen Geistern unter den Schriftstellern, die sich mit den wirtschaftlichen Verhältnissen befasst haben,

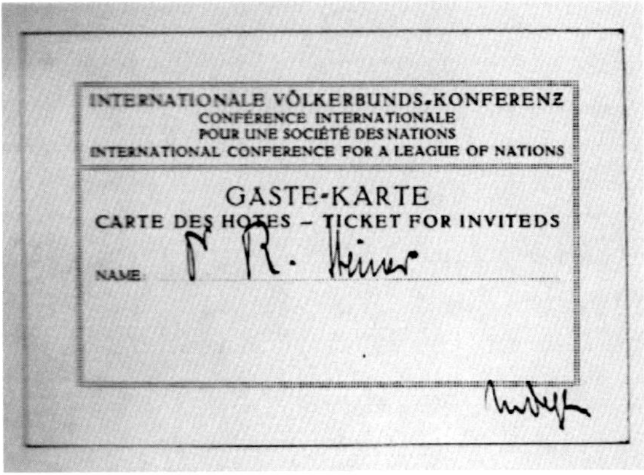

INTERNATIONALE VÖLKERBUNDS-KONFERENZ
CONFÉRENCE INTERNATIONALE
POUR UNE SOCIÉTÉ DES NATIONS
INTERNATIONAL CONFERENCE FOR A LEAGUE OF NATIONS

GÄSTE-KARTE
CARTE DES HÔTES – TICKET FOR INVITEDS

NAME:

Abb. 10 Internationale Völkerbunds-Konferenz, Gästekarte

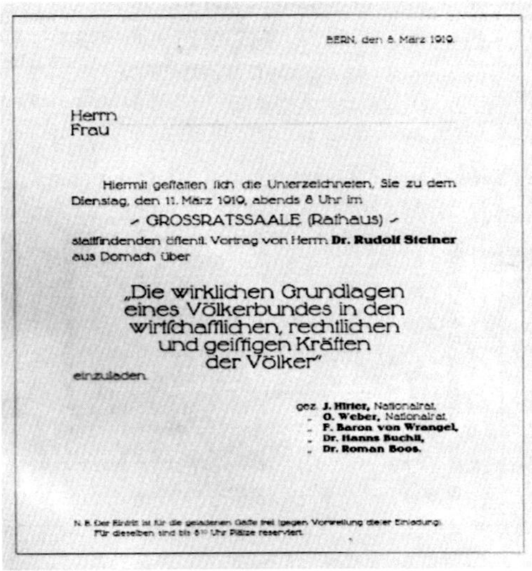

BERN, den 5. März 1919.

Herrn
Frau

Hiermit gestatten sich die Unterzeichneten, Sie zu dem Dienstag, den 11. März 1919, abends 8 Uhr im

– GROSSRATSSAALE (Rathaus) –

stattfindenden öffentl. Vortrag von Herrn **Dr. Rudolf Steiner** aus Dornach über

„Die wirklichen Grundlagen
eines Völkerbundes in den
wirtschaftlichen, rechtlichen
und geistigen Kräften
der Völker"

einzuladen.

gez. **J. Hirter,** Nationalrat,
" **O. Weber,** Nationalrat,
" **F. Baron von Wrangel,**
" **Dr. Hanns Büchli,**
" **Dr. Roman Boos.**

N. B. Der Eintritt ist für die geladenen Gäste frei gegen Vorweisung dieser Einladung.
Für dieselben sind bis 8[illegible] Uhr Plätze reserviert.

Abb. 11 Vortragsankündigung «Die wirklichen Grundlagen eines Völkerbundes»

gehören Goethe, der Märchenerzähler Wilhelm Hauff («Das kalte Herz»), Jeremias Gotthelf, Henrik Ibsen, Bernard Shaw, Emile Zola, Alfred Döblin, Bertolt Brecht und noch so manch anderer wie z. B. der Kriminalroman-Autor Wolfgang Schorlau. Einige Texte können im ANHANG erkundet werden. Dass auch Schriftsteller wie Henry George (1839–1897), zugleich ein amerikanischer politischer Ökonom sowie der einflussreichste Befürworter einer Einheitssteuer auf Landbesitz, die Zeichen der Zeit erkannt hat, zeigt sein 1879 erschienener Bestseller *Progress and Poverty* (Fortschritt und Armut), der sich mehr als drei Millionen Mal verkaufte. In New York City kandidierte er, nominiert von der Independent Labour Party, 1886 als Bürgermeister. Seine politischen Ziele waren unter anderem bei gleicher Arbeit die gleiche Bezahlung von Frauen und Männern und die Einführung öffentlicher Verkehrsmittel. Die Quintessenz seiner Lehre: Der Privatbesitz an Grund und Boden ist eine Verneinung der Menschenrechte. Hier ein Ausschnitt aus seinem Buch:[75]

> *Aus der Neigung, Wesentliches mit Unwesentlichem zu verquicken, ist eine falsche Vorstellung entsprungen, welche die Gesetzgeber noch nach Möglichkeit förderten und die Nationalökonomen ihrerseits – statt deren Klarlegung zu versuchen – größtenteils sich zu eigen machten: nämlich die falsche Vorstellung, dass Privatgrundbesitz notwendig sei zu gehöriger Bodenausnutzung, und die Umwandlung desselben in Gemeingut nichts anderes hieße, als die Zivilisation zu zerstören und zur Barbarei zurückzukehren.*
>
> *Diese falsche Vorstellung lässt sich ungefähr mit der Annahme vergleichen, die Charles Lamb zufolge noch lange Zeit unter den Chinesen vorherrschte, nachdem sie bei einem Brand von Hotis' Häuschen zufällig den*

Wohlgeschmack von Schweinebraten entdeckten: dass man nämlich ein Haus niederbrennen müsse, um ein Schwein braten zu können.
Obwohl es nun nach Lambs reizender Erzählung eines Weisen bedurfte, um dem Volke beizubringen, dass es Schweine braten könne, ohne darum Häuser niederzubrennen, so bedarf es doch wohl keines Weisen zur Erläuterung dafür, dass zur Pflege von Grund und Boden nicht absolutes Eigentumsrecht, sondern nur die für die Pflege nötige Sicherheit erforderlich sei. Wer sich nur umsehen will, wird dies leicht begreifen.

Die Befreiung von falscher Arbeit

«Wer etwas leistet, der hat auch was», hat vor einiger Zeit der Chef eines großen deutschen Bankinstitutes in die Mikrofone diktiert. Dabei hatte er sicherlich nicht im Sinn, dass auch eine Pflegerin auf der Intensivstation einer Klinik etwas leistet, aber mit einem Lohn nach Hause geht, der gerade mal so reicht, und mit einer Rente rechnen muss, die, wenn sie Glück hat, knapp über dem Existenzminimum liegt. Mit eben diesem Verweis auf das Leistungs-Prinzip rechtfertigen alle möglichen klugen Leute die hohen Löhne und Boni der Topmanager. Und wer nicht so viel verdient, ist einfach nur neidisch – plappert man im Wirtschaftsteil oder in Leserbriefen so mancher Zeitungen munter weiter drauf los. Neidisch auf ihre Gutsherren und Peiniger waren selbst die Tagelöhner im Mittelalter nicht einmal. Sie waren einfach nur wütend über die Arbeitsbedingungen und den Lohn, der hinten und vorne nicht reichte. So sein wie die Aristokraten wollten sie nicht und will auch heute der ‹kleine› Buchhalter eines Großkonzerns nicht. Der indische Architekt und Pritzker-Preisträger von 2018, Balkrishna Doshi, hat kürzlich in einem Interview dieses Problem so auf den Punkt gebracht: «Ich möchte nichts besitzen. Das ist schon sehr lange so. Meine Schätze sind meine Träume, meine Gedanken, meine Ideen. Besitz hat keine Bedeutung, weil wir sterblich sind. Schauen Sie nicht auf den Besitz eines Menschen, sondern auf die Motive, mit denen er erworben wurde. Im selben Augenblick hören Sie auf, auf Besitztümer neidisch zu sein.»[76]

Dass auch von profunder Seite erhebliche Kritik an den überzogenen Leistungshonoraren geübt wird, wird gerne übersehen. Beispiel: Der an der Mc-Gill Universität in Montreal lehrende Henry Mintzberg, spezialisiert auf Management-Schulung, meldete sich zu den Boni-Zahlungen so zu Wort: «Bonuszahlungen, insbesondere in Form von Aktien und Aktienoptionen, stellen die wichtigste Form legaler Korruption dar.»[77] Das ist doch eine deutliche Ansage, die aber die Betroffenen mit großem Eifer überhören.

Im Übrigen ist die Auszahlung von Boni keine Erfindung, die allein die Kapitalisten gemacht haben, sondern dieses System spielte auch in kommunistischen Ländern eine Rolle, bekannt auch unter dem Namen ‹Stachanow-Prinzip›. Worum geht es da? Am 31. August 1935 förderte der Bergmann Alexej Grigorewitsch Stachanow im ukrainischen Kadijewka 102 Tonnen Steinkohle, das Vierzehnfache der Norm. Stachanow und Arbeiter, die es ihm gleichtaten, durften am Schwarzen Meer Urlaub machen, bekamen bessere Wohnungen und Leistungszuschläge (Boni). Die SED kopierte das Ganze, wählte dazu den Bergmann Adolf Henneke aus, der seine Stachanow-Schicht fahren musste. – In Wirklichkeit waren sowohl die Stachanow- wie auch die Henneke-Schichten reine Propagandalügen. Denn: Kohleförderung unter Tage ist Team-Arbeit. Extremleistungen sind nur möglich, wenn alle anderen dem Stoßarbeiter zuarbeiten. Weil alle um die Lüge wussten, litt die Arbeitsmotivation, von der Missachtung der Sicherheitsvorschriften in den Gruben ganz zu schweigen. Wo bleibt da die vielgepriesene Solidarität?

Führungskräfte in Industrie und Wirtschaft sind die Stachanow-Arbeiter unserer Tage. Die Unternehmen verwenden unendlich viel Mühe, Zeit und Geld, um die Wahrheit, sprich den ‹richtigen Bonus› zu ermitteln. Aber – das System beruht auf angemaßtem Wissen. Management ist ein Segment eines Unternehmens. Das Ganze aber beruht auf Teamarbeit und jede Zurechnung ist willkürlich.

Die Idee, Menschen nach ihrem Arbeitsergebnis zu bezahlen, geht ursprünglich auf den Amerikaner Frederik Taylor zurück. Die Arbeiter wurden nach der Menge der von ihnen angefertigten Werkteile bezahlt. Daraus wurde später der Akkordlohn entwickelt. – Woran aber misst man die Leistung eines Chefs, z.B. der Deutschen Bank? Ist es der Jahresgewinn? Der wird aber von 90 000 Mitarbeitern der Bank weltweit erwirtschaftet! Inzwischen (Sommer 2019) rollt eine Kündigungswelle über den Globus, von der 18 000 Mitarbeiter betroffen sind. Der Feudalherr und Verantwortungsträger dieses Unternehmens sagt dazu: «Das ist schmerzhaft, aber unvermeidbar, um den langfristigen Erfolg der Deutschen Bank sicherzustellen.»[78] Frage: Wem nützt der Erfolg?

Und noch eine Frage: Werden Manager oder Chefs wirklich durch Boni zu Höchstleistungen motiviert? Das stellen die Forscher Samuel Bowles und Henry Mintzberg in Frage, denn für die meisten von ihnen ist Geld nicht alles. Sie wollen ein angemessenes Gehalt, aber auch fair behandelt werden, wollen sich weiter entwickeln können, wollen etwas Sinnvolles tun. Bowles erzählt gerne die Geschichte von seinen beiden Töchtern, die sehr bereitwillig immer im Haushalt halfen. Dann beschloss er, die Hausarbeit zu entlohnen, und führte entsprechende Lohnkategorien ein für das Bügeln, Putzen, Kochen usw. Das Ergebnis war, dass die Mädchen ihre Arbeit einstellten, da sie sich unfair behandelt fühlten, indem sie für etwas bezahlt würden, was sie sowieso freiwillig machen. Bowles Schlussfolgerung daraus war: Leistungsanreize zerstören gute Absichten.

Aus dem bisher Gesagten ist hoffentlich ein wenig deutlich geworden, dass das Verhältnis Lohn-Leistung gründlich zu hinterfragen ist, insbesondere auch durch die Zunahme der Arbeitsteilung, die es immer schwieriger macht, überhaupt die Leistung eines Einzelnen zu beurteilen.

Einer, der sicherlich ein sehr kluger Kopf ist, aber jegliches soziales Gespür vermissen lässt, ist Daniel Vasella. Anlässlich der Generalversammlung der Novartis Ende Februar 2010 sagte er im Zusammenhang mit seinem Rückzug aus dem operativen Geschäft: «Ich selber habe es immer als großes Privileg betrachtet, eine global tätige Firma führen zu dürfen. Als Arzt die Forschung zum Wohle der Patienten zu fördern, verstand ich als humanistische Aufgabe. Dass dies mit Profit verbunden ist, sehe ich als Voraussetzung zur Nachhaltigkeit in einem kapitalistischen Markt an. Danach zu streben, es besser als die Konkurrenz zu machen und eine starke Leistungsethik im Unternehmen zu etablieren, entsprach meinem Naturell. Dass ich dabei erfolgreich war, verdanke ich aber in erster Linie der Qualität meiner Kolleginnen und Kollegen auf allen Stufen.»[79] – Na also. Er weiß es, aber ist nicht in der Lage, die richtigen Schlüsse daraus zu ziehen. Das nennt man Versagen auf der ganzen Linie.

Hier wird nun erneut deutlich, was schon im Zusammenhang mit dem Stachanow-Prinzip gesagt wurde: Der Einzelne ist immer mit anderen verbunden. Der Anteil eines Einzelnen am Ganzen ist nicht messbar.

Einer der Prager Reformer, Eugen Löbl, schrieb in seinem 1975 erschienenen Buch *Wirtschaft am Wendepunkt*: «Es gibt keine objektive Methode, um den Anteil irgendeines Menschen am Bruttosozialprodukt festzulegen, und dies bedeutet gleichzeitig, dass es kein objektives Verfahren gibt, Arbeit zu entlohnen.»[80]

Aus all dem lässt sich folgern: Da, wo Arbeit geteilt wird – und das ist heute überall der Fall –, da muss auch der Ertrag geteilt werden. Aus einem solchen Teilungsvorgang ergibt sich das Soziale wie von selbst und ist nicht eine ‹moralische› Zugabe. Allerdings: der Teilungsvorgang ist eine Rechtsfrage. Daher sollten Arbeit und Einkommen dem Rechtsleben zugeordnet sein. Einer, der solche Vorgänge sehr genau beobachtet und reflektiert hat, ist Rudolf Steiner. Das war bereits 1919:

> *Auf der anderen Seite muss das Wirtschaftsleben begrenzt sein von dem Rechtsleben, das heißt: Ebenso wenig wie die Naturkräfte von der Konjunktur auf dem Warenmarkt abhängen, ebenso wenig darf die menschliche Arbeitskraft von der Konjunktur auf dem Warenmarkt abhängen. Wie eine Naturkraft muss aus dem Wirtschaftsleben die menschliche Arbeitskraft herausgenommen und auf den Rechtsboden gestellt werden. Wenn sie auf den Rechtsboden gestellt ist, dann wird auf diesem Rechtsboden sich alles dasjenige entwickeln können, in dem ein Mensch dem anderen gleich ist, in dem sich nur wirkliche Menschenrechte entwickeln, in dem sich auch das Arbeitsrecht entwickeln kann. Maß und Art und Zeit der Arbeit wird festgestellt sein, bevor der Arbeiter in den Wirtschaftsprozess eintritt. Dann wird er als ein freier Mensch demjenigen gegenüberstehen, der dann, wie man gleich sehen wird, nicht der Kapitalist, sondern der Arbeitsleiter, der geistige Mitarbeiter sein wird.*

Mag man auch noch so gute Worte sprechen über den sogenannten Arbeitsvertrag – solange er ein Lohnvertrag ist, wird daraus immer nur die Unbefriedigtheit des Arbeiters hervorgehen können. Erst dann, wenn nicht mehr über Arbeitskraft Verträge abgeschlossen werden können, sondern lediglich über die gemeinsame Produktion des Arbeitsleiters und des Handarbeiters, wenn lediglich über das gemeinsame Erzeugnis ein Vertrag abgeschlossen werden kann, wird daraus ein menschenwürdiges Dasein für alle Teile hervorgehen. Dann wird der Arbeiter dem Arbeitsleiter gegenüberstehen als der freie Gesellschafter. Das ist es, was der Arbeiter im Grunde genommen erstrebt, wenn er sich auch heute noch nicht ganz klare Vorstellungen davon machen kann. Das ist es, worauf es ankommt: Befreiung der Arbeitskraft aus dem Wirtschaftskreislauf, Feststellung des Rechtes der Arbeitskraft innerhalb des Rechtsbodens.[81]

Damit kommt man den Widersprüchlichkeiten des Freien Marktes einen deutlichen Schritt näher. Denn dieser funktioniert letztlich so, dass heute ein großer Teil der Tätigkeiten vom Freien Markt ausgeschlossen ist. Ein Unternehmer kauft auf dem Freien Markt z. B. Rohstoffe oder Vorprodukte wie z. B. Bleche für die Herstellung von Autos, kauft aber nicht die Dienstleistung einer Sekretärin, sondern unterstellt diese dem hierarchischen Gefüge seines Unternehmens und ordnet sie dort möglichst kostengünstig ein. Anders gesagt: Zur Herstellung eines komplexen Produktes ist eine Vielzahl von Transaktionen erforderlich. Um aber die Kosten möglichst niedrig zu halten, werden auf die Dauer angelegte Tätigkeiten aus dem Markt herausgenommen. Das Reden vom Freien Markt ist angesichts dieser Vorgehensweisen im Grunde genommen ein Scheingefecht.

Aus alledem wird deutlich: Die Stellung der Arbeit muss im gesamtgesellschaftlichen Kontext neu verortet werden. Der einseitige Fokus auf die Wirtschaft, die die Arbeitskraft als Ware behandelt, ist ein Auslaufmodell. Worauf es ankommt, ist, den realen Kontext, in dem sich Arbeit bewegt, bewusst zu machen, denn die «Frage nach der Gestaltung der menschlichen Arbeit, nach der Befreiung der menschlichen Arbeit von der Ware, die wird erst lösbar, wenn die Dreigliederung des sozialen Organismus eintritt. Das, was die modernen Sozialisten wollen, ist als Wollen gewiss berechtigt; was sie selbst als die Heilmittel ansehen, das würde am allerwenigsten als Heilmittel wirken, wenn es in äußere Realität so übergeführt würde, wie sie wollen.»[82]

Der Einzelne und sein Eigentum

Und noch ein weiteres Grundproblem nimmt innerhalb Steiners sozialwissenschaftlichen Studien einen weiten Raum ein: das der Bildung von Eigentum, insbesondere in der Hand des Unternehmers. Hier nun erweist sich ihm die Forderung nach einer Vergesellschaftung des Kapitals und der Produktionsmittel als eine Fortsetzung bisheriger Handhabungen mit anderen Mitteln. Durch die Übernahme des Kapitals durch den Staat bleibt das bisherige Verständnis von Besitz unangetastet. Die Kapital- und Profitmentalität erfährt lediglich eine Verlagerung. An Stelle einer von sozialistischer Seite propagierten Vergesellschaftung der Produktionsmittel setzt Steiner auf die *Neutralisierung des Kapitals*. Jeder Unternehmer, d. h. jeder, der seine Fähigkeiten zur Befriedigung von Bedürfnissen anderer einsetzen will, erhält demnach so lange Kapital, wie er willens bzw. in der Lage ist, seine Fähigkeiten im Dienst der Gemeinschaft einzusetzen. An die Stelle von Besitz, so Steiner, wird in Zukunft ein Verfügungsrecht treten. Kapital, seinem Wesen nach, ist das Mittel, «solche Fähigkeiten für weite Gebiete des sozialen Lebens in Wirksamkeit zu bringen. Den gesamten Kapitalbesitz so zu verwalten, dass der einzelne in besonderer Richtung begabte Mensch oder dass zu Besonderem befähigte Menschengruppen zu einer solchen Verfügung über Kapital kommen, die lediglich aus ihrer ureigenen Initiative entspringt, daran muss jedermann innerhalb eines sozialen Organismus ein wahrhaftes Interesse haben.»[83] Ebenso verhält es sich mit den Produktionsmitteln. Auch für sie gilt lediglich ein Verfügungsrecht.

Worin die Ursachen der gegenwärtigen Probleme hinsichtlich des Besitzes von Kapital und Produktionsmitteln zu suchen sind, wird aus Folgendem ersichtlich: «Nicht die *ursprüngliche* freie Verfügung führt zu sozialen Schäden, sondern lediglich das *Fortbestehen* des Rechtes auf diese Verfügung, wenn die Bedingungen aufgehört haben, welche in zweckmäßiger Art individuelle menschliche Fähigkeiten mit dieser Verfügung zusammenbinden.»[84] Ein solches Vorgehen ist jedoch erst möglich, wenn bereits in die Richtung einer nach ihren Funktionen gegliederten Gesellschaft gedacht wird, d. h. besonders auf das konkrete Problem bezogen, dass eine exakte Kenntnis dessen gefordert ist, was die Aufgaben eines Rechtsstaates sein werden, denn: «Der Rechtsstaat wird nur eine Bestimmung darüber zu treffen haben, *dass* die Überleitung der in Frage kommenden Kapitalmassen in der angegebenen Art geschehe; nicht aber wird es ihm obliegen, Entscheidungen darüber zu treffen, zu welcher materiellen oder geistigen Produktion ein übergeleitetes oder auch ein erspartes Kapital zur Verfügung zu stellen ist. Das würde zu einer Tyrannis des Staates über die geistige und materielle Produktion führen.»[85]

Das Bisherige abrundend, hier noch die Stimme eines Zeitgenossen, des ehemaligen Ministers der norwegisch-schwe-

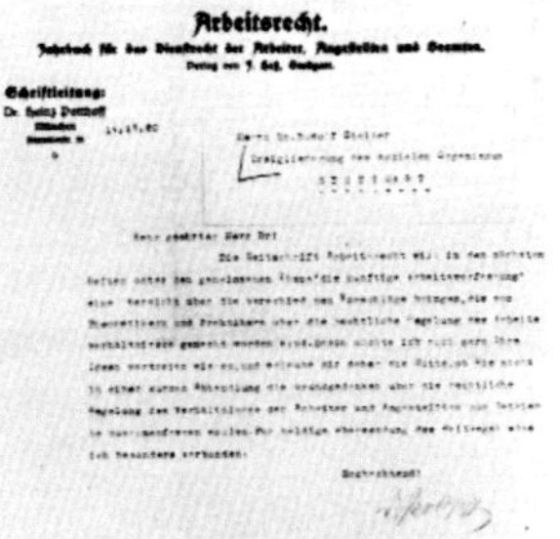

Arbeitsrecht.

Schriftleitung:

Abb.12 Brief an Rudolf Steiner von der Schriftleitung für das Jahrbuch für das Dienstrecht der Arbeiter, 1920

Aufruf No. 1

WELTWIRTSCHAFTS-KONGRESS

AUFRUF

AN MITARBEITER UND INTERESSENTEN

zur Initiative für die Einberufung eines Weltwirtschafts-Kongresses in das Gœtheanum „Freie Hochschule für Geisteswissenschaft" in DORNACH bei Basel

Während des Sommerkurses am Gœtheanum in Dornach, der freien Hochschule für anthroposophisch orientierte Geisteswissenschaft, wurde neben naturwissenschaftlichen, philosophischen, pædagogischen, künstlerischen und andern Kulturproblemen die wirtschaftliche Weltlage besprochen. In Referaten praktisch tätiger Wirtschafter wurden behandelt:

Schweizerische Wirtschaftsfragen im Lichte der assoziativen Wirtschaft;
Assoziation und Konkurrenz;
Das Problem der Weltwirtschaft;
Die Instrumente der Güterverteilung;
Die Lösung der sozialen Frage vom Gesichtspunkte des Unternehmers.

In wiederholter freier Aussprache zur wirtschaftlichen Weltlage wurden die viellachen Erscheinungen des ungesunden Wirtschaftslebens der heutigen Zeit und die Mittel zur Hebung der Weltwirtschaftskrise eingehend besprochen. Weil die Teilnehmer am Kurse die Ueberzeugung gewannen, dass im Werke von Dr. Rudolf Steiner «Die Kernpunkte der sozialen Frage in den Lebensnotwendigkeiten der Gegenwart und Zukunft» (1919, Verlag des Gœtheanum Dornach) und in den darauf fussenden Studien und praktischen Auswirkungen **der Weg vorgezeichnet sei, welcher aus dem heutigen Chaos hinausführt,** wurde der Entschluss gefasst, einen **internationalen Kongress** zur Besprechung der wirtschaftlichen Weltlage in das Gœtheanum nach Dornach einzuberufen.

Der eingesetzte Arbeits-Ausschuss wendet sich durch die Mitglieder seines Initiativ-Ausschusses in den verschiedenen Ländern der ganzen Erde hiermit an Persönlichkeiten, welche für die beabsichtigte Veranstaltung Verständnis besitzen und initiativ mitzuwirken sich entschliessen können. Wir sind uns der Schwierigkeiten und Hemmnisse wohl bewusst, welche einem solchen Werke entgegenstehen. Wir glauben aber, im Hinblick auf die Lage vor ihnen nicht zurückschrecken zu dürfen, denn die Bewegung, aus welcher die zur Anregung führenden Ideen kommen, ist auf praktische Tätigkeit gerichtet. In so schwerer Zeit wie der gegenwärtigen, in der auch diejenigen, welche den Neuaufbau der Wirtschaft übernommen haben, die Lage als verzweifelt ansehen, muss jeder Beitrag zur Sanierung willkommen sein.

Die Welt braucht vor allem dringend eine Gesundung des Wirtschaftslebens. Das bisherige Staatsleben hat nicht vermocht, eine solche herbeizuführen und was

Auszug aus der Einladung des Initiativ-Ausschusses für den Weltwirtschaftskongreß 1922 am Goetheanum in Dornach

Abb. 13 Aufruf zum Weltwirtschaftskongress

dischen Unionsregierung, Sigurd Ibsen, ein Sohn des Dichters Henrik Ibsen:[86]

> *Die Kollektivisten über die Welt hin können sich jetzt solidarisch fühlen, weil sie einem gemeinsamen Widerpart gegenüber stehen, dem kapitalistischen Regime. Wäre dieses gebrochen, so fiele die Voraussetzung für die Solidarität und damit auch diese selber weg.*
>
> *Würde der Kampf dann weniger gehässig sein als in der Gegenwart? So wie die Verhältnisse jetzt sind, ersieht man mit Gewissheit, dass wirtschaftliche Zwistigkeiten einen unnötig bösartigen Charakter annehmen können, weil sie von Nationalismus und machtpolitischen Rücksichten vergiftet werden. Und doch brauchen unter dem bürgerlichen Regime Interessengegensätze zwischen Individuen oder Gruppen verschiedener Nationalität durchaus nicht zu internationalen Verwicklungen zu führen: solche lassen sich oft durch private Verhandlungen ausgleichen.*
>
> *Dieser Ausweg wäre in einer kollektivistischen Welt versperrt. Hier, wo der ganze Wirtschaftsprozess eine Staatssache geworden wäre, würde jeder Konflikt mit ausländischen Interessen gleich von vornherein mit Nationalismus behaftet sein.*
>
> *Was die wirtschaftliche Zusammenarbeit der Völker erschwert, ist nicht der Kapitalismus, aber noch viel weniger ist der Kollektivismus imstande, dieselbe zu fördern. Der Fehler steckt in der Vermengung von Wirtschaft und Politik, und die Erkenntnis davon muss zu der Konsequenz führen, die Rudolf Steiner gezogen hat: das Wirtschaftsleben müsste in vollkommener Unabhängigkeit vom politischen organisiert werden.*
>
> *Inwiefern Aussicht ist zu einer solchen Scheidung und wie sie vorgenommen werden sollte, das ist ein weitläu-*

figes Kapitel. Hier ist nicht der Ort dafür. Nur soviel sei gesagt: wenn Steiners Gedanke auch kühn ist, so ist er durchaus keine Utopie. Denn auf der einen Seite hat das Wirtschaftsleben die natürliche Tendenz, über die Staatsgrenzen hinauszustreben: der Handel hat es seit alters getan, die moderne Hochfinanz ist an keine Heimat gebunden, die Großindustrie unserer Tage ist auf Expansion angewiesen und organisiert sich zum Teil in übernationalen Zusammenschlüssen, und selbst auf dem Gebiet der Landwirtschaft ist eine Interessengemeinschaft anerkannt durch die Errichtung des internationalen Institutes in Rom. Und auf der anderen Seite besteht für den Staat keine Notwendigkeit, in das Wirtschaftsleben einzugreifen, ebenso wenig wie er sich in das Geistesleben einzumischen braucht: er könnte sehr wohl als ausschließlich politisch-juristische Einrichtung bestehen.

Boden-Los

Ob Mieter einer Stadtwohnung oder Pächter einer landwirtschaftlichen Nutzungsfläche, die Probleme sind so sicher wie der Wechsel der Jahreszeiten. Ist es dort der langjährige Mieter, der sich vor drastische existentielle Entscheidungen gestellt sieht, weil eine Erbengemeinschaft nach dem Tod des Vaters, des Onkels oder einer fernen Tante Haus und Boden auf Gewinn-komm-heraus an irgendein Konsortium verkauft, das seinerseits die Altbauwohnungen in Komfort-Eigentumsappartements hochsaniert, so ist es auf dem Lande vielleicht ein Gemüsebauer, der fassungslos zusehen muss, dass man ‹sein Land›, von ihm in jahrzehntelanger Arbeit mühsam bebaut, gehegt und gepflegt, einer anderen, intensiveren Nutzung zuführen oder schlicht verkaufen will.

Die ‹Sprache› ist immer die Gleiche, hier wie dort: Es

geht um Geld, Besitz und Rechte. Es zu vermehren, ihn zu vergrößern und sie im Notfall einzuklagen bilden gleichsam die Trias einer vom Kapital diktierten Weltordnung, in der die Wenigen die Vielen fest im Griff haben und die Legalität sich selber dient. Auf der anderen Seite haben wir die Bedürfnisse und – ja – die Leistungen etwa des Pächters oder Mieters, haben wir die Sinnhaftigkeit des Tuns eines der Natur noch restlos hingegebenen Landwirtes, haben wir vor allem die Ohnmacht des Besitzlosen gegenüber einer Rechtsordnung, in der Blutsverwandtschaft, Besitzstandswahrung und -vermehrung immer noch mehr bedeuten als Fürsorge und Verpflichtung gegenüber Anderen oder die Sorge um das Gedeihen und Überleben der Natur. Bedürfnisse und gesellschaftliches Engagement, der Dienst an der Erde, so lehrt uns die Wirklichkeit, sind rechtlich nicht verhandelbar. «Eigentum ist Diebstahl» verkündeten einst die Anarchisten und «Eigentum verpflichtet» antworteten die Anderen, die vom Schicksal Begünstigten, oder die gleichsam als Sonntagsredner bestellten Repräsentanten jener Spezies Mensch, der das eigene Wohl näher liegt als das der Anderen.

Die sozialen Probleme unserer Zeit sind nach wie vor eng verzahnt mit der Eigentumsfrage, wobei die plakative Einstellung in Schlechte (weil sie Eigentum haben) und Gute (die Besitzlosen) längst nicht mehr trägt oder dies nie getan hat, denn die Mentalität, etwas besitzen zu wollen, ist im Grunde genommen die gleiche – hier wie dort. Einer grundsätzlichen Lösung kann man nur entgegengehen, wenn die bisherigen Muster nicht nur kritisch hinterfragt, sondern anhand von Alternativen bzw. konkreten Beispielen in die öffentliche Diskussion eingebracht werden.

So wie die menschliche Arbeit befreit werden muss von ihrem Warencharakter, so auch Grund und Boden. Weder

Arbeit noch Grund und Boden sind als Ware verhandelbar. Hier einige Überlegungen und Anregungen von Rudolf Steiner:

> *Es können ja heute nicht bloß Waren gekauft werden, das heißt dasjenige, was im arbeitsteiligen sozialen Organismus durch menschliche Arbeitskraft erzeugt wird, sondern man kann heute noch etwas ganz anderes kaufen, was kein Mensch erzeugt, sondern was da ist von Natur aus, das ist der Grund und Boden. Aber dieses Kaufen von Grund und Boden beziehungsweise das Hypotheken-Nehmen auf Grund und Boden ist ja nur ein Verfälschungsprozess der wirtschaftlichen Ordnung. Das ist ja etwas ganz anderes, als sich die Leute darunter eigentlich vorstellen. Man kann nämlich in Wirklichkeit den Grund und Boden nicht kaufen, denn Grund und Boden sind auch erst ein Wert, wenn darauf gearbeitet wird. Was man kauft, das heißt, was man durch den sogenannten Kauf erwirbt, das ist das ausschließliche Recht, den Grund und Boden zu benützen. Darauf kommt es nur an, auf dieses ausschließliche Recht, den Grund und Boden zu benützen.*[87]

Assoziationen: Dreh- und Angelpunkt

Alle wollen dort hin, viele waren dort und die Vielen sind nur wenige. Die Rede ist vom Weltwirtschaftsforum in Davos. Manchmal gibt es dort Redebeiträge, die so nicht vorgesehen waren, wie etwa der von Guy Standing im Jahr 2017. Der Zürcher Tagesanzeiger berichtet: «Das Comeback der Kapitalismuskritiker in Davos ist sehr deutlich erkennbar.» Beispiel: Guy Standing, Professor für Entwicklungsstudien an der Universität London, sprach ganz ohne Umschweife von den fünf Lügen des Kapitalismus[88]: «Lüge 1: die Mär vom freien Markt. Lüge 2: die Notwendigkeit starker Patentrechte, um teure Forschung und Entwicklung abzusichern. Lüge 3: die These, dass starke Eigentumsrechte Wachstum schaffen. Lüge 4: die Behauptung, dass wachsende Profite die Effizienz des Managements beweisen. Lüge 5: dass Arbeit der beste Weg aus der Armut sei.»

Das war's dann auch schon. Und das Erstaunliche daran ist: Er liegt damit nicht ganz daneben. Schon Rousseau hat die Zeichen der Zeit – wir sprechen hier von der Mitte des 18. Jahrhunderts – erkannt und dem ewigen Gerede von Wettbewerb und Konkurrenz eine deutliche Absage erteilt, denn: «Konkurrenz und Rivalität auf der einen Seite, Gegensatz der Interessen auf der anderen, und stets das versteckte Verlangen, seinen Profit auf Kosten anderer zu machen: alle diese Übel sind die erste Wirkung des Eigentums und das untrennbare Gefolge der entstehenden Ungleichheit.»[89]

Mit der Erinnerung an ein soziales ‹Gesetz› – siehe oben im Kapitel Richtkräfte die Ausführungen über das Gemeinwohl – hat Rudolf Steiner eine deutliche Richtung vorgegeben. Im praktischen Leben findet sie ihren Ausdruck in dem, was Steiner Assoziation nennt. Assoziationen sind gleichsam der geometrische Ort für die Zusammenarbeit, bei der es nicht um die Anwendung irgendwelcher festgelegter Vorstellungen, sondern um Entdeckungsreisen geht: «Worauf es notwendig in der Gegenwart ankommt», ist, «dass zuerst eine gesunde Konsum-Assoziation geschaffen und nicht ins Blinde und Blaue hinein produziert werde. Aus bloßer menschlicher Vorliebe heraus sollte nicht einmal Wahrheit produziert werden.»[90] Dass es dabei um wirkliche Substanzbildung mit hohem Anspruch an die Erkenntnistätigkeit des Menschen geht, verdeutlicht der folgende Gedankengang

Wenn man auf dasjenige, was im Normalbewusstsein der Menschheit heute vorhanden ist, Sozialwissenschaft, soziale Impulse gründen wollte, so käme überhaupt nichts heraus. Ehe man sich nicht gesteht, dass die Wissenschaft und das Bewusstsein der Gegenwart impotent sind in Bezug auf die Bildung eines sozialen Urteiles, so wie diese Wissenschaft, so wie dieses gewöhnliche Bewusstsein ist, ehe man sich das nicht zugesteht, eher gibt es keine klare Einsicht in dasjenige, was notwendig ist. – Denn was ist notwendig? Zu wissen, dass der einzelne überhaupt mit den Zahlen nichts machen kann, dass nur Assoziationen mit den Zahlen etwas machen können, Gruppen von Menschen, die diese Erfahrungen, gegenseitig einander ergänzend, verwerten. Aber solche Assoziationen, sie werden trotzdem nichts Besonderes ausrichten, wenn sie nicht Richtkräfte haben, und welches müssen diese Richtkräfte sein? Diejenigen, die aus dem imaginativen Erkennen kommen, die aufsteigen aus der Initiationswissenschaft. Es müssen Leute kommen, die in einem gewissen Sinne initiiert sind, und müssen die Erfahrungen der Assoziationen gerade im wirtschaftlichen Leben in die richtigen Bahnen bringen.

Wo wird man zuerst geisteswissenschaftliche Richtkräfte brauchen, wenn man die Bedürfnisse der Menschheit in der Gegenwart und in der nächsten Zukunft richtig versteht? Man wird sie brauchen gerade auf dem Boden des Wirtschaftslebens. Da müssen sich Assoziationen bilden, da müssen diejenigen Erfahrungen, die die Assoziationen in ihren Zahlen zusammenstellen, ihre Richtkräfte erfahren durch jene Wirkungen, die einzig und allein aus der inneren Erfahrung in den höheren Welten gewonnen werden können. Das Geistesleben, das das Leben der Genies ist, das muss aus dem Chaos der natürlichen Organisation in der Erziehung herausgeholt werden. Dasjenige, was dem Wirtschaftsleben zugrunde liegt, das muss in seinen Richtkräften geholt werden aus der Initiationswissenschaft, und diese Initiationsrichtkräfte müssen ordnen, was gesammelt wird von den einzelnen Assoziationen aus diesem oder jenem Berufskreise, aus diesem oder jenem Industrie-, Ackerbaukreise und so weiter. Gerade das Wirtschaftsleben macht den Einfluss des Geisteslebens am allermeisten notwendig, und gerade im Wirtschaftsleben wird man nicht weiterkommen ohne dieses, denn im Wirtschaftsleben wird alles instinktiv bleiben, wenn es nicht dadurch zur Bewusstheit gebracht wird, dass es in dieser Weise sich entwickelt, wie ich gesagt habe. Daher müsste man sagen: Zunächst einen Besen her und alles das aus dem Wirtschaftsleben heraus, was den Geist negiert! Davon hängt das Heil der zukünftigen Menschheit ab. Alles, was nicht den Geist will, heraus aus dem Wirtschaftsleben, gerade aus dem Wirtschaftsleben! Da ist es am allernotwendigsten, sonst kommt das wirtschaftliche Chaos und damit überhaupt das zivilisatorische Chaos. Und das zeigt sich ja, ich möchte sagen, klar und deutlich genug.[91]

Dass man Steiner im Zusammenhang mit seinen Reden vor Arbeitern (bei Daimler, Bosch u. a.) im Großraum Stuttgart im Rahmen der Betriebsrätebewegung 1919 sogar in ein Regierungsamt hieven wollte, zeigt doch immerhin, dass seine Überlegungen nicht ganz lebensfremd sein konnten. Ein halbes Jahrhundert später wird der Künstler Joseph Beuys Steiners Ideen für eine grundlegend neue Gestaltung des ‹Sozialen Organismus› ins Gedächtnis seiner Zeit rufen. Beiden, Beuys und Steiner, ging es immer wieder darum, die Verbindungs- und Trennungslinien zwischen Geist und Materie, Stoff und Form, Sinnlichem und Nichtsinnlichem bis hinein in ganz alltägliche Vorgänge aufzuspüren, zu transformieren und sowohl begrifflich als auch in Form von Kunst-Installationen und Aktionen darzustellen. Dass ihre Aufklärungsarbeit die Evolution der Welt und des Menschen ebenso betrifft wie die Arbeits- und Kapital-Frage, ist kein Geheimnis und so erscheint die Wahrnehmung dessen, was den Kapitalbegriff angeht, bei beiden in der jeweils ihm entsprechenden Formel, bei Steiner Geld = Geist, bei Beuys: Kunst = Kapital. Steiners Blick auf das Geld mag ungewöhnlich sein, aber wie er seinen Zuhörern, die am Nationalökonomischen Kurs teilnahmen, klarzumachen versuchte, gilt es diese Gleichung realiter ernst zu nehmen, denn:

> *Es mag religiös und ethisch gesehen das Geld eine noch so schlimme Sache sein; im volkswirtschaftlichen Sinn ist das Geld der in dem volkswirtschaftlichen Organismus drinnen wirksame Geist … Geld ist realisierter Geist.*[92]

Es hat in den letzten hundert Jahren immer wieder bewegende Experimente im Umgang mit Geld gegeben, bei denen die Protagonisten sämtliche Gewohnheiten hinter sich gelassen und längst ausgetretene Pfade verlassen haben. Erinnert sei hier an das ‹Wunder von Wörgl› aus dem Jahre 1932. Damals war als Folge des Zusammenbruchs der New Yorker Börse 1929 in dem 4000 Einwohner zählenden Ort in Tirol die Zellulosefabrik, die einst 400 Menschen beschäftigte, stillgelegt worden, und auch die Brauerei, ein weiterer wichtiger Arbeitgeber, kämpfte ums Überleben. Der Lokomotivführer – und ab 1931 auch Bürgermeister – Michael Unterguggenberger dachte darüber nach, wie man es anstellen müsse, damit das Geld wieder zirkuliert, dass es bei den einfachen Leuten ankommt, anstatt ewig auf irgendwelchen Konten herumzuliegen? Inzwischen war jeder vierte Werktätige arbeitslos. Sie stehen Schlange vor dem Büro des Bürgermeisters, in der Hoffnung auf eine finanzielle Unterstützung. Die blieb aber aus. Da auch nichts von der österreichischen Regierung zu erwarten war, fasste Unterguggenberger einen Entschluss: Neues, anderes Geld muss in Umlauf gebracht werden, Geld, das sich von den herkömmlichen Banknoten unterscheidet. Und so ließ er «Arbeitswertbestätigungen» ausgeben. Nach anfänglicher Skepsis schlossen sich immer mehr Einwohner dem neuen System an und schon nach einigen Monaten zeichneten sich erste Erfolge ab, vor allem die Zahl der Arbeitslosen ging rapide zurück, während sie im übrigen Österreich deutlich anstieg. Doch das Ganze war der Österreichischen Nationalbank zusehends ein Dorn im Auge, denn nur sie ist berechtigt, Geldnoten herauszugeben. Gegen einen entsprechenden Bescheid der Notenbank, in dem von «der Abstellung dieses Unfugs» die Rede war, legte der Bürgermeister Widerspruch ein. Doch es nützte nichts. Am 18. November 1933, knapp anderthalb Jahre nach Beginn des Experiments, dessen Erfolg sich weltweit herumsprach, entschied der österreichische Verwaltungsgerichtshof, dass das Wörgler ‹Notgeld› gegen das Gesetz verstößt. Das Experiment war beendet, das Wunder durfte nicht mehr stattfinden. «Hier ist die Not nicht von Gott gesandt, sondern durch Gesetze und menschliche Verwirrung verordnet»[93], schrieb Unterguggenberger enttäuscht an eine Zeitungsredaktion.

Jahrzehnte später werden in Alternativwährungen wie dem ‹Chiemgauer›, dem ‹Roland› u. a. die Überlegungen von damals zu neuem Leben erweckt. Aber auch die Anthroposophen waren nicht untätig. Seit den sechziger Jahren gründeten sie eine Reihe von gemeinnützigen Banken (GLS, Triodos u. a.), die weltweit tätig sind und für viele kritische Zeitgenossen eine wichtige Alternative zum üblichen Bankenwesen sind. Auch die vor allem von Anthroposophen lancierten Kampagnen für ein *Bedingungsloses Grundeinkommen* regen vor allem zum Nachdenken über den Umgang mit Geld an und können sich als Dreh- und Angelpunkt für eine Gesundung des gesamten sozialen Organismus eignen. Kaum durchschaubar ist gegenwärtig das Auftauchen sogenannter Kryptowährungen wie etwa die von Facebook lancierte ‹Libra›. Allerdings handelt es sich hier nicht wirklich um eine Revolutionierung des Geld-Begriffs, sondern um eine Variante der Handhabung des Geldes. Was es braucht, ist ein neues Denken und sind neue Formen im Umgang mit Geld, doch ohne den Blick auf den sozialen Organismus als ein kohärentes, sinnvolles Ganzes wird sich nicht wesentlich etwas ändern.

In einem seiner letzten Vorträge über die soziale Dreigliederung, den Steiner auf Einladung des Staatsökonomischen Vereins in der Aula der Universität Oslo am 30. November 1921 gehalten hat, spitzt er seine Überlegungen in einer Fragestellung, die zugleich eine Aufgabenstellung beinhaltet, so zu:

> *Die Kardinalfrage des Wirtschaftslebens ist diese: Wie muss in Bezug auf Kapital, Grund und Boden, Bemessung und Bewertung der menschlichen Arbeit, das Staatsleben und Geistesleben in das reine Wirtschaftsleben selbständig hineinwirken, damit im Wirtschaftsleben durch die Ausgestaltung der Assoziationen zwar nicht ein irdisches Paradies, aber ein möglicher sozialer Organismus geschaffen werde?* [94]

Geistesleben

Ich führe einen meiner ältesten Kreuzzüge gegen die Unterscheidung zwischen Denken und Fühlen, die die Basis aller antiintellektuellen Vorstellungen ist: Seele und Geist, Denken und Gefühl, Phantasie und Urteilskraft – ich halte diese Trennungen allesamt für falsch. Wir alle haben ähnliche Körper, aber wir denken sehr unterschiedlich. Ich glaube, wir denken viel mehr mit den Instrumenten, die uns durch unsere Kultur zur Verfügung gestellt werden, als mit unseren Körpern, was der Grund für die große Vielfalt unseres Denkens ist. Ich denke, dass Denken eine Art Fühlen und Fühlen eine Art Denken ist.

Meine Arbeit beispielsweise schlägt sich in Büchern oder Filmen nieder, in Objekten, die nicht ich sind, aber Transkriptionen von etwas – Wörter, Bilder oder was auch immer –, und man stellt sich dies meist als einen rein intellektuellen Prozess vor. Aber fast alles, was ich mache, scheint genau so viel mit Intuition wie mit Verstand zu tun zu haben. Es ist nicht so, dass Liebe Verständnis voraussetzt, aber jemanden zu lieben heißt, in alle möglichen Arten von Gedanken und Urteilen eingebunden zu sein. Und das bedeutet nichts anderes, als dass es eine intellektuelle Struktur der körperlichen Lust und des Begehrens gibt. Die Vorstellung, es gäbe einen Unterschied zwischen Denken und Fühlen, ist nur eine dieser Formen von Demagogie, die viel Unheil über die Leute bringt, weil sie sie misstrauisch gegenüber Dingen macht, gegenüber denen sie nicht misstrauisch oder gleichmütig sein sollten.

Diese Einstellung scheint für die Menschen sehr destruktiv und mit großen Schuldgefühlen verbunden zu sein. Die Stereotype von Denken versus Fühlen, Seele versus Geist, männlich versus weiblich kamen in einer Zeit auf, als die Menschen überzeugt waren, die Welt würde sich in eine bestimmte Richtung entwickeln, und zwar in Richtung Technokratie, Rationalisierung, Wissenschaft und so weiter. All diese Gegensätze wurden nur zur Abwehr von Idealen der Romantik erfunden.

Susan Sontag
The Doors und Dostojewski.
Das Rolling-Stone-Interview mit Jonathan Cott, 1978.
Hamburg 2014, S. 83

Ereignisfelder mit Mehrwert

Zugegeben: Ein Begriff wie ‹Geistesleben› passt irgendwie so gar nicht in unsere Zeit und passte auch damals, zu Steiners Zeiten, nicht wirklich. Dazumal, genau gesagt 1912, resümierte Franz Marc in seinem ersten Beitrag für den Almanach *Der Blaue Reiter*: «Es ist merkwürdig, wie geistige Güter von den Menschen so vollkommen anders gewertet werden als materielle», und im selben Atemzug fügte er noch hinzu: «Es ist wahnsinnig schwer, den Zeitgenossen geistige Geschenke zu machen.»[95] – Daran hat sich bis heute nicht viel geändert. Und dennoch: jeder redet irgendwann einmal von Geist. «Das war wirklich eine geistvolle Rede» oder «Das entspricht dem Zeitgeist», «Es fehlt der Mannschaftsgeist», «Sie hatte einen Geistesblitz». Im Suhrkamp Verlag war kürzlich ein Buch über *Die große Regression* erschienen. Der Untertitel lautete: *Eine internationale Debatte über die geistige Situation der Zeit*. Kurzum: Der Geist war und ist stets präsent und diese Präsenz gestaltet unser Leben, unser Geistesleben. Und dies nicht nur in großen Werken der Weltliteratur oder an Universitäten, sondern überall, denn: «Der Geist weht, wo er will.» Geist ist kein verhandelbares Produkt, ist auch nicht irgendeine Zugabe, sondern eher eine Triebkraft, die uns den Anschub gibt, Dinge und Nicht-Dinge wahrzunehmen, einzuordnen und zu verbinden. Geist ist nicht etwas, was allein den Bildungseliten vorbehalten ist, sondern er ist allen Menschen eigen, ob Handwerker oder Universitätsprofessor, Hausfrau oder Marketingleiterin.

Für Steiner war die einseitige Zuordnung des Geisteslebens ein längst überholter Zustand, was er seinem Zürcher Publikum im Herbst 1919 so veranschaulichte:[96]

In der Mitte des 19. Jahrhunderts, wo die Leute auch vom Standpunkt ihrer religiösen, ihrer ethischen Weltanschauung aus über Nächstenliebe, über Brüderlichkeit nachgedacht haben, hat man eine statistische Erhebung gemacht über die Schäden der Bergarbeit in England. Da hat sich herausgestellt, dass in der Tat in die Bergschächte neun-, elf-, dreizehnjährige Kinder vor dem Aufgang der Sonne hinuntergelassen und nach dem Untergang der Sonne erst wieder heraufgeholt worden sind, so dass die armen Kinder den ganzen Tag über nicht das Sonnenlicht gesehen haben, die ganze Woche nicht, nur am Sonntag. Ja, bei den Kohlen, die auf diese Weise zutage gefördert worden sind, in gut geheizten Zimmern, haben sich dann die gebildeten Klassen unterhalten in ihrer lebensfremden Weltanschauung über Brüderlichkeit, über Nächstenliebe, haben ihre ethischen Ansichten entwickelt, haben sogar entwickelt, dass ein ethischer Mensch nur derjenige ist, welcher ohne Unterschied des Standes und so weiter alle seine Mitmenschen liebt.

Das Geistesleben, das hier gepflegt wird, so sein Resümee, ist schlicht und einfach lebensfremd. Geistesleben, ernst genommen, ist ein Ereignisfeld, in dem sich Menschen finden. «Sein Übertragungsmedium», so Aleida Assmann, «ist nicht die Information, auch nicht die Kommunikation, sondern die Inspiration.»[97] Recht hat sie.

Das Geistesleben im dreigliedrigen sozialen Organismus ist gleichsam der geometrische Ort für die Ausbildung und Anwendung unterschiedlichster menschlicher Fähigkeiten: «Ich rechne, indem ich von der Dreigliederung des sozialen Organismus spreche, nicht nur das mehr oder weniger abstrakte Geistesleben oder das spirituelle Leben in das geistige Gebiet hinein, sondern ich rechne alles das in das geistige Gebiet hinein, was auf menschlichen, geistigen oder physischen Fähigkeiten beruht. Das muss ich ausdrücklich betonen [...] Auch derjenige, der ‹nur› Handarbeit verrichtet, braucht eine gewisse Geschicklichkeit zu dieser Handarbeit, er braucht verschiedenes andere noch, was den einzelnen in dieser Beziehung nicht erscheinen lässt als einen Angehörigen des reinen Wirtschaftens, sondern als einen Angehörigen des Geistgebietes.»[98]

Geistesleben als das eine weite Feld des dreigliedrigen sozialen Organismus ist nicht ein Primat der Bildungs- oder Kultureinrichtungen, sondern es findet überall statt: in einem Industrieunternehmen, einem Handwerksbetrieb oder einem Logistikunternehmen ebenso wie im Parlament, in einem Krankenhaus, einer Schule oder einem Theater. Immer geht es um Fähigkeiten, die ganz individuell ausgebildet und zur Anwendung gebracht werden. Dem Geistesleben hat Steiner – wie oben dargestellt – das Ideal der Freiheit zugeordnet. Die Freiheit ist allerdings nicht von Natur aus gegeben, sondern ist ein Mehrwert, der gebildet wird dadurch, dass der Mensch über das Mitgebrachte, das von seinen Vorfahren Ererbte hinausgeht, indem er das in seinen Tiefen Schlummernde erweckt und zur Fähigkeit ausbildet. Grundlegend hat Steiner seine Überlegungen über das Substantielle der Freiheitsfrage in seinem mehr als zwanzig Jahre vorher erschienenen philosophischen Hauptwerk[99] dargelegt und dabei auch schon das soziale Zusammenleben der Menschen im Blick gehabt. Wie er den Zusammenhang seiner Publikationen von 1894 und 1919 sieht, hat er in seinem Schlusswort nach einer sich an seinen Vortrag am 17. März 1920 in Zürich anschließenden Diskussion so dargestellt: «Daher darf ich sagen, dass in gewissem Sinne die Ergänzung zu meiner *Philosophie der Freiheit* meine *Kernpunkte der sozialen Frage* sind. Wie meine Philosophie der Freiheit untersucht, woraus beim einzelnen Menschen die

Kräfte zur Freiheit kommen, so untersuchen meine Kernpunkte der sozialen Frage, wie der soziale Organismus beschaffen sein muss, damit der einzelne Mensch sich frei entwickeln kann.»[100]

Achtung Selbstverwaltung!

Ein wesentlicher Ort, an dem ein solcher Erweckungsvorgang eingeleitet werden kann, ist die Schule. Daher hat Rudolf Steiner mit der Begründung der Waldorfschule in Stuttgart 1919 zugleich die soziale Frage im Blick gehabt und mit ihr das ‹freie Geistesleben›:

> *Worauf es in der Gegenwart ankommen muss, das ist, die Schule ganz in einem freien Geistesleben zu verankern. Was gelehrt und erzogen werden soll, das soll nur aus der Erkenntnis des werdenden Menschen und seiner individuellen Anlagen entnommen werden. Wahrhaftige Anthropologie soll die Grundlage der Erziehung und des Unterrichtens sein. Nicht gefragt soll werden: Was braucht der Mensch zu wissen und zu können für die soziale Ordnung, die besteht; sondern: Was ist im Menschen veranlagt und was kann in ihm entwickelt werden? Dann wird es möglich sein, der sozialen Ordnung immer neue Kräfte aus der heranwachsenden Generation zuzuführen. Dann wird in dieser Ordnung immer das leben, was die in sie eintretenden Vollmenschen aus ihr machen; nicht aber wird aus der heranwachsenden Generation das gemacht werden, was die bestehende soziale Organisation aus ihr machen will.*[101]

Das aber kann nur geschehen, wenn «die Schule und das Erziehungswesen innerhalb des sozialen Organismus auf den Boden ihrer Selbstverwaltung gestellt werden»[102]. Und Selbstverwaltung – etwa einer Bildungsstätte – heißt, sich permanent darüber Klarheit verschaffen, dass eine Schule als sozialer Organismus dreigegliedert ist. Auf dem Boden des Rechtslebens befindet man sich, wenn es um verbindliche Abmachungen geht wie bei der Aufnahme eines Kindes, der Einstellung eines Lehrers, der Einhaltung des Stundenplanes oder die Festlegung der Ferienzeiten sowie der Gehälter der Lehrer. Eine Eltern-Lehrerkonferenz ist ebenso eine Angelegenheit des Geisteslebens wie der Unterricht selbst. In beidem geht es um die Entwicklung und Anwendung von individuellen Fähigkeiten. Geht es in den Konferenzen um die Feststellung des Bedarfs aller Beteiligten und Wege, ihn zu befriedigen, dann betritt man das Terrain des Wirtschaftslebens. Denn im Wirtschaftsleben geht es nicht nur um die Befriedigung materieller Bedürfnisse, sondern auch um die Befriedigung geistiger Bedürfnisse. «Was ein Lehrer an seinen Schülern leistet, ist für den Wirtschaftskreislauf Ware», heißt es im dritten Kapitel von Steiners *Kernpunkten*, ein Gesichtspunkt, der gerne übersehen wird.

Dass Selbstverwaltung ein nicht ganz konfliktfreies Unternehmen ist, war auch damals Steiner schon bewusst: «Man kann natürlich einwenden, dass auch in einer solchen Selbstverwaltung des Geisteslebens nicht alles vollkommen sein werde. Doch das wird im wirklichen Leben auch gar nicht zu fordern sein. Dass das Bestmögliche zustande komme, das allein kann angestrebt werden.»[103]

Mit der Abschaffung des Direktorialprinzips, an dessen Stelle nun das Kollegialprinzip tritt, inaugurierte Steiner in der Waldorfschule das für ein ‹freies Geistesleben› grundlegende Gestaltungsprinzip der Selbstverwaltung. Dies bedeutet zugleich, dass Schulen und andere kulturelle Einrichtungen dem Aktionsfeld des Staates entzogen und auf eigene Füße gestellt werden müssen, «denn», so der amerikanische Soziologe Daniel Bell, «das axiale Prinzip der modernen Kultur ist das Selbst, eines Ausdruck suchenden, sich wandelnden Selbst, das Selbstverwirklichung und Selbsterfüllung anstrebt».[104]

Mit welcher Radikalität Steiner 1919 den Selbstverwaltungsgedanken vertritt, zeigt auch folgender Passus aus seinen *Kernpunkten:* «Jeder Unterrichtende hat für das Unterrichten nur so viel Zeit aufzuwenden, dass er auch noch ein Verwaltender auf seinem Gebiete sein kann. Er wird dadurch die Verwaltung so besorgen, wie er die Erziehung und den Unterricht selbst besorgt. Niemand gibt Vorschriften, der nicht selbst im lebendigen Unterrichten und Erziehen drinnen steht. Kein Parlament, keine Persönlichkeit, die vielleicht einmal unterrichtet hat, aber dies nicht mehr selbst tut, sprechen mit.»[105]

Seit geraumer Zeit kann man beobachten, dass in puncto Selbstverwaltung in freien Bildungseinrichtungen gewisse Ermüdungserscheinungen eingetreten sind. Das Kollegialprinzip wird zusehends zugunsten des Direktorialprinzips aufgeweicht. Mittels Zeitungsanzeigen werden Schulleiter oder Heimleiter gesucht, externe Unternehmensberater engagiert, die den Lehrern das ABC des Qualitätsmanagements – ein aus der Wirtschaft entlehnter grauenvoller Begriff – beibringen und der Ruf nach einer Supervision ist vielerorts unüberhörbar. Nicht selten wird demjenigen, der sich dieser Prozedur nicht unterziehen will, nahegelegt, sich doch eine andere Arbeit zu suchen. Damit einher geht ein Rückfall in hierarchische Strukturen. Mitglieder so mancher Leitungsgremien haben selbstverständlich Anspruch auf höhere Gehälter und inzwischen werden Gehaltsklassen nach der Ausbildungsqualifikation festgelegt, sozusagen eine Verneigung vor dem System etwa an staatlichen Schulen. Das Ganze nennt man dann Professionalisierung, als ob man in früheren Zeiten nicht schon eine das Kind fördernde Arbeit geleistet hätte. Der Geist beginnt sich nach und nach aus dem Schulalltag zu verabschieden und in einigen Jahren wird das von Rudolf Steiner gegebene Spruchgut für Unterrichtende völlig in Vergessenheit geraten sein. Denn eine Bildsprache, in der davon die Rede ist, «das Kind in Ehrfurcht aufnehmen, in Liebe erziehen, in Freiheit entlassen», ist nicht kompatibel mit den Vorstellungen von einer Leistungsgesellschaft.

Das alles ist nicht wirklich super und von Vision ist da wenig zu spüren. Dass man auch auf eigene Instrumente der Qualitätssicherung wie z.B. eine Monatsfeier, an der die ganze Schule beobachten kann, wie eine Klasse die Bühne betritt, was und wie sie es darstellt, zurückgreifen kann, ist offensichtlich nur Wenigen bewusst. Das Gespenst der Leistung geht um und vielerorts werden die bis anhin manchmal sogar poetischen Entwicklungsgeschichten, sprich: Textzeugnisse, auf ein Minimum reduziert oder ab einer höheren Schulstufe gänzlich durch Notenzeugnisse ersetzt. Zweifellos, so manches war und ist nicht, wie es sein sollte oder könnte. Aber schon eine solche Feststellung ist Grund genug, die Konferenzen als Organ des lebendigen Austauschs ernst zu nehmen. Denn sie sind der Ort, an dem die einzelnen Fäden zusammenlaufen müssen. Im Rahmen der *Oxford Holiday Conference* zum Thema *Spiritual Values in Education and Social Life* unter dem Patronat des Ministers für Erziehungswesen, die in der Presse als «wahrhaft kosmopolitische Zusammenkunft» gewürdigt wurde, sprach Rudolf Steiner auch über den Stellenwert der Lehrerkonferenzen:

> *Und deshalb ist das Herz der Waldorfschule, wenn ich von ihrer Organisation spreche, die Lehrerkonferenz, es sind die Lehrerkonferenzen, die von Zeit zu Zeit immer*

abgehalten werden. Wenn ich selbst in Stuttgart sein kann, geschieht sie unter meiner Leitung, sonst aber finden diese Lehrerkonferenzen auch in verhältnismäßig sehr kurzen Zwischenräumen statt. Da wird wirklich bis ins Einzelnste hinein alles vor der gesamten Lehrerschaft verhandelt über die gesamte Schule, was der einzelne Lehrer in seiner Klasse an Erfahrungen machen kann. So dass fortwährend diese Lehrerkonferenzen die Tendenz haben, die Schule so als einen ganzen Organismus zu gestalten, wie der menschliche Leib ein Organismus ist dadurch, dass er ein Herz hat. Da handelt es sich allerdings bei diesen Lehrerkonferenzen viel weniger um abstrakte Grundsätze, sondern überall bei den Lehrern um den guten Willen zum Zusammenleben, um das Hintanhalten jeder Art von Rivalität. Und vor allen Dingen handelt es sich darum, dass man etwas, was dem anderen nützt, nur vorbringen kann, wenn man die entsprechende Liebe zu jedem einzelnen Kinde hat.[106]

Die Möglichkeit, ein solches Organ innerhalb eines schulischen Organismus als etwas Lebendiges zu pflegen, ist nicht bloßer Selbstzweck, sondern ein Dienst an einem lebendigen freien Geistesleben. Was es damit auf sich hat und welche Herausforderung in ihm im Großen wie im Kleinen enthalten ist, mag abschließend die folgende Äußerung Steiners verdeutlichen:

Überhaupt kommt man immer mehr und mehr darauf, wenn man geistig innerlich die Welt und ihr Geschehen verfolgt, dass dasjenige, was die einzelnen menschlichen Standpunkte als Positives zu sagen haben, ein Berechtigtes ist, dass sie unberechtigt erst werden, wenn sie Negatives sagen wollen. Und in dieser Beziehung ist der Spiritualismus oftmals ebenso einseitig wie der Materia-

lismus. In dem, was der Materialismus Positives zu sagen hat, hat er recht; in dem, was der Spiritualismus Positives zu sagen hat, hat er recht. Erst wenn sie beide negativ werden, verfallen sie in das Unrecht und in den Irrtum. Und es ist kein geringer Irrtum, wenn in laienhaft dilettantischer Weise Leute, die sich einbilden, eine spirituelle Weltanschauung sich errungen zu haben, ohne irgend etwas zu verstehen von den materiellen Vorgängen, auf den Materialismus herabsehen. Die materielle Welt ist durchgeistigt; aber man muss sie auch in ihren materiellen Eigentümlichkeiten kennenlernen, nicht einseitig werden, sondern wissen, dass man die Wirklichkeit von den verschiedensten Seiten ansehen muss, um zur vollen Bedeutung dieser Wirklichkeit zu kommen.[107]

Dreigliederung im Kontext der Zeit

Irrungen, Wirrungen, Lichtblicke

Herrschte noch unmittelbar vor Ausbruch des Ersten Weltkrieges der Glaube an die für unbegrenzte Zeiten sicher gefügten Verhältnisse, so wurde dieser durch den Verlauf des Krieges restlos verbraucht. In zahlreichen Vorträgen weist Rudolf Steiner auf die heute grotesk anmutende Haltung bedeutender Regierungspersönlichkeiten, wie etwa Gottlieb von Jagow, Staatssekretär im Auswärtigen Amt, hin: «Im Frühling des Jahres 1914 konnten wir hören, dass zu einer Versammlung, die wenigstens in Bezug auf politische Dinge erleuchtet sein sollte, zu einer Versammlung derjenigen Männer, denen dazumal die Führung des Volkes anvertraut war, der damalige Außenminister sagte, er könne den Herren des Deutschen Reichstages mitteilen, dass die allgemeine Entspannung Europas große Fortschritte mache. Die Beziehungen des Deutschen Reiches zu Russland seien die denkbar befriedigendsten, denn die Petersburger Regierung sei gar nicht geneigt, hinzuhorchen auf die Treibereien der Presse; die freundnachbarlichen Beziehungen zwischen dem Deutschen Reiche und Russland versprächen das Allerbeste. Ferner sagte er, es seien Verhandlungen angeknüpft worden mit England, welche zwar noch nicht zum Abschluss gekommen seien, die aber versprächen, dass das beste Verhältnis mit England eintreten werde. Ja, eben gerade, wenn man offen und ehrlich dasjenige ins Auge fassen will, was Gedankenschlagkraft der führenden Kreise und der aus diesen führenden Kreisen Auserlesenen in jener entscheidungsvollen Zeit war, dann muss man schon auf solche Dinge hinweisen. Das Angedeutete konnte gesagt werden in den Wochen, die unmittelbar vorangingen jener furchtbaren Zeit, in welcher innerhalb Europas, gering gerechnet zehn bis zwölf Millionen Menschen getötet und dreimal soviel zu Krüppeln geschlagen worden sind! Auf diese Dinge muss hingeschaut werden, denn heute kommt es darauf an, von dem, was man in den letzten Zeiten gewöhnlich die Lebenspraxis genannt hat, endlich abzukommen und Vertrauen zu gewinnen zu dem, was wirkliche Einsicht in die Tatsachen vermag.»[108]

Dieses von Illusionen getragene Vorgehen politischer wie auch militärischer Führer aller an dem Krieg beteiligten Nationen ist jedoch, so Steiner, nichts anderes als die Fortsetzung der bis dahin verfolgten politisch-wirtschaftlichen und imperialistischen Strategien, deren Ausgangspunkte bis weit in das 19. Jahrhundert zurückreichen. Dazu zählt die Slawen-Frage ebenso wie das deutsch-russische Verhältnis seit dem Krim-Krieg (1853–1855), das deutsch-französische Verhältnis seit dem Krieg von 1870/71 wie auch das imperialistische Sendungsbewusstsein, das vom Britischen Empire und später von den Vereinigten Staaten von Amerika ausgehend die politische Landschaft zu Beginn des zwanzigsten Jahrhunderts zu prägen begann.

Von entscheidender Bedeutung war auch die Auswucherung der liberal-kapitalistischen Wirtschaftsweise und ihre Gegenreaktion, die sozialistische, später bolschewistische Bewegung, deren Zielsetzung und Strategien sich immer mehr von den Bedürfnissen und Forderungen, die sich im Proletariat aus der Entwicklung heraus notwendigerweise zu artikulieren suchten, entfernten. Die Wahrnehmung dieser Tatbestände und eine spirituelle Durchdringung ihrer Entwicklungsbedingungen und -tendenzen veranlassten Rudolf Steiner, bereits im April 1914 von einer unmittelbar bevorstehenden sozialen Katastrophe zu sprechen: «Wir stehen in Bezug auf die Entwicklung unserer sozialen und Völkerverhältnisse in etwas darinnen, das sich nur bezeichnen lässt mit einem Karzinom, mit einer Krebskrankheit im Leben der Völker, die in kürzester Zeit in einer furchtbaren Art zum Ausbruch kommen muss.»[109]

Wenig später brach der Erste Weltkrieg aus. Seine Auswirkungen hielten Europa noch über viele Jahre in Atem und sollten Wegbereiter zu einer erneuten Kriegskatastrophe werden. In seiner im Jahre 1915 verfassten Schrift *Gedanken während der Zeit des Krieges. Für Deutsche und diejenigen, die nicht glauben, sie hassen zu müssen*[110] weist Steiner darauf hin – und hier spricht aus ihm wieder der intime Beobachter –, dass die Entwicklung, die zu der Kriegskatastrophe von 1914 führte und deren weiteren Verlauf bestimmen sollte, zur Folge haben wird, dass mit dem politischen Untergang Deutschlands auch der Untergang des ‹geistigen› Deutschland besiegelt sei.

Eine andere Gefahr sah er von Seiten des ‹Wilsonismus› über Europa hereinbrechen, nämlich einen erbarmungslosen Nationalitätenstreit, der dann auch tatsächlich eintreten sollte. So heißt es in seinem Vortrag vom 14. November 1917 in Zürich: «Ich habe dazumal also vor dem Ausbruch dieser Kriegsereignisse in Helsingfors angedeutet, wie man fehlgehen kann, wenn man aus bloßen naturwissenschaftlichen Vorstellungen heraus die soziale Struktur in Menschengemeinschaften erfassen will, und ich habe als Beispiel eine Persönlichkeit gewählt, welche im eminentesten Sinne diesen Fehler macht: Woodrow Wilson. Und zwar habe ich darauf aufmerksam gemacht, dass Woodrow Wilson – Gelehrsamkeit ist in diesem Falle zur Staatsmannschaft aufgerückt – in sonderbarer Weise sagt: Zu der Zeit des Newtonismus, als man die ganze Welt mehr mechanisch betrachtet hat, da kann man bemerken, wie die Menschen auch in ihren Staatsvorstellungen, in ihren sozialen Vorstellungen, die mechanischen Vorstellungen drinnen haben, die Newton und andere an die Tagesordnung gebracht haben. Aber es ist falsch, das soziale Leben mit solchen engen Begriffen zu erfassen, sagt Woodrow Wilson; heute muss man das anders machen: heute muss man die darwinistischen Vorstellungen auf das soziale Leben anwenden! Also er macht dasselbe, nur macht er es mit den heute geltenden naturwissenschaftlichen Vorstellungen!»[111]

Steiners Kritik richtete sich zunächst gegen Wilsons ‹Sozialdarwinismus›, den dieser im ersten Kapitel *Was ist Fortschritt?* seines Buches *Die neue Freiheit* mit folgenden Worten beschreibt: «Eine Regierung [ist] nicht eine Maschine, sondern ein lebendes Wesen. Sie untersteht nicht der Theorie vom Weltall, sondern der Theorie des organischen Lebens. Sie wird durch Darwin erklärt und nicht durch Newton. [...] Lebendige politische Verfassungen müssen in ihrem Bau und ihrer Handhabung darwinistisch sein.»[112]

Später wandte sich Steiner energisch gegen das 14-Punkte-Programm, wie u.a. aus folgender Passage eines Vortrages zu dem Thema *Die geschichtliche Entwicklung des Imperialismus* hervorgeht:[113] «In den letzten vier bis fünf Jahren ist außerordentlich viel über allerlei schöne Dinge gesprochen worden: Selbstbestimmung der Völker und so weiter. Alle diese Dinge waren nicht wahr; denn dasjenige, was dahinter war, das war etwas ganz anderes, das waren selbstverständlich Machtfragen. [...] Und so muss ein solches Wort wie Imperialismus – ‹Imperial Federation› ist das offizielle Wort seit Beginn des 20. Jahrhunderts in England –, wenn über solche Dinge gesprochen wird, so muss berücksichtigt werden, dass wir in diesen Dingen Ableitungen haben, Spätprodukte der Entwicklung, und dass diese zurückführen in weit vergangene Zeiten.» So wurde für Steiner immer deutlicher, dass die Völker Europas den Gefahren, die ihnen durch die Politik Wilsons drohen, nur dadurch begegnen und standhalten können, indem sie selbst ein umfangreiches Programm entwickeln und ihren zukünftigen Handlungen dadurch eine neue Bestimmtheit, eine zeitgemäße Sinngebung verleihen.

Im Juli des Jahres 1917 – im Westen war der Stellungskrieg zu einer unabänderlichen Tatsache geworden, im Osten war nach einer Übergangsregierung Kerenskis Lenin auf dem Weg zur Macht, die Vereinigten Staaten hatten Deutschland den Krieg erklärt – verfasste Rudolf Steiner zwei Memoranden, in denen er zum ersten Mal seine Ideen einer grundlegenden Neugestaltung des sozialen Lebens zur Darstellung brachte. Veranlasst wurden diese Memoranden durch Otto Graf Lerchenfeld, der als Erbherr des Schlossgutes Köfering Sitz und Stimme im Reichsrat der Krone Bayerns hatte. Dieser schreibt in seinen Erinnerungen: «War heute drei Stunden bei Dr. Steiner in der Motzstraße. Vor mir steht die Lösung von allem. Weiß, dass es keine andere geben kann. ‹Dreigliederung des sozialen Organismus› hat er genannt, was er wie das Ei des Columbus vor mich hingestellt hat. In den nächsten Tagen will er die Idee mit mir ausarbeiten. Werden wohl Wochen daraus werden.»[114] Und an anderer Stelle fährt er fort: «Dass Rudolf Steiner meinen Optimismus nicht teilte, wurde mir allerdings sehr bald klar. Mehr als drei Wochen tagtäglicher, stundenlanger Arbeit folgten dieser ersten Unterredung, Wochen höchsten Erlebens, höchster Anspannung, intensivsten Lernens, Lernens was in Wahrheit bedeutet Logik des Lebens, des Werdens und Vergehens, wie Logik hinübergreifen muss ins Künstlerische, soll sie vom wirklichen Leben nicht abgelehnt und zur Unlogik werden. Politik ist Kunst, nicht Wissenschaft allein, und, wo sie nur mehr Wissenschaft ist, da erkrankt der soziale Organismus, weil er behandelt wird wie ein Totes.»[115]

Schon kurz nach seinem Gespräch mit Rudolf Steiner war Graf Lerchenfeld an Ludwig Graf Polzer-Hoditz, den Bruder des österreichischen Kabinettchefs, herangetreten:

«Inzwischen war auf ein Telegramm hin Graf Ludwig Polzer-Hoditz aus Wien nach Berlin gekommen, um eine Zeitlang an unseren Gesprächen teilzunehmen und, nach Wien zurückgekehrt, seinen Bruder, den Grafen Arthur, den Kabinettchef des Kaisers, über die Idee Rudolf Steiners unterrichten zu können, der ja dann auch die eine dieser Schriften in seinem außerordentlich wertvollen Buch *Kaiser Karl* abdrucken ließ.»[116]

Otto Graf Lerchenfeld und Polzer-Hoditz begannen nun ihre Beziehungen zu deutschen und österreichischen Regierungskreisen einzusetzen, um Rudolf Steiners Gedanken von einem über die unmittelbaren Kriegsziele hinausgehenden politischen deutschen Beitrag zur «Gesundung der Weltlage» an einflussreiche Persönlichkeiten heranzutragen. Doch konkrete Ergebnisse brachten die Kontakte etwa mit dem deutschen Staatssekretär Kühlmann und Prinz Max von Baden nicht. Im Rahmen eines Diskussionsabend in Dornach berichtet Steiner über seine Begegnung mit Prinz Max von Baden: «Ich reiste nach Berlin über Karlsruhe. Es war im Januar. Man wusste dazumal ganz gut, dass, wenn es im ehemaligen Deutschland zum Krach kommen würde, der Prinz Max von Baden Reichskanzler werden würde. Ich sprach auf dieser Reise also mit dem Prinzen Max von Baden schon im Januar [1918] über die Dreigliederung des sozialen Organismus, weil es sich darum gehandelt hätte, dass selbstverständlich in die unmittelbar konkreten, realen Tatsachen hinein gewirkt hätte, was die Kraft der Impulse des dreigliedrigen sozialen Organismus ist.»[117] Und in seinem Vortrag vom 24. November 1921 berichtet er: «Dieses Gespräch führte auch darauf, dass von Seiten dieser Persönlichkeit bemerkt wurde, wie notwendig es eigentlich sei, eine Psychologie, eine Seelenkunde der europäischen Völker zu haben, denn das große Chaos, in das man hineinsegelt, werde fordern, dass diejenigen, die einigermaßen führend sein wollen, sich auskennen in der Wirksamkeit, in den Kräften der europäischen Völkerseelen. Und es wurde von dieser Persönlichkeit sehr bedauert, dass eigentlich keine Möglichkeit sei, bei der Behandlung der öffentlichen Angelegenheiten so etwas wie eine Seelenkunde der Völker zugrunde legen zu können. Ich erwiderte, dass ich über diese Seelenkunde der europäischen Völker hier in Kristiania einen Vortragszyklus gehalten habe, und ich habe dann dieser Persönlichkeit diesen Vortragszyklus mit einer aus der damaligen Situation Januar 1918 heraus geschriebenen Vorrede geschickt. [...] Genützt hat es allerdings nichts.»[118]

Als Prinz Max von Baden im Oktober 1918 Reichskanzler wurde, war jegliches auf eine grundlegende Veränderung gerichtetes Vorhaben von deutscher Seite bereits aussichtslos geworden. Der folgende Auszug aus den Erinnerungen des österreichischen Kabinettchefs Arthur Graf Polzer-Hoditz mag die Schwierigkeiten ein wenig beleuchten, die mit einer Verbreitung der Dreigliederungsidee auf der obersten politischen Ebene verbunden waren:[119]

> *Es war Ende August 1917, als ich durch meinen Bruder der mich in Reichenau besuchte mit dem Gedanken des Gründers der anthroposophischen Gesellschaft, Dr. Rudolf Steiner, über die Dreigliederung des sozialen Organismus bekannt wurde. Ich verhielt mich anfangs zurückhaltend und skeptisch, unterzog aber eine darauf bezügliche Denkschrift Steiners, die mir übergeben worden war, einem eingehenden Studium. Ich wollte den Gedanken, unabhängig von der Quelle, aus der er stammte und der ich ferne stand, und zwar nicht nur auf seinen objektiven Wert, sondern auch auf seine Durchführbarkeit und Anwendbarkeit prüfen. Ich gewann den*

Eindruck, dass es sich um einen Vorschlag handle, der zum Unterschied von so vielen anderen den praktischen Bedürfnissen der anbrechenden Zeit volle Rechnung trug. […] Ich glaubte zu erkennen, dass der dem System zugrunde liegende Gedanke im Allgemeinen ein richtiger sei, und so schloss ich daraus, dass seine Realisierung, mag sie auch noch so schwierig sein, objektiv möglich sein müsse. Hierzu hätte es aber der überzeugten Mitarbeit der Völker bedurft. Es wäre also vor allem notwendig gewesen, dem Großteil der Menschheit die Überzeugung von der Richtigkeit des Gedankens zu vermitteln. Es genügt nicht, einen an sich richtigen Gedanken zu fassen, man muss für dessen Verwirklichung die breiten Massen gewinnen und ihn so aus dem Reich des Ideellen auf den festen Boden der Wirklichkeit verpflanzen.
[…]
Ich hatte aber von vornherein die Empfindung, dass die Idee der Dreigliederung, gerade weil sie aus der Geisteswelt hervorgeholt war und die endgültige Absage an die althergebrachten Zustände, Begriffe und Denkgewohnheiten bedeutete, nahezu allgemein abgelehnt worden wäre, zumal in einer Zeit, zu der man wie dies im Jahr 1917 noch der Fall war meinte, man werde von dem Gewohnten nicht allzu weit abrücken müssen.

Über sein Gespräch mit dem österreichischen Kaiser berichtet er:

Am Abend und am nächsten Tag hatte ich mehrstündige Audienzen, während welcher ich, nunmehr der Rücksichten ledig, die mir mein Amt auferlegt hatte, das System der Dreigliederung auseinandersetzte. Der Kaiser hörte mit gespannter Aufmerksamkeit zu. Er würdigte voll die Bedeutung des Gedankens, meinte aber, dass er doch noch zu wenig durchgearbeitet sei, als dass man sich ein abschließendes Urteil darüber bilden könnte, und darauf müsse es schließlich ankommen, wenn man der Sache näher treten wollte. Ich machte mich erbötig, die Sache weiter zu studieren und zunächst die Grundgedanken des Systems der Dreigliederung in einer Denkschrift[120] *niederzulegen.*

[...]

Ich hatte mich während meines Urlaubs mit dem Gedanken der Dreigliederung des sozialen Organismus befasst und die Art der Durchführung überdacht, so dass ich in der Lage war, dem Ministerpräsidenten diesfalls sehr konkrete Vorschläge zu machen. Seidler hörte aufmerksam zu und besprach die Sache sehr eingehend mit mir.

Ich konnte nicht recht daran glauben, dass aus der Sache etwas werde; denn schließlich mochte es selbst jenen, die von der gründlichen Reformbedürftigkeit der Formen des staatlichen Lebens voll überzeugt waren, bedenklich erscheinen, einen so vollständig neuen Gedanken, für dessen Aufnahme die Welt noch in keiner Weise vorbereitet war, zum Inhalt eines Regierungsprogramms zu machen. Man erzählte mir, dass auch Kühlmann mit dem Gedanken vertraut gemacht wurde und dass der nachmalige deutsche Reichskanzler Prinz Max von Baden sich dafür interessierte und mit Dr. Steiner darüber persönlich verhandelte. Weder der eine noch der andere ist damit hervorgetreten. Ich kann dies gut verstehen. Ich, persönlich, war allerdings der Meinung, dass die Zeit gerade damals für große Gedanken, nur für große Gedanken aufnahmefähig war und dass es nicht von Nachteil gewesen wäre, einen solchen, wenn auch unvermittelt in die Welt zu werfen. Man wäre vielleicht über ihn hergefallen und hätte ihn zerzaust und arg zugerichtet. Aber er wäre da gewesen. Die Welt hätte sich mit ihm auseinandersetzen müssen, und war er gut, so hätte er sich schließlich behauptet. Es wäre eines Versuchs wert gewesen. Aber auch ich habe zu einem solchen Versuch erst zu raten vermocht, als ich die Gewissheit hatte, dass der bisherige Weg uns in den Abgrund führe und dass nur eine vollständige Wandlung Rettung bringen könnte. Dem unehrlichen Programm der ‹Selbstbestimmung und Völkerbefreiung›, welches vom Westen revolutionierend in die Welt geschleudert wurde und dessen Saaten in Russland bereits aufgegangen waren, hätte eine geistige Offensive von ebenso großer Wucht entgegengesetzt werden müssen.

Auch während jener Phase intensivster Gespräche mit Persönlichkeiten des öffentlichen politischen Lebens setzte Rudolf Steiner seine Vortragstätigkeit vor einem immer größer werdenden Kreis von Zuhörern fort. Immer wieder versuchte er an Beispielen bedeutender Denker aus dem Westen, Osten und der Mitte, das Ringen um seine eigenen Anschauungen zu verdeutlichen und zugleich die geistigen Hintergründe der Menschheitsentwicklung und die in ihnen verborgenen Zukunftskeime aufzuzeigen.

Um jedoch in die Zukunft hinein die brennenden sozialen Fragen fundamental neu angehen zu können, schien ihm eine Klärung der Ursachen, die zum Ersten Weltkrieg geführt haben, unabdingbar. Aus seinen persönlichen Begegnungen mit dem damaligen Chef des deutschen Generalstabes, Helmuth von Moltke, und dem damit verbundenen Wissen um die tatsächlichen Begebenheiten im Sommer 1914 sah er sich verpflichtet, dies einer breiteren Öffentlichkeit zugänglich zu machen, in der Hoffnung, dass die bevorstehenden Friedensverhandlungen in Versailles dadurch eine sachbezogenere Richtung einschlügen.

Nach Rücksprachen mit Frau Eliza von Moltke, der Witwe des im Jahre 1916 verstorbenen deutschen Generalstabschefs, bereitete Rudolf Steiner die Veröffentlichung der Erinnerungen Helmuth von Moltkes vor, denen er eine längere Einleitung voranstellte. Durch das Eingreifen einflussreicher politischer Persönlichkeiten wurde jedoch die Auslieferung der bereits gedruckten Schrift verhindert. Nachfolgend ein Auszug aus den *Vorbemerkungen* Rudolf Steiners:[121]

Vorbemerkungen zu:

‹Die Schuld am Kriege. Betrachtungen und Erinnerungen des Generalstabschefs H. von Moltke über die Vorgänge vom Juli 1914 bis November 1914›

Das deutsche Volk muss sich der Wahrheit über den Kriegsausbruch gegenübergestellt sehen. Kraft zu dem Handeln, das ihm jetzt notwendig ist, kann es aus dieser Wahrheit schöpfen. Der Ernst der gegenwärtigen Lage gebietet, alle Bedenken zu unterdrücken, die von der einen oder andern Seite erhoben werden gegen die Enthüllung der Ereignisse, die in Deutschland dem Beginn des Krieges vorangegangen sind.

Mit dieser Veröffentlichung soll ein Beitrag zur Darstellung der Wahrheit über diese Ereignisse gegeben werden. Er rührt von dem Manne her, der Ende Juli und Anfang August 1914 im Mittelpunkt dessen gestanden hat, was in Berlin damals geschehen ist, dem Chef des Generalstabes, dem Generalobersten Helmuth von Moltke. Man wird aus dem Beitrag ersehen, wie stark von diesem Manne behauptet werden darf, dass er im Mittelpunkt dieser Ereignisse gestanden hat.

Die Witwe des Herrn von Moltke, Frau Eliza von

Moltke, erfüllt eine ihr von der Geschichte auferlegte Pflicht, indem sie diese Aufzeichnungen der Öffentlichkeit nicht vorenthält. Wer sie liest, wird wohl die Meinung gewinnen können, dass sie das wichtigste historische Dokument sind, das in Deutschland über den Beginn des Krieges gefunden werden kann.

Die Stimmung kennzeichnen sie, aus der in militärischen Kreisen der Krieg für unvermeidlich gehalten worden ist. Die militärischen Gründe legen sie dar, aus denen heraus er diejenige Entfaltung in seinem Anfange genommen hat, die dem deutschen Volke die Verurteilung der ganzen Welt gebracht hat.

Die Welt will ein ehrliches Wahrheitsbekenntnis des deutschen Volkes. Hier hat sie eines, niedergeschrieben von dem Manne, dessen Aufzeichnungen in jedem Satze das Gepräge der Ehrlichkeit tragen, der, man wird es aus den Aufzeichnungen ersehen, in dem Augenblicke, als er schrieb, gar nichts anderes wollen konnte, als die lauterste subjektive Wahrheit seiner Feder entströmen lassen. Und diese Wahrheit: sie ergibt, recht gelesen, die restlose Verurteilung der deutschen Politik. Eine Verurteilung, die schärfer nicht sein könnte. Eine Verurteilung, die auf noch ganz andere Dinge hinweist, als diejenigen sind, die bei Freund und Feind angenommen werden.

Nicht die eigentliche Ursache des Krieges wird man in diesen Aufzeichnungen geschildert finden. Diese sind in Ereignissen zu suchen, welche natürlich weit zurückreichen. Aber zur rechten Beleuchtung dieser Ereignisse führt, was Ende Juli 1914 geschehen ist. Das Zusammenbrechen des Kartenhauses, das deutsche Politik genannt worden ist, zeigt sich in dieser Beleuchtung. Personen sieht man an dieser Politik beteiligt, bei denen jeder Beweis, dass sie den Krieg haben vermeiden wollen, überflüssig ist. Man kann ihnen ruhig glauben, dass sie den

Krieg haben vermeiden wollen. Er hätte nur vermieden werden können, wenn sie niemals hätten auf ihre Posten kommen können. Nicht, was sie getan haben, hat zur Herbeiführung des Unheils beigetragen, sondern das ganze Wesen ihrer Persönlichkeiten.

Es ist erschütternd, in diesen Aufzeichnungen zu lesen, wie deutsches militärisches Urteil deutschem politischen Urteil im entscheidenden Augenblicke gegenübersteht. Das politische Urteil steht ganz außerhalb jeder Beurteilungsmöglichkeit der Lage, steht im Nullpunkte seiner Betätigung, und es ergibt sich eine Situation, über welche der Generalstabschef schreibt: «Die Stimmung wurde immer erregter und ich stand ganz allein da.»

Man bedenke doch, was in diesen Aufzeichnungen steht von diesem Satze an bis zu dem andern: «Nun können Sie machen, was Sie wollen.»

Ja, so war es: Der Chef des Generalstabes stand ganz allein da. Weil die deutsche Politik im Nullpunkte ihrer Betätigung angekommen war, lag Europas Schicksal am 31. Juli und am 1. August 1914 in der Hand des Mannes, der seine militärische Pflicht tun musste. Der sie tat mit blutendem Herzen.

Wer beurteilen will, was da geschehen ist, der muss sachgemäß, ohne Voreingenommenheit die Frage sich vorlegen: Wodurch ist es gekommen, dass Ende Juli 1914 in Deutschland keine andere Macht da war, über das Schicksal des deutschen Volkes zu entscheiden, als allein die militärische? War es einmal so, dann war der Krieg für Deutschland eine Notwendigkeit. Dann war er eine europäische Notwendigkeit. Der Generalstabschef, der «allein dastand», konnte ihn nicht vermeiden.

Wie auf die Spitze des militärischen Urteiles in den Zeiten, die dem Kriegsausbruch vorausgingen, alles in Deutschland gestellt war, das zeigt der unglückselige

Einfall in Belgien, der eine militärische Notwendigkeit und eine politische Unmöglichkeit war. Der Schreiber dieser Zeilen hat Herrn von Moltke, mit dem er jahrelang befreundet war, im November 1914 gefragt: Wie hat der Kaiser über diesen Einfall gedacht? Und es wurde geantwortet: Der hat vor den Tagen, die dem Kriegsausbruch vorangingen, nichts davon gewusst. Denn bei seiner Eigenart hätte man befürchten müssen, dass er die Sache aller Welt ausgeschwätzt hätte. Das durfte nicht geschehen, denn der Einfall konnte nur Erfolg haben, wenn die Gegner unvorbereitet waren. Und wusste der Reichskanzler davon? Ja, der wusste davon.

Diese Dinge darf heute nicht verschweigen, wer sie weiß, auch wenn er sie noch so ungerne mitteilt. Nur zum Überflusse will ich bemerken, dass ich, nach der ganzen Art meiner Aussprachen mit Herrn von Moltke, nicht die geringste Verpflichtung habe, diese Dinge zu verschweigen, und dass ich weiß, ich handle in seinem Sinne, wenn ich sie mitteile. Sie zeigen, wie die deutsche Politik in den Nullpunkt ihrer Betätigung hineintrieb.

Man muss auf diese Dinge weisen, wenn man von der ‹Schuld› des deutschen Volkes sprechen will. Diese Schuld ist doch von ganz besonderer Art. Es ist die Schuld eines gänzlich unpolitisch denkenden Volkes, dem die Absichten seiner Obrigkeit durch undurchdringliche Schleier verhüllt worden sind. Und das aus seiner unpolitischen Veranlagung heraus gar nicht ahnte, wie die Fortsetzung seiner Politik der Krieg werden musste.

Unbegreiflich muss es ja auch erscheinen, dass an offizieller Stelle sogar einige Zeit vor dem Krieg von einer Persönlichkeit Worte gesprochen worden sind, aus denen man schließen musste, dass in Deutschland nicht die Absicht bestehe, die belgische Neutralität jemals zu verletzen, während Herr von Moltke mir ebenfalls im Novem-

ber 1914 sagte, dass diese Persönlichkeit von der Absicht, durch Belgien zu marschieren, gewusst haben müsste.

Die Frage, ob das deutsche Volk im Jahre 1914 in den Kriegsausbruch hätte verhindernd eingreifen können: sie beantworten diese Aufzeichnungen restlos. Weit zurück hätten die Taten liegen müssen, durch die bewirkt hätte werden können, dass die Ereignisse dieses Jahres Deutschland in einem anderen Zustande angetroffen hätten, als er da gewesen ist. Nachdem dieser Zustand einmal da war, konnte anderes nicht geschehen, als geschehen ist. So muss das deutsche Volk heute sein Schicksal ansehen. Und aus der Kraft, die ihm diese Einsicht gibt, muss es seinen weiteren Weg finden. Die Ereignisse während der furchtbaren Kriegskatastrophe beweisen dies nicht minder, als die in diesen Aufzeichnungen über den Kriegsanfang enthaltenen. Doch ich habe hier nicht darüber zu sprechen; denn mir obliegt es hier nur, diese Aufzeichnungen einzuleiten.

Man sieht aus den Aufzeichnungen, dass nicht die Annahme, Frankreich oder England werde die belgische Neutralität verletzen, wenn dies nicht Deutschland tun werde, das Maßgebende war, sondern die andere, dass Frankreich hinter seiner starken Ostfront einen Defensivkrieg führen werde, der vermieden werden sollte. Dieser Ausgangspunkt bestimmte für Deutschland die ganze Gestaltung des Krieges schon seit vielen Jahren. Und dieser Ausgangspunkt musste die Entscheidung auf die Spitze des militärischen Urteiles stellen, wenn nicht seit ebenso langer Zeit von einer Politik daran gearbeitet wurde, für eine solche Entscheidung andere Kräfte ins Feld führen zu können. Das ist nicht geschehen. Man hatte einer Entwicklung entgegengetrieben, die im entscheidenden Augenblicke notwendig machte, jedes politische Urteil vor dem militärischen zurücktreten zu las-

sen. Hinter dem, worauf die Aufzeichnungen an diesem Punkte weisen, liegt das eigentlich Maßgebende.

Politische Unruhen, wirtschaftlicher Zusammenbruch, grassierende Arbeitslosigkeit, tragische Einzelschicksale in zahllosen Familien und Perspektivlosigkeit bilden das Gewebe jener Zeit, in der zukunftsweisende Ideen nötig wären, mehr denn je. Aber man verstrickt sich in längst überholten Mustern, die für die Zukunft wenig tauglich sind. Alles das hat Rudolf Steiner immer wieder von neuem erschüttert und er sah die Folgen bereits 1921 voraus:

Nun gibt es heute schon eine Anzahl von Leuten – und diese wird rasch wachsen –, welche einsieht, dass es ganz unmöglich ist, durch irgend etwas anderes als durch die Revolution hindurchzugehen, wenn man im alten Sinne weiterarbeitet. Und gerade so, wie man im alten Sinn den Leuten gesagt hat: wir müssen einen Krieg machen, damit wir die Revolution im eigenen Lande besiegen, heißt es nichts anderes, als dass hingearbeitet werden muss gerade unter den im alten Sinn verständigen Menschen des Westens auf den zweiten Weltkrieg. Es geht gar nicht anders, als dass zur Abwendung des inneren Bolschewismus im Westen auf den zweiten Weltkrieg hingearbeitet werden muss. Dieser zweite Weltkrieg steht um so sicherer in Aussicht, als im Osten niemals ein Verständnis, sobald die Dinge auf die Spitze getrieben sein werden, gewonnen werden kann für die wirtschaftlichen Maßnahmen des Westens.[122]

Wie bereits den beiden Memoranden, die Rudolf Steiner im Jahre 1917 verschiedenen führenden Persönlichkeiten des politischen Lebens vorlegte, zu entnehmen ist, resultierte die Notwendigkeit einer Dreigliederung des sozialen Organismus aus der unmittelbaren Wahrnehmung der damaligen sozialen Verhältnisse. Die großen politischen Konflikte und das Versagen hinsichtlich grundlegender sozialer Erneuerungen führte er darauf zurück, dass das wirtschaftliche, politische und geistig-kulturelle Leben derart ineinander verflochten und letztlich auch verfilzt war und z.B. das geistig-kulturelle Leben mal unter dem Primat der Wirtschaft, mal unter dem der Politik stand, so dass ein sachgerechtes Vorgehen unmöglich gemacht wurde.

Daher stellte er in den Mittelpunkt seiner Memoranden die Forderung, in «Gesetzgebung, Verwaltung und sozialer Struktur die Trennung des Politischen, Wirtschaftlichen und Allgemein Menschlichen»[123] vorzunehmen. Die erste Stufe zur Verwirklichung sah er angesichts der sozialen Wirrnisse des Ersten Weltkrieges darin, diese Anschauungen an führende Persönlichkeiten des politischen Lebens heranzutragen. Nachdem auf dieser Ebene jedoch keine offenkundige Bereitschaft und schon bald auch, aufgrund des äußeren politischen Druckes, keine reale Möglichkeit zur Konkretisierung gegeben war, begann er sich in zahlreichen Vorträgen an eine breite Öffentlichkeit zu wenden.

Einen weiteren Schritt unternahm Steiner mit seinem *Aufruf an das Deutsche Volk und an die Kulturwelt,* der von bedeutenden Persönlichkeiten des politischen und kulturellen Lebens, u.a. von Hermann Hesse, unterzeichnet worden war.

Ende April 1919 erschien seine viel beachtete, programmatische Schrift *Die Kernpunkte der sozialen Frage.* Ausgehend von der Ideologisierung allen geistig-kulturellen Lebens von Seiten sozialistischer Strömungen und deren Auswirkungen auf das Proletariat, versucht er im zweiten Kapitel am Beispiel des menschlichen Organismus, dem Nerven-

An das deutsche Volk und an die Kulturwelt!

Sicher gefügt für unbegrenzte Zeiten glaubte das deutsche Volk seinen vor einem halben Jahrhundert aufgeführten Reichsbau. Im August 1914 meinte es, die kriegerische Katastrophe, an deren Beginn es sich gestellt sah, werde diesen Bau als unbesieglich erweisen. Heute kann es nur auf dessen Trümmer blicken. Selbstbesinnung muß nach solchem Erlebnis eintreten. Denn dieses Erlebnis hat die Meinung eines halben Jahrhunderts, hat insbesondere die herrschenden Gedanken der Kriegsjahre als einen tragisch wirkenden Irrtum erwiesen. Wo liegen die Gründe dieses verhängnisvollen Irrtums? Diese Frage muß Selbstbesinnung in die Seelen der Glieder des deutschen Volkes treiben. Ob jetzt die Kraft zu solcher Selbstbesinnung vorhanden ist, davon hängt die Lebensmöglichkeit des deutschen Volkes ab. Dessen Zukunft hängt davon ab, ob es sich die Frage in ernster Weise zu stellen vermag: wie bin ich in meinen Irrtum verfallen? Stellt es sich diese Frage heute, dann wird ihm die Erkenntnis aufleuchten, daß es vor einem halben Jahrhundert ein Reich gegründet, jedoch unterlassen hat, diesem Reich eine aus dem Wesensinhalt der deutschen Volkheit entspringende Aufgabe zu stellen. Das Reich war gegründet. In den ersten Zeiten seines Bestandes war man bemüht, seine inneren Lebensmöglichkeiten nach den Anforderungen, die sich durch alte Traditionen und neue Bedürfnisse von Jahr zu Jahr zeigten, in Ordnung zu bringen. Später ging man dazu über, die in materiellen Kräften begründete äußere Machtstellung zu festigen und zu vergrößern. Damit verband man Maßnahmen in bezug auf die von der neuen Zeit geborenen sozialen Anforderungen, die zwar manchem Rechnung trugen, was der Tag als Notwendigkeit erwies, denen aber doch ein großes Ziel fehlte, wie es sich hätte ergeben sollen aus einer Erkenntnis der Entwicklungskräfte, denen die neuere Menschheit sich zuwenden muß. So war das Reich in den Weltzusammenhang hineingestellt ohne wesenhafte, seinen Bestand rechtfertigende Zielsetzung. Der Verlauf der Kriegskatastrophe hat dieses in trauriger Weise geoffenbart. Bis zum Ausbruche derselben hatte die außerdeutsche Welt in dem Verhalten des Reiches nichts sehen können, was ihr die Meinung hätte erwecken können, die Verwalter dieses Reiches erfüllen eine weltgeschichtliche Sendung, die nicht hinweggefegt werden darf. Das Nichtfinden einer solchen Sendung durch diese Verwalter hat notwendig die Meinung in der außerdeutschen Welt erzeugt, die für den wirklich Einsichtigen der tiefere Grund des deutschen Niederbruches ist.

Unermeßlich vieles hängt nun für das deutsche Volk an seiner unbefangenen Beurteilung dieser Sachlage. Im Unglück müßte die Einsicht auftauchen, welche sich in den letzten 50 Jahren nicht hat zeigen wollen. An die Stelle des kleinen Denkens über die allernächsten Forderungen der Gegenwart müßte jetzt ein großer Zug der Lebensanschauung treten, welche die Entwicklungskräfte der neueren Menschheit mit starken Gedanken zu erkennen strebt, und der mit mutigem Wollen sich ihnen widmet. Aufhören müßte der kleinliche Drang, der alle diejenigen als unpraktische Idealisten unschädlich macht, die ihren Blick auf diese Entwicklungskräfte richten. Aufhören müßte die Anmaßung und der Hochmut derer, die sich als Praktiker dünken und die doch durch ihren als Praxis maskierten engen Sinn das Unglück herbeigeführt haben. Berücksichtigt müßte werden, was die als Idealisten verschrienen, aber in Wahrheit wirklichen Praktiker über die Entwicklungsbedürfnisse der neuen Zeit zu sagen haben.

Die „Praktiker" aller Richtungen sahen zwar das Heraufkommen ganz neuer Menschheitsforderungen seit langer Zeit. Aber sie wollten diesen Forderungen innerhalb des Rahmens altüberlieferter Denkgewohnheiten und Einrichtungen gerecht werden. Das Wirtschaftsleben der neueren Zeit hat die Forderungen hervorgebracht. Ihre Befriedigung auf dem Wege privater Initiative schien unmöglich. Überleitung des privaten Arbeitens in gesellschaftliches drängte sich der einen Menschenklasse auf einzelnen Gebieten als notwendig auf; und sie wurde verwirklicht da, wo es dieser Menschenklasse nach ihrer Lebensanschauung als ersprießlich erschien. Radikale Überführung aller Einzelarbeit in gesellschaftliche wurde das Ziel einer andern Klasse, die durch die Entwicklung des neuen Wirtschaftslebens an der Erhaltung der überkommenen Privatziele kein Interesse hat.

. . . .

Abb. 14 Aufruf an das deutsche Volk und an die Kulturwelt, S. 1

schaften (z. B. Genossenschaften), die nicht voll im Sinne dieser neuen Forderungen entstanden sind, sondern die aus überlieferten Denkgewohnheiten heraus den alten Formen nachgebildet sind.

Die Wahrheit ist, daß keine im Sinne dieser alten Denkgewohnheiten gebildete Gemeinschaft aufnehmen kann, was man von ihr aufgenommen wissen will. Die Kräfte der Zeit drängen nach der Erkenntnis einer sozialen Struktur der Menschheit, die ganz anderes ins Auge faßt, als was heute gemeiniglich ins Auge gefaßt wird. Die sozialen Gemeinschaften haben sich bisher zum größten Teile aus den sozialen Instinkten der Menschheit gebildet. Ihre Kräfte mit vollem Bewußtsein zu durchdringen, wird Aufgabe der Zeit.

Der soziale Organismus ist gegliedert wie der natürliche. Und wie der natürliche Organismus das Denken durch den Kopf und nicht durch die Lunge besorgen muß, so ist dem sozialen Organismus die Gliederung in Systeme notwendig, von denen keines die Aufgabe des andern übernehmen kann, jedes aber unter Wahrung seiner Selbständigkeit mit den andern zusammenwirken muß.

Das wirtschaftliche Leben kann nur gedeihen, wenn es als selbständiges Glied des sozialen Organismus nach seinen eigenen Kräften und Gesetzen sich ausbildet, und wenn es nicht dadurch Verwirrung in sein Gefüge bringt, daß es sich von einem andern Gliede des sozialen Organismus, dem politisch wirksamen, aufsaugen läßt. Dieses politisch wirksame Glied muß vielmehr in voller Selbständigkeit neben dem wirtschaftlichen bestehen, wie im natürlichen Organismus das Atmungssystem neben dem Kopfsystem. Ihr heilsames Zusammenwirken kann nicht dadurch erreicht werden daß beide Glieder von einem einzigen Gesetzgebungs- und Verwaltungsorgan aus versorgt werden, sondern daß jedes seine eigene Gesetzgebung und Verwaltung hat, die lebendig zusammenwirken. Denn das politische System muß die Wirtschaft vernichten, wenn es sie übernehmen will; und das wirtschaftliche System verliert seine Lebenskräfte, wenn es politisch werden will.

Zu diesen beiden Gliedern des sozialen Organismus muß in voller Selbständigkeit und aus seinen eigenen Lebensmöglichkeiten heraus gebildet, ein drittes treten: das der geistigen Produktion, zu dem auch der geistige Anteil der beiden andern Gebiete gehört, der ihnen von dem mit eigener gesetzmäßiger Regelung und Verwaltung ausgestatteten dritten Gliede überliefert werden muß, der aber nicht von ihnen verwaltet und anders beeinflußt werden kann, als die nebeneinander bestehenden Gliedorganismen eines natürlichen Gesamtorganismus sich gegenseitig beinflussen.

Man kann schon heute das hier über die Notwendigkeiten des sozialen Organismus Gesagte in allen Einzelheiten vollwissenschaftlich begründen und ausbauen. In diesen Ausführungen können nur die Richtlinien hingestellt werden für alle diejenigen, welche diesen Notwendigkeiten nachgehen wollen.

Die deutsche Reichsgründung fiel in eine Zeit, in der diese Notwendigkeiten an die neuere Menschheit herantraten. Seine Verwaltung hat nicht verstanden, dem Reich eine Aufgabe zu stellen durch den Blick auf diese Notwendigkeiten. Dieser Blick hätte ihm nicht nur das rechte innere Gefüge gegeben; er hätte seiner äußeren Politik auch eine berechtigte Richtung verliehen. Mit einer solchen Politik hätte das deutsche Volk mit den außerdeutschen Völkern zusammenleben können.

Nun müßte aus dem Unglück die Einsicht reifen. Man müßte den Willen zum möglichen sozialen Organismus entwickeln. Nicht ein Deutschland, das nicht mehr da ist, müßte der Außenwelt gegenübertreten, sondern ein geistiges, politisches und wirtschaftliches System in ihren Vertretern müßten als selbständige Delegationen mit denen verhandeln wollen, von denen das Deutschland niedergeworfen worden ist, das sich durch die Verwirrung der drei Systeme zu einem unmöglichen sozialen Gebilde gemacht hat.

Man hört im Geiste die Praktiker, welche über die Kompliziertheit des hier Gesagten sich ergehen, die unbequem finden, über das Zusammenwirken dreier Körperschaften auch nur zu denken, weil sie nichts von den wirklichen Forderungen des Lebens wissen mögen, sondern alles nach den bequemen Forderungen ihres Denkens gestalten wollen. Ihnen muß klar werden: entweder man wird sich bequemen, mit seinem Denken den Anforderungen der Wirklichkeit sich zu fügen, oder man wird vom Unglücke nichts gelernt haben, sondern das herbeigeführte durch weiter entstehendes ins Unbegrenzte vermehren.

Der Verfasser des Aufrufs: Dr. Rudolf Steiner.

Das Komitee: Prof. Dr. W. v. Blume, Tübingen, Kommerzienrat E. Molt, Stuttgart, Dr. ing. C. Unger, Fabrikant, Stuttgart.

Cornelius Apel, Kaufmann, Berlin. Adolf Arenson, Kaufmann, Stuttgart. Baars, Pastor, Vegesack-Bremen. Dr. med. Barchet, Stuttgart. Michael Bauer, Lehrer, Nürnberg. Dr. Hermann Beckh, Privatdozent, Berlin. Marg. v. Bendemann-Susmann, Schriftstellerin, Berlin. Friedrich Benner, Pfarrer, Dörrenzimmern. Dr. Joseph August Beringer, Mannheim. Alexander v. Bernus, Schriftsteller, München. Herbert W. Beyrich, Fabrikbesitzer, Dresden. Dr. Wilh. Blankenburg-Zeitz, Oberlehrer, Beirat im Kultusministerium, Berlin. Fritz Blezinger, Geh. Kommerzienrat, Stuttgart. Walter Blume, Kapellmeister, München. Emil Bock, stud. theol., Mitglied des Studentenrats, Berlin. Max Bröger, Schriftsteller, Redakteur, Nürnberg. Karl Büttner, Rechtsanwalt, Berlin. Dr. jur. Cahnheim, Syndikus, Berlin. M. Dannenberg, Kaufmann, Berlin.

Abb. 15 Aufruf an das deutsche Volk und an die Kulturwelt, S. 2

Sinnes-System, Atmungs- und Blutzirkulations-System sowie Stoffwechsel-Gliedmaßen-System, darzustellen, wie dort die einzelnen ‹Systeme› unter Wahrung ihrer eigenen Gesetzmäßigkeiten ohne absolute Zentralisation so ineinandergreifen, dass sie einen geschlossenen Funktionszusammenhang bilden. In ähnlicher Weise, so fährt er fort, muss man auch hinblicken auf den sozialen Organismus. Dabei wehrt er sich gegen jegliches bloße Analogiespiel: «Hier wird nicht angestrebt, irgendeine für naturwissenschaftliche Tatsachen passende Wahrheit herüber zu verpflanzen auf den sozialen Organismus; sondern das völlig andere, dass das menschliche Denken, das menschliche Empfinden lerne, das Lebensmögliche an der Betrachtung des naturgemäßen Organismus zu empfinden und dann diese Empfindungsweise anwenden könne auf den sozialen Organismus.»[124] Im dritten Kapitel konzentriert sich Steiner dann auf Probleme der Kapitalbildung und das Verhältnis von Arbeit und Kapital, dem dann im vierten Teil eine Darstellung über die internationalen Beziehungen folgt. Ein Brief Rudolf Steiners an Eliza von Moltke[125], der Witwe des ehemaligen Generalstabschefs Helmuth von Moltke, gibt ein anschauliches Bild jener Zeit kurz nach der Veröffentlichung des ‹Aufrufes› und der ‹Kernpunkte›:

Stuttgart, 3. Mai 1919

Meine verehrte, liebe Frau von Moltke!

[...] Es haben sich hier bereits nach Tausenden zählende Menschen zu dem Aufrufe und meinem Buche ‹Die Kernpunkte der Sozialen Frage› bekannt und die Verwirklichung in der Form gefordert, dass die Regierung mich rufe. Nun, das hat zunächst nur einen ideellen Wert, denn erstens wird es bei dieser Regierung nicht dazu kommen, zweitens wäre auch mit dieser Regierung nichts

zu machen. Aber wenn diese Regierung nur wenigstens meine Kreise und die Kreise meines Komitees[126] *nicht stört, dann wird es aller ehestens sicher sein, dass der neue Ausgangspunkt Stuttgart vor den Schrecknissen Münchens*[127] *ganz bewahrt bleibt und bei völliger Besonnenheit auch der radikalsten Arbeiterelemente einer gedeihlichen Keimlegung für die Zukunft entgegenschreitet. Aber, aber: letzten Mittwoch sagte ich dem hiesigen Arbeitsminister: Geben Sie mir 4 Wochen Zeit, aber arbeiten Sie mir nicht entgegen, dann werden Sie sehen, was mit den Arbeitern, die dann verstehen werden, wie in gesunder Weise an dem Herankommen der Zukunft gearbeitet werden muss, in aller Ruhe verhandelt werden kann. Da sagte er: ‹Sie sind auf dem Holzwege, mit diesen Leuten ist nichts zu machen. Die hören in Ihren Vorträgen die Rosinen, die für sie gebraucht werden können, und überhören dasjenige, was ihnen entgegen ist.› Ich antwortete: nun ja, diese Leute nehmen sich ihre Rosinen aus meinen Vorschlägen. Aber sind denn in diesen Vorschlägen nicht auch Rosinen für Sie und Ihre Anhänger? Sie und diese Anhänger nehmen aber nichts von diesen Rosinen. […]*

Das Echo auf Steiners Buch, das 1919/1920 mehrere Auflagen erfuhr – gut 80000 Exemplare waren damals verkauft worden –, war beachtlich, wie z.B. die Besprechung zeigt anlässlich des Erscheinens der englischen Übersetzung. So schreibt der Journalist Wilson Harris in den *Daily News* vom 16.9.1920 unter der Überschrift *Wie Kapital behandelt werden soll, ein Buch, über das in Europa diskutiert wird:*[128]

Von jedem Denkenden des Kontinents wird ein auffallendes Buch besprochen, das von einem bemerkens-

Die Kernpunkte
der
Sozialen Frage
in den
Lebensnotwendigkeiten
der Gegenwart und Zukunft
von
DR RUDOLF STEINER

1919
Verlag des „Goetheanum" Dornach
Im Kommissionsverlag Basler Buch- und Antiquariatshandlung" Basel (vormals Adolf Geering)

Abb. 16 Die Kernpunkte der Sozialen Frage, Innentitel mit Korrekturen von Rudolf Steiner

werten Manne im Frühjahr dieses Jahres veröffentlicht wurde. Dr. Simons, Minister der Auswärtigen Angelegenheiten, hat den sich aus dem Inhalt dieses Buches ergebenden Plan als die einzige Abwehr gegen den Bolschewismus bezeichnet. Dr. Benesch, Minister der Auswärtigen Geschäfte in der Tschechoslowakei, einer der erfolgreichsten und fähigsten Organisatoren der kleinen Staaten, hatte dieses Buch in Spa[129] *vor sich auf dem Tische liegen. Venizelos hat es gelesen. Jeder, der irgendetwas ist, hat es gelesen. Hier, seltsam genug, ist es im Allgemeinen unbeachtet geblieben. Es wurde übersetzt unter dem Titel ‹The Threefold State›. Mit Ausnahme einiger englischer oberflächlicher Kritiker scheint es das englische Volk kalt gelassen zu haben.*

Wenn dieses Buch durchaus unbeachtet während der verflossenen letzten zwei Monate blieb, wäre wohl jetzt ein ernstes Studium keine schlechte Sache, denn je gewaltsamer die Zeichen des Umsturzes der alten Gesellschaftsordnung drohen, um so bedeutungsvoller werden die fesselnden Vorschläge von Dr. Rudolf Steiner. Dr. Steiner ist in diesem Lande nicht unbekannt. Zunächst ist er Geistesforscher und eine Reihe von Werken über die Geisteswissenschaft erregten im Westen schon mehrere Jahre vor dem Kriege beträchtliche Aufmerksamkeit. […] Seine Art und Weise zu trennen und zu verbinden ist oft verblüffend und unvollständig, aber eine lebende fesselnde Idee bleibt dieses Buch. Es muss besprochen, erörtert, klassifiziert und sorgfältig durchgearbeitet werden. Ich persönlich möchte viel mehr darüber sprechen, ich kann es nicht, da ich niemand in diesem Lande gefunden habe, der dieses Buch gelesen hat. Daher dieser Artikel.

Mit der Gründung eines ‹Bundes für Dreigliederung› wurde eine Stärkung und vor allem effiziente Verbreitung des

Erklärung.

Der Bund für Dreigliederung des sozialen Organismus nahm seinen Ausgang von Dr. Steiners Aufruf „An das deutsche Volk und an die Kulturwelt" und vertritt die Anschauungen, die in dem Buche Dr. Steiners „Die Kernpunkte der sozialen Frage" niedergelegt sind. – Er erblickt als **einzige** Rettung aus der gegenwärtigen durch den Friedensschluß gekennzeichneten außerordentlichen Lage die sofortige Inangriffnahme seiner Forderungen, die er nochmals wie folgt zusammenfaßt:

1. **Völlige Verselbständigung des Geisteslebens, einschließlich Erziehungs- und Schulwesen.**
2. **Einschränkung des Staatslebens auf alle diejenigen Lebensverhältnisse, für welche alle Menschen vor einander gleich sind.**
3. **Regulierung der umgebildeten Lohn- und Besitzverhältnisse durch den Rechtsstaat, mit völliger Herauslösung derselben aus dem Wirtschaftsleben, so daß dieses mit nichts anderem zu tun hat, als mit Gütererzeugung, Güterverteilung und Güterverbrauch.**

Der Bund für Dreigliederung des sozialen Organismus sieht die Erreichung seines Zieles darin, daß der Staat aus seinem Machtbereich entläßt auf der einen Seite das Geistesleben, auf der andern Seite das Wirtschaftsleben. – Der Bund hat sich auf dem Gebiet des Wirtschaftslebens für die Betriebsräte eingesetzt, damit diese zu einer Betriebsräteschaft zusammengeschlossen die ersten praktischen Schritte für eine vernünftige Sozialisierung unternehmen können. Parallel damit soll die Erneuerung des Geisteslebens durch Gründung eines Kulturrats sofort in Angriff genommen werden.

Der Bund muß daher unbedingt daran festhalten, daß nicht eine einseitige Loslösung des Wirtschaftslebens vom Staat erstrebt werden darf, sondern gleichzeitig mit dieser Loslösung die Stellung des Geisteslebens auf sich selbst erfolgen muß.

Der Bund zählt zu seinen Mitgliedern Menschen aus allen Berufen, Lebenskreisen und Parteien, und betrachtet die durch seinen Namen ausgedrückten Ideen als einen Weg zur wirklichen Einigung aller Menschen, welche mit gutem Willen unser Volk aus seiner tiefsten Not zu einer lebensmöglichen Zukunft führen wollen. Wo alle Parteiprogramme versagt haben in dieser tragischen Zeit, werden es unsere Forderungen sein, welche in Innen- und Außenpolitik die neuen Wege vorzeichnen. Die Träger der Idee vom dreigliedrigen sozialen Organismus lehnen es entschieden ab mit dieser Idee auf irgend einen Parteiboden gestellt zu werden. Sie werden sich nie mit einem der bisherigen Parteiprogramme identifizieren. Ihr Ziel ist, zu Menschen und niemals zu Parteimitgliedern als solchen zu sprechen.

Für jede Bewegung, von welcher Seite sie auch kommen mag, welche sich mit ihren Mitteln oder Zielen außerhalb dieser Dreigliederung stellt, kann der Bund **keine** Verantwortung tragen; insbesondere erblickt er in einer **einseitigen** Aktion auf dem Gebiet der Wirtschaft oder der Politik ohne das Ziel der Dreigliederung nur die Quelle zu unbegrenzter Vermehrung des Unheils.

In letzter Stunde erwarten wir von den berufenen Kreisen die Auseinandersetzung mit unseren Bestrebungen, ehe es zu spät ist.

Stuttgart, 21. Juni 1919.

Bund für Dreigliederung des sozialen Organismus
Stuttgart, Champignystr. 17.

Abb. 16 a Erklärung des Bundes für Dreigliederung

An das deutsche Proletariat!

Kollegen! Genossen! Menschenbrüder!

Nach langjährigen Kämpfen um den Sozialismus standen wir am 9. November scheinbar am Ziel. Wir glaubten endlich zu einer **Sozialisierung des Wirtschaftslebens** zu kommen, zur Herstellung der vollen Menschenrechte durch wirkliche **Demokratisierung des Staatslebens,** zu einer alle Menschenfähigkeiten entfesselnden **Freiheit des Geisteslebens.**

Und was haben wir jetzt?

Durch die unglückseligen Parteikämpfe und Zersplitterungen zermürbt und geschwächt steht das Proletariat heute vor der **Aussicht, rettungslos in die Lohnsklaverei der Entente-Kapitalisten zu fallen,** die den deutschen Unternehmer zu ihrem Angestellten machen werden.

Kann es angesichts dieser Gefahr noch Sozialisten, noch Genossen und Proletarier geben, die in Parteikämpfen die Kräfte zersplittern, die wir dringend brauchen?! —

Rettung von außen her ist nicht mehr möglich, da wir der Entente zu sehr tributpflichtig sind.

Wir können uns aber noch innerhalb unserer sozialen Gemeinschaft den **Lebensspielraum schaffen,** auf dem alle Kräfte der drei Glieder des sozialen Organismus, des Geisteslebens, des Staates, der Wirtschaft **für einen sozialen Neubau arbeiten** können.

Brüder, Proletarier, wacht auf!

Durch die **Dreigliederung des sozialen Organismus** können wir zur Einigkeit und zu einer wahren sozialen Gemeinschaft kommen, erhalten wir die Möglichkeit auf dem Gebiete der Wirtschaft mit dem Osten in Verbindung zu treten und geben wir dem gesamten Weltproletariat ein leuchtendes Beispiel echter, revolutionärer Tatkraft.

Darum drängt alle in Euren Organisationen und Parteien auf Einsicht in die

Notwendigkeit, das Geistesleben und Wirtschaftsleben neben dem Staatsleben selbständig zu organisieren

wie der **Bund für Dreigliederung des sozialen Organismus** unter Führung Dr. Rudolf Steiners es anstrebt als das, was den Lebensforderungen der Zeit entspricht.

Dann können wir uns in kürzester Zeit die Bruderhände reichen und die gewaltige Organisationskraft unserer sozialistischen Bewegung in den Dienst der großen Menschheitsbewegung stellen.

Willi Dornbusch, *Maschinenbauer.*
Paul Klamrowski, *Monteur.*
Robert Meier, *Tischler.*

Walter Spiess, *Kontrolleur.*
Karl Wendel, *Bildhauer.*
Ernst Werner, *Modelltischler.*

Abb. 16 b An das deutsche Proletariat

Dreigliederungs-Gedankens angestrebt. In der von diesem Bund herausgegebenen, wöchentlich erscheinenden Zeitung heißt es hierzu:[130] «Der Bund zählt zu seinen Mitgliedern Menschen aus allen Berufen, Lebenskreisen und Parteien, und betrachtet die durch seinen Namen ausgedrückten Ideen als einen Weg zur wirklichen Einigung aller Menschen, welche mit gutem Willen unser Volk aus seiner tiefsten Not zu einer lebensmöglichen Zukunft führen wollen. Wo alle Parteiprogramme versagt haben in dieser tragischen Zeit, werden es unsere Forderungen sein, welche in Innen- und Außenpolitik die neuen Wege vorzeichnen. Die Träger der Idee vom dreigliedrigen sozialen Organismus lehnen es entschieden ab, mit dieser Idee auf irgendeinen Parteiboden gestellt zu werden.»

Sein Aufgabenfeld wird in einem Informationsschreiben des ‹Arbeitsausschusses des Bundes für Dreigliederung› wie folgt beschrieben: «Der Bund setzt sich die Aufgabe, den Impuls, der mit der Dreigliederung des sozialen Organismus gegeben ist, in allen Kreisen der Bevölkerung bekannt zu machen. Er rechnet mit dem Verständnis und der Selbstbesinnung all derer, die aus den Erfahrungen der Gegenwart fühlen, dass Gesundung und Wiederaufbau nur möglich ist, wenn das alte soziale Leben einem ganz neuen Platz macht.»

Die Betriebsrätebewegung

Die Weigerung der deutschen Hochseeflotte, zu einem letzten und in seiner Zielsetzung umstrittenen Angriff auf die englische Flotte auszulaufen (Ende Oktober 1918), und der Aufstand der Matrosen in Kiel (Anfang November) bildeten den Auftakt einer von revolutionären Unruhen geprägten Zeit. Der Krieg war für Deutschland verloren, die Politik des Reiches hatte gründlich versagt, die Wirtschaft war an ihrem Nullpunkt angekommen. Hunger und Elend trieben die Arbeiter in Scharen auf die Straßen. Ihre Unzufriedenheit und ihre Verzweiflung entluden sich in Massenstreiks und Massenaufständen. Das Ende des Kapitalismus schien besiegelt. Sozialistische Zielsetzungen hatten Hochkonjunktur. Die nach der Abdankung des Kaisers am 9. November 1918 alles und jeden bewegende Frage war die nach der zukünftigen politischen Verfassung des Reiches, anders ausgedrückt: nach der Neu- bzw. Umverteilung politischer und somit auch wirtschaftlicher Macht. An dem nun einsetzenden Kräftespiel waren auch die vielerorts spontan entstandenen Arbeiter- und Soldatenräte beteiligt, die in dem durch sie legitimierten ‹Rat der Volksbeauftragten› das Instrument sahen, mit dessen Hilfe, so Matthias Erzberger, «das sozialistische Programm verwirklicht werden kann».

In Anlehnung an historische Vorbilder wie die Pariser Kommune von 1871 und die Streikkomitees und Sowjets der russischen Revolution von 1905 verstanden sich die ‹Räte›, die ihrem Wesen nach antiparteilich waren, einerseits als Interessenvertreter der unterprivilegierten Schichten, andererseits als Kampforgane, deren Aufgabe es war, mit gezielten Aktionen die bestehende Ordnung zu erschüttern, und schließlich auch als Staatsorgane eines unmittelbar sich selbst regierenden Volkes.[131]

Die durchweg antikapitalistisch eingestellten ‹Räte› strebten eine freiheitlich-sozialistische Wirtschaftsordnung an und hatten es sich zur Aufgabe gemacht, die formale bürgerliche Demokratie durch eine freiheitlich-sozialistische Staatsverfassung zu ersetzen. Mit der Forderung nach einer ‹Räte-Republik› stand die Arbeiterschaft deutlich in Opposition zum traditionellen System der parlamentarischen Repräsentanz, das ihr bisher lediglich formale Rechte zugestand, d.h. ihren Einfluss bei staatlichen Entscheidungen auf die bloße Stimmabgabe bei allgemeinen Wahlen reduzierte. Im Gegensatz zum Parlamentarier unterlagen die Räte einer ständigen Kontrolle und Rechenschaftspflicht und konnten jederzeit durch ein Mehrheitsvotum der Basis (Arbeiter, Bauern, Soldaten) abberufen werden.

Eine wichtige Vorentscheidung über die zukünftigen Machtverhältnisse im Deutschen Reich fiel auf dem Berliner Räte-Kongress (16. – 20. Dezember 1918). Dort hatten sich wider Erwarten die ‹Mehrheitssozialisten› mit ihrer Forderung nach der Wahl einer Nationalversammlung, die ihrerseits die konkrete Struktur einer neuen parlamentarischen Republik ausarbeiten sollte, gegen die Vertreter des Gedankens einer zukünftigen Räte-Republik durchsetzen können. Die Folge war eine baldige Zersplitterung der Räte-Bewegung, die nach der einen Seite hin zur Anpassung an die Beschlüsse von Berlin und nach der anderen Seite hin zu einer Abspaltung und zugleich Radikalisierung (Gründung der Revolutionären Kommunistischen Arbeiterpartei, später KPD) führte.

Nachdem mit den am 19. Januar 1919 erfolgten Wahlen zur Nationalversammlung die Weichen für eine bürgerlich-parlamentarisch-demokratische Republik gestellt waren, verlagerte sich der Schwerpunkt der Aktivitäten der Vertreter des Rätegedankens auf das Gebiet der Wirtschaftsverfassung und hier insbesondere auf die Durchsetzung der gesetzlichen Verankerung der schon seit geraumer Zeit zur Diskussion stehenden Betriebsräte.

Bereits im November 1918 hatte der ‹Rat der Volksbeauftragten› angeordnet, dass «zur Wahrung der politischen und wirtschaftlichen Interessen der Arbeiter und Angestellten» Betriebsräte zu wählen sind, welche die Aufgaben der bisherigen Arbeiter- und Angestelltenausschüsse zu erfüllen haben. Die Einrichtung einer ständigen Vertretung der Arbeiterschaft innerhalb der Betriebe hat in Deutschland erstmals im Arbeiterschutzgesetz vom Juni 1891 ihren Niederschlag gefunden. Modifiziert wurde dies dann, wenn auch unter merkwürdigen Vorzeichen, in dem sogenannten Hilfsdienstgesetz vom Dezember 1916, das allen für den vaterländischen Hilfsdienst, sprich: für die Rüstung tätigen gewerblichen Betrieben mit mindestens 50 Arbeitern bzw. Angestellten die Errichtung von Arbeiter- und Angestelltenausschüssen vorschrieb.

Unter dem Druck landesweiter Streiks und vielerorts immer wieder aufflammender Unruhen in den Betrieben kündigte die Regierung im Frühjahr 1919 einen Betriebsräte-Gesetzentwurf an, der Anfang Mai den verschiedenen Verbänden zur Begutachtung vorgelegt wurde. Während die Vertreter der Regierung, der Arbeitgeber, der Gewerkschaften und der Räte-Bewegung in den folgenden Wochen und Monaten in unzähligen Verhandlungen um jede Formulierung des zukünftigen Betriebsräte-Gesetzes rangen, begann man bereits in zahlreichen Betrieben ‹wilde›, d.h. noch nicht legalisierte Betriebsräte zu wählen und Richtlinien ihrer Kompetenzen zu erarbeiten (siehe hierzu die ausführlichen Darstellungen bei Peter von Oertzen). Die Kluft zwischen den aus den Verhandlungszimmern tönenden Ergebnissen und den Forderungen der Arbeiterschaft wurde jedoch immer tiefer. Anlässlich der 2. Lesung des Betriebsräte-Gesetzes am 13. Januar 1920 entlud sich der angestaute Unmut der Arbeiterschaft in einer Massendemonstration vor dem Berliner Reichstag, die mit dem Einsatz der bereits ‹bewährten› Mittel Noske'scher Politik, der «militärischen Befriedung Deutschlands», in einem Blutbad unter den Demonstranten endete. Das Betriebsräte-Gesetz, das bei weitem nicht den Intentionen derer entsprach, die sich seit Monaten an der Front der Arbeiterschaft für eine Demokratisierung der Betriebe eingesetzt hatten, trat am 4. Februar 1920 in Kraft.

Die vom Norden Deutschlands ausgehenden Unruhen hatten in kürzester Zeit den Süden des Reiches erreicht. Am 9. November 1918, jenem Tag, an dem Philipp Scheidemann in Berlin die Republik ausrief, wurde in Stuttgart unter dem Druck der Massen der württembergische König abgesetzt und eine provisorische Regierung (‹Revolutionsregierung›) unter Führung des Mehrheitssozialisten Wilhelm Blos eingesetzt.

Die Lage der Industriearbeiter in Württemberg war mit Kriegsende und dem dadurch bedingten Wegfall der Rüstungsaufträge ähnlich prekär wie in den anderen großen deutschen Industriezentren, und so ist es auch nicht verwunderlich, dass der Rätegedanke auch hier auf große Sympathien innerhalb der Arbeiterschaft stieß und sich schon recht bald vielerorts Arbeiter-, Bauern- und Soldatenräte bildeten. Um den Forderungen der Arbeiterschaft mehr Nachdruck zu verleihen, wurde an der Versammlung des Arbeiterrates Groß-Stuttgart vom 26. November ein ‹Vollzugsausschuss des Arbeiterrates Groß-Stuttgart› gewählt, zu dessen Aufgaben es u. a. gehörte, als Kontrollorgan «neben der Regierung, aber nicht gegen sie» zu wirken sowie Vorschläge für eine neue württembergische Verfassung auszuarbeiten. Höhepunkt der Versammlung war die Verabschiedung des ‹Satzungsentwurfs für die Arbeiterräte der Republik Württemberg›, auf dessen Grundlage in den folgenden Wochen und Monaten die Wahl von Arbeiterausschüssen forciert und die von Betriebsräten eingeleitet wurde.[132]

Aber auch von Seiten der Regierung war man nicht untätig. So hatte das Arbeitsministerium im Dezember 1918 eine Kommission einberufen, die prüfen sollte, ob und welche Zweige der württembergischen Industrie bzw. ob und welche Einzelbetriebe vergesellschaftet werden könnten. Im Gegensatz zur Berliner Sozialisierungskommission, die vorwiegend eine Angelegenheit von Theoretikern war, verfolgte die Stuttgarter Sozialisierungskommission eine mehr praxisorientierte Strategie, indem sie einerseits den Arbeiterrat, andererseits aber auch Unternehmer wie z. B. Robert Bosch und Emil Molt, Direktor der Waldorf-Astoria-Zigarettenfabrik und mit den Dreigliederungsgedanken Rudolf Steiners eng vertraut, zu den Beratungen hinzuzog.

Doch ein wirklich sozialer Friede lag noch in weiter Ferne. Der Unmut und die Unzufriedenheit innerhalb der Arbeiterschaft wuchsen von Tag zu Tag, und während der Arbeiterrat in seiner Sitzung am 10. Januar über Erwerbslosenfürsorge und die Kontrollrechte der Arbeiter- und Bauernräte diskutierte, lieferten sich die Regierungstruppen und aufgebrachte Demonstranten erbitterte Straßenschlachten. Die Lage verschärfte sich zusehends. So kam es in den folgenden Wochen in vielen Betrieben zu wilden Streiks und in zahlreichen Städten zu immer heftiger werdenden Massendemonstrationen. Gleichwohl, die Verhandlungen über Sozialisierungsfragen gingen weiter, und die Wahl von Arbeiter- bzw. Betriebsräten wurde intensiv vorangetrieben.

Als Rudolf Steiner am 20. April in Stuttgart eintraf, war zwar die Richtung seiner Tätigkeit für die nächsten Wochen deutlich vorgezeichnet, doch dass er schon bald in die Auseinandersetzungen um die Betriebsräte-Frage in einem solchen Maße einbezogen sein würde, wie dies dann der Fall sein sollte, war zu diesem Zeitpunkt noch nicht abzusehen. Dass er nach Stuttgart gekommen war, um hier in Bezug auf die nach Lösungen drängenden sozialen Probleme etwas in Bewegung zu setzen, ging vor allem auf die Initiative des Stuttgarter Industriellen Emil Molt zurück, der sich angesichts der desolaten Wirtschaftslage seit dem Machtwechsel um die Gründung einer Württembergischen Industrie-

Treuhand-Bank bemüht hatte und innerhalb der Sozialisierungskommission für umfassende Reformen im Sinne der Ideen Rudolf Steiners eingetreten war. So hatte er am 25. Januar 1919 zusammen mit Hans Kühn und Roman Boos Rudolf Steiner in seinem Dornacher Atelier aufgesucht, um mit ihm *Die Grundsätze zur sachlichen Aufbaupolitik*, ein Konzept, das im Zusammenhang mit ihrer Tätigkeit im Stuttgarter ‹Rat der geistigen Arbeiter› entstanden war, zu erörtern. Nachdem Steiner einige Zeit zugehört hatte, sagte er: «Wir können nicht mehr an Altes anknüpfen, sondern wir müssen von uns aus ganz Neues bringen, das auf sich selber steht. Ich werde Ihnen ein Dokument geben.»[133]

Wenige Tage später überreichte er ihnen seinen *Aufruf an das deutsche Volk und an die Kulturwelt*, der, unterzeichnet von zahlreichen Persönlichkeiten aus Wissenschaft, Kultur und Wirtschaft, in den folgenden Wochen als Flugblatt und in zahlreichen Zeitungen verbreitet wurde. Um seinem *Aufruf* zu einer entsprechenden öffentlichen Wirksamkeit zu verhelfen, hatte sich in Stuttgart ein Komitee gebildet, das Rudolf Steiner kurz nach seiner Ankunft über die bisherigen Ereignisse und Aktivitäten orientierte und darüber hinaus mit ihm Fragen der Gestaltung der weiteren Arbeit im Hinblick auf eine öffentliche Verbreitung des Dreigliederungsgedankens erörterte. Der erste Höhepunkt seines Stuttgarter Aufenthaltes war die öffentliche Versammlung der Unterzeichner des ‹Aufrufs› am 22. April. «Der Stadtgartensaal», so berichtet Emil Leinhas, «war bis zum letzten Stehplatz gefüllt. Bis dicht an das Rednerpult drängten sich die Menschen.»[134] Nach einer mit großer Begeisterung aufgenommenen Rede Rudolf Steiners und einer sich anschließenden lebhaften Diskussion wurde einstimmig beschlossen, einen ‹Bund für Dreigliederung des sozialen Organismus› zu begründen, um so nachhaltiger in der breiten Öffentlichkeit für die Idee der Dreigliederung wirken zu

In den in den letzten Wochen stattgehabten Betriebsversammlungen vieler württembergischer Industrie-Betriebe, darunter Daimler und Bosch, sowie die Maschinenfabrik Eßlingen, die zusammen von über 10000 Arbeitern und Angestellten besucht waren, wurde unter dem Eindruck der **Vorträge Dr. Rudolf Steiner's** jedesmal einstimmig folgende Resolution gefaßt:

„Der Arbeitsausschuß für Dreigliederung des sozialen Organismus möge von der Württembergischen Regierung fordern, daß Dr. Rudolf Steiner unverzüglich berufen wird, um die Dreigliederung des sozialen Organismus, welche als die einzige Rettung vor dem drohenden Untergange erscheint, in Angriff nehmen zu können."

Arbeiter und Arbeiterinnen! Unterstützet diesen Beschluß und erklärt Euer Einverständnis damit durch die Unterschrift auf diesem Zettel. Werbt weiter für die Dreigliederung (Wirtschaft, Politik, Kultur), denn sie bringt uns die Lösung aus der sozialen Not! Die Einigung des Proletariats ist auf dieser Grundlage allein möglich!

Das Arbeiterkomitee für soziale Dreigliederung:
Benzinger, Dorfner, Gönnewein, Hammer, Hüttelmeyer, Mössel, Lohrmann.

Stuttgart, Mai 1919
Champignystr. 17

Name: .... Ort: ....

Beruf: .... Wohnung: ....

Abb. 17 Unterschriftensammlung für die Berufung Rudolf Steiners

können. Diese Versammlung war zugleich der Auftakt einer wahren Vortragsflut und Aufklärungsarbeit vor allem innerhalb der Stuttgarter Arbeiterschaft.

Die erste Einladung von Seiten eines der Arbeiter- und Angestelltenausschüsse führte Steiner in eine Betriebsversammlung der Waldorf-Astoria-Zigarettenfabrik (23. April), in deren Verlauf eine Resolution an die Württembergische Regierung verabschiedet wurde, die einstimmig die Berufung Rudolf Steiners in die Regierung «zwecks sofortiger Inangriffnahme der Dreigliederung» forderte.[135] Dem Bericht Ungers zufolge wurde diese Resolution «in über 20 großen Arbeiterversammlungen und in mehreren Veranstaltungen im überfüllten Gustav-Siegle-Haus vorgelegt und im ganzen von 10000 bis 12000 Menschen angenommen».

In den folgenden Tagen sprach Steiner, wiederum auf Einladung der jeweiligen Arbeiter- und Angestelltenausschüsse, vor der versammelten Belegschaft der Firma Robert Bosch (24. April), der Daimler-Werke in Stuttgart-Untertürkheim (25. April), der Delmonte-Kartonagefabrik (26. April) und am folgenden Tag vor Arbeitern der Esslinger Großbetriebe. Mit Schreiben vom 28. April 1919 wandte sich die Württembergische Sozialisierungskommission an Rudolf Steiner mit der Bitte, an der Sitzung des Unterausschusses IV, der sich mit Fragen der Gewinnbeteiligung der Arbeiter beschäftigte, am 30. April im Sitzungssaal des Innenministeriums teilzunehmen. Über den Verlauf dieser Sitzung ist nichts Näheres bekannt, doch muss das Ergebnis recht enttäuschend gewesen sein, denn Emil Molt, der an ihr teilgenommen hatte, notierte nachträglich: «Einmal gelang es, Dr. Steiner selbst in eine Sitzung zu bringen, allerdings nur im kleinsten Kreise. Es kam aber nichts dabei heraus.»[136]

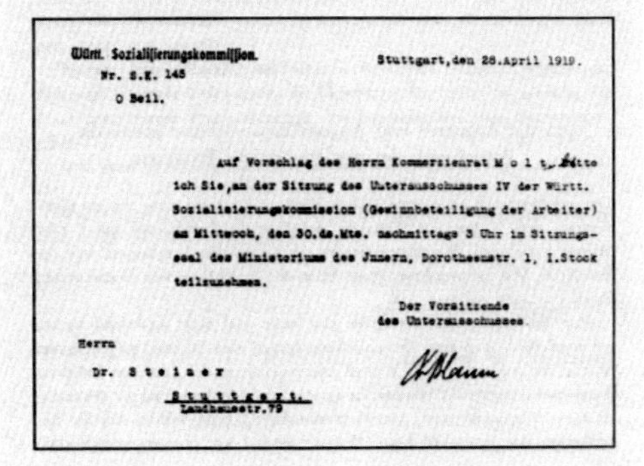
Württ. Sozialisierungskommission.
Nr. S.K. 145
0 Beil.

Stuttgart, den 28. April 1919.

Auf Vorschlag des Herrn Kommerzienrat M o l t, bitte ich Sie, an der Sitzung des Unterausschusses IV der Württ. Sozialisierungskommission (Gewinnbeteiligung der Arbeiter) am Mittwoch, den 30.ds.Mts. nachmittags 3 Uhr im Sitzungssaal des Ministeriums des Innern, Dorotheenstr. 1, I.Stock teilzunehmen.

Der Vorsitzende
des Unterausschusses

Herrn
Dr. S t e i n e r
Stuttgart.
Landhausstr.79

Abb. 18 Einladung Württembergische Sozialisierungskommission

Am 29. April wurde von einem namentlich nicht mehr festzustellenden Kreis von Arbeitern an die ‹Vollversammlung des Arbeiterrats Groß-Stuttgarts› der Antrag gerichtet, Rudolf Steiner darum zu bitten, an einer nächsten Versammlung über Fragen der Sozialisierung zu sprechen. Dem Antrag wurde stattgegeben, denn an der nächsten Vollversammlung, am 7. Mai, konnte Rudolf Steiner seinen Vortrag halten, an den sich eine längere Diskussion anschloss.

Die am darauffolgenden Tag (8. Mai) einberufene Versammlung der ‹Arbeiterausschüsse der großen Betriebe Stuttgarts›, an der Rudolf Steiner den einleitenden Vortrag über die Begründung von Betriebsräten aus der Sicht der Dreigliederungsidee hielt und der mit großer Begeisterung aufgenommen wurde, war der Auftakt zu sieben sich anschließenden Diskussionsabenden und einer Betriebsräteversammlung zur Bildung der vorbereitenden württembergischen Betriebsräteschaft.

Entgegen den Vorstellungen des Gesetzgebers trat Steiner in diesen Versammlungen u. a. für die Einbeziehung der ‹geistigen Arbeiter› und damit auch der Betriebsleiter und Unternehmer in die Betriebsratswahlen ein. Ein weiterer Schwerpunkt seines Wirkens galt der Begründung einer Betriebsräteschaft als eigenständiges Wirtschaftsorgan, d. h., dass sich die in den einzelnen Betrieben gewählten Betriebsräte zusammenschließen und aus ihren Reihen heraus einen wirtschaftlichen Zentralrat bilden sollten, der von nun an die Geschicke des Wirtschaftslebens lenken sollte. Vor allem Letzteres wurde von der Arbeiterschaft mit großem Interesse aufgenommen, doch rief dieser Gedanke schon bald auch die Gegner auf den Plan. Aus den Reihen linksgerichteter Parteien und der Gewerkschaften, aber auch von Seiten der Arbeitgeberverbände begann man immer lautstärker die Aktivitäten des ‹Bundes für Dreigliederung›, der in der von ihm geführten Propaganda nicht gerade sehr zurückhaltend war und eine «reichlich radikale Sprache führte»[137], zu kritisieren und schließlich zu diffamieren. Ganz offensichtlich empfanden sie die Ideen Steiners und das positive Echo, das sie innerhalb der Arbeiterschaft gefunden hatten, als eine Gefährdung der eigenen Interessen und Strategien, denn immer häufiger sprach man nun von einer ideologischen Verführung durch Rudolf Steiner bzw. durch den ‹Bund für Dreigliederung› und appellierte an die Parteidisziplin. Das so entstandene Klima ließ eine Fortsetzung der Tätigkeit Steiners innerhalb der Arbeiterausschüsse nicht mehr zu. Es zeigte sich damals aber auch, dass die Zahl der aktiv in der Dreigliederungsbewegung Tätigen zu gering war, um angesichts der Macht der Parteien und der Gewerkschaften eine größere Breitenwirkung zu erzielen.

In der Folgezeit wurde die Wahl von Betriebsräten immer mehr zur Angelegenheit der Parteien und Gewerkschaften und erhielt damit eine sehr einseitige Prägung. Sowohl die Impulse, die ursprünglich innerhalb der Räte-Bewegung lebten, als auch die Anregungen zu einer umfassenden Sozialisierung, wie sie von Rudolf Steiner und seinen Mitarbeitern an die Arbeiterschaft herangetragen wurden, vermochten sich nicht durchzusetzen. Das im Januar 1920 verabschiedete Betriebsräte-Gesetz war letztlich das Ergebnis von Kompromissen, die tendenziell das Alte bestätigten, wenn sie auch für kurze Zeit zu einer Normalisierung der Lage innerhalb der Arbeiterschaft beizutragen vermochten. Die Chance, eine umfassende Sozialisierung einzuleiten und sich damit auch vom Ballast liberal-kapitalistischer Mentalitäten zu befreien, blieb fürs Erste ungenutzt. Die Versäumnisse sollten schon wenig später Deutschland in die nächste Krise hineinführen, deren Ausmaße diejenigen, unter denen man dazumal litt, noch bei weitem übertreffen sollten. Die im Rahmen der Rudolf

Sozialisierung durch Betriebsräte!

Als im Spätherbst 1918 der kapitalistische Imperialismus Mitteleuropas in sich zusammenbrach, glaubte das deutsche Proletariat die Zeit gekommen, in der es seine Forderung nach Sozialisierung des Wirtschaftslebens werde verwirklichen können. **Heute sieht es sich um die Früchte der Revolution betrogen.**

Wodurch ist dies möglich geworden? Diese Frage muss sich der denkende Proletarier vorlegen. Zu ihrer Beantwortung genügt es nicht, den einstigen Führern die Schuld zuzuschieben. Die Gründe dafür liegen tiefer:

Die Gedanken der sozialistischen Parteiprogramme, die genügt hatten zur Kritik am Privatkapitalismus, erwiesen sich als unzureichend in dem Augenblick, wo mit ihrer Hilfe eine neue Gesellschaftsordnung aufgebaut werden sollte. Infolgedessen sehen wir heute die durch das Proletariat zur Macht emporgetragenen Persönlichkeiten Anlehnung suchend bei demselben Kapitalismus, den sie früher bekämpften.

Demgegenüber erblickt das deutsche Proletariat in dem **Betriebsrätesystem ein geeignetes Organ zur Sozialisierung** des Wirtschaftslebens. Die Regierung sieht sich genötigt, dem Verlangen nach Schaffung von Betriebsräten endlich etwas entgegen zu kommen. Was aber bietet sie durch den **Gesetzentwurf über Betriebsräte?**

Eine recht bescheidene formelle, praktisch aber ganz unwirksame Erweiterung der Rechte der Arbeiter und Angestellten innerhalb von Betrieben, die selbst aber auch in Zukunft ganz im Dienste des Privatkapitals bleiben sollen. **„Lohnarbeiter"** und **„Unternehmer"** sollen gleiche Rechte haben. **Das ist das Ideal einer sozialistischen Regierung!** Es scheint, dass die Revolution nicht gemacht worden ist, um den Sozialismus zu verwirklichen, sondern um ihn gleichberechtigt neben den Kapitalismus zu stellen!! Wie die sich wohl auf die Dauer vertragen werden?! —

Nach dem Gesetzentwurf haben die Betriebsräte auch die Aufgabe, „den (NB. kapitalistischen) Betrieb vor Erschütterungen zu bewahren." — Diese Bestimmung dürfte sich zweifellos in ihren Folgen (Streikverbot usw.) als sehr segensreich erweisen — für den Kapitalismus.

In diesem Gesetzentwurf spricht sich **nicht** der Geist der **„Sozialisierung"** aus, **sondern** derjenige der **„Sozialpolitik"** mit ihren Wohlfahrts- und Fürsorge-Gesetzen. **Diese** Betriebsräte würden nichts anderes sein als neu aufgewärmte Arbeiter- und Angestellten-Ausschüsse und könnten gerade dadurch **nicht** sein **ein Organ zur Umgestaltung der privatkapitalistischen Ordnung in eine sozialistische.** Sie würden durchaus **geeignet** sein, die **Sozialisierung zu verhindern** und dem Privatkapitalismus (mit Hilfe der Entente) zu neuer Blüte zu verhelfen.

Wie kann eine Sozialisierung unseres Wirtschaftslebens bewirkt werden?

Nicht durch das Gesetz eines **politischen** Parlamentes, sondern nur durch Massnahmen von Körperschaften, die sich aus den im Wirtschaftsleben selbst tätigen und daher sachverständigen Menschen bilden.

Nicht durch Bestimmungen, die sich auf das Verhältnis zwischen „Unternehmer" und „Arbeiter" beziehen, sondern durch Vorschläge, die zeigen, wie der Gegensatz zwischen „Unternehmern" und „Arbeitern" aufgehoben und die Produktionsmittel aus dem Besitz der Privatkapitalisten übergeführt werden können in die Verwaltung der Allgemeinheit.

Abb. 19 Sozialisierung durch Betriebsräte

Steiner Gesamtausgabe in dem Band *Betriebsräte und Sozialisierung* publizierten Vorträge und Diskussionsvoten geben einerseits einen Einblick in jenes Kapitel deutscher Nachkriegsgeschichte, das gleichermaßen geprägt war von dem völligen Zusammenbruch der bis dahin für unerschütterlich geglaubten Verhältnisse und der Hoffnung auf durchgreifende Veränderungen. Zugleich ermöglichen sie aber auch, teilzunehmen an einem Lösungsansatz, der, was das Grundsätzliche betrifft, bis heute an Aktualität nichts eingebüßt hat. Denn nach wie vor haben wir es mit einem anachronistischen Eigentumsbegriff, haben wir es mit einem längst überholten Verständnis des Zusammenhanges von Arbeit und Einkommen zu tun, und nach wie vor gilt der Einheitsstaat als das Nonplusultra.

Steiners engagiertes Eintreten für die Begründung von Betriebsräten fiel in jene Zeit, in der der Betriebsräte-Gesetzentwurf bereits vorlag. Klassenkämpferische Parolen einerseits und die konservativ-reaktionäre Haltung vieler Unternehmer andererseits prägten die Atmosphäre in den Arbeiterversammlungen jener Tage und drohten immer wieder die notwendige sachliche Auseinandersetzung bereits im Keim zu ersticken. Die Lage der Industriearbeiter in Württemberg war mit Kriegsende und dem dadurch bedingten Wegfall der Rüstungsaufträge ähnlich prekär wie in den anderen großen deutschen Industriezentren, und so ist es auch nicht verwunderlich, dass der Rätegedanke auf große Sympathien innerhalb der Arbeiterschaft stieß und sich schon recht bald vielerorts Arbeiter-, Bauern- und Soldatenräte bildeten.

Nachfolgend ein Auszug aus einem Diskussionsabend mit den Arbeiter- und Angestelltenausschüssen der Stuttgarter Großbetriebe im Gewerkschaftshaus in Stuttgart am 14. Juni 1919:[138]

Offener Brief

an die württembergische Industrie,

vertreten durch die Vereinigung württembergischer Arbeitgeberverbände!

Die Vereinigung württembergischer Arbeitgeberverbände befasst sich in einem Rundschreiben an ihre Unterverbände mit unserem Flugblatt über die Betriebsräte. Wir erwidern darauf öffentlich folgendes:

1.) Unser Flugblatt richtet sich nicht nur an die Hand- und Kopfarbeiter, sondern an die Fabrikanten selbst, um auch sie zur Initiative aufzurufen. In der Landesversammlung sowohl, wie in seiner Erwiderung im Tagblatt vom 3. Juni weist Herr Fabrikant Bruckmann mit Recht darauf hin, unsere Industrie sei schwer krank und könne nur lebensfähig gestaltet werden durch die baldige Einführung von Betriebsräten. Also nicht um „Aufreizung“ der Arbeiter handelt es sich, sondern um die sehr ernste Mahnung, rasch in die Tat umzusetzen, was von der Industrie selbst als notwendig erachtet wurde, damit das Gesagte eben gerade nicht „Phrase“ bleibe.

2.) Die von uns angeführten Funktionen eines Betriebsrats, wie die „Möglichkeit des genauesten Einblickes in die Verhältnisse der Betriebe, Schaffung eines Mitbestimmungsrechtes, Durchnahme der Frage der Rohstoffe, Bilanzierung, Preisbildung,“ sind von einem Führer wie Bruckmann selbst aufgestellt und, wie angenommen werden darf, „nach reiflicher Prüfung der Verhältnisse“. Auch neuerdings spricht er davon „die Betriebe müssen sich neue Verfassungen schaffen, die den Verhältnissen der heutigen Zeit gerecht werden“. Damit empfiehlt ein namhafter Industrieller aus Ihren Kreisen selbst das, was auch wir verlangen, wir wünschen nur, daß er sich nicht in Widerspruch setze mit seinen eigenen Worten, wenn er jetzt auf den Inhalt des Gesetzes warten will. Nach dem vorliegenden Entwurf wird dieses Gesetz niemals das bringen, was Fabrikant und Arbeiter mit Recht verlangen müssen, denn es führt nicht zur Einigung, sondern zur Vertiefung der Kluft und des Misstrauens. Gerade weil unsere Industrie und unser ganzes Wirtschaftsleben schwer krank sind, muss **rasch** und **ganz** gearbeitet werden, damit diesen geholfen werde, **ehe** sie gestorben sind. Darin liegt der Unterschied: **Sie** wollen durch Predigen heilen, **wir** durch die Medizin der sofortigen Einführung des Notwendigen.

3.) Gerade um die Gefahr zu vermeiden, von der Herr Bruckmann spricht: „Betriebsräte könnten am Ende nur dem Einzelvorteile des Arbeiters dienen, oder zur einseitigen Ausschlachtung der Betriebe durch die Arbeiter führen,“ fordern wir den Zusammenschluss sämtlicher Betriebsräte in eine grosse Betriebsräteschaft, welche als eine zentrale Wirtschaftsverwaltung das Gesamtwirtschaftsleben mit allen arbeitenden Menschen regelt nnd seine Interessen selbst vertritt. Wie in Parlamenten die Ausschüsse, so ist der **Zentralrat** die ausführende Instanz. Klar und deutlich haben wir immer vertreten die Abtrennung des Wirtschaftskörpers und des geistigen Organismus vom politischen, wenn soziales Heil entstehen soll. Einer **objektiven Verleumdung** kommt es gleich, wenn Sie jetzt „von einer Maske abwerfen“ sprechen und

4.) unseren Hinweis auf Russland als „unverblümte Orientierung nach dem Osten“ politisch und im bolschewistischen Sinne ausdeuten. Klipp und klar sprachen wir in unserem Flugblatt von einer **gesunden** Verbindung mit Russland. Sie bezieht sich nicht auf das heutige politische Russland, oder dessen Regierung, sondern auf die Verbindung mit dem russischen Volk und dem ehemaligen russischen Gebiet als Wirtschaftsgebiet. **Eindeutig** sprechen wir also im wirtschaftlichen und nicht im politischen Sinn. Vom Westen hat der Deutsche nichts zu erwarten, weder der Kapitalist noch der Arbeiter; wenn er aber mit einer mustergültigen sozialen Gliederung an den Westen herantreten wird, ist nicht ausgeschlossen, sogar stark zu erwarten, daß den Kapitalismus des Westens die Arbeiter des Westens überwinden werden. Unsere Industrie muß zu Grunde gehen, wenn Deutschland nur auf sich selbst angewiesen ist. Einfachste, kaufmännische Erwägung ist es, im Osten das zu suchen, was uns der Westen vorderhand noch verweigert. Sie aber verschließen sich der klaren Einsicht und suchen unser Bestreben durch das Gespenst des Bolschewismus zu diskreditieren!

5.) In ähnlicher Weise verfahren Sie bei Ihrem Hinweis auf die „Literatenherrschaft in München“, indem Sie gleichzeitig eine klare Stellungnahme gegen Dr. Steiner fordern. Wer Dr. Steiner, hinter den wir uns mit allen Kräften stellen, versteht, weiß, daß gerade **er** es ist, welcher zur Ueberbrückung der Gegensätze das **Menschenmögliche** leistet. Unserem Bunde gehören Menschen der verschiedensten Parteischattierung an. Nur zum **Heile** kann eine derartige gemeinschaftliche Zusammenfassung aller arbeitenden Kräfte gereichen. Durch Ihr Scharfmachertum vermehren Sie die bestehenden Gefahren. **Wir** arbeiten denselben bewußt entgegen, indem wir gerade die **fähigsten** Köpfe und selbst die **Leiter**, soweit sie Herz und Sinn dafür haben, in die Betriebsräte mit herein genommen wissen wollen. Die **Tüchtigkeit** soll herrschen, nicht die **rohe Gewalt!** Letztere aber wird kommen **müssen**, wenn bei dem bevorstehenden Zusammenbruche nicht schon Kräfte vorhanden und geschult sind, welche zielbewußt am Neu-Aufbau arbeiten können. Im Chaos selbst kann dies nicht mehr geschehen, dann ist es zu spät, zu lernen und zu handeln. Indem Sie sich den Notwendigkeiten verschließen, versündigen Sie sich an der gesamten deutschen Wirtschaft, und indem Sie sich der Initiative begeben, vermehren **Sie** die Gefahr des Umsturzes. Durch klares Verständnis der Lage und nicht durch Pochen auf eine **nicht mehr vorhandene Macht** werden die Maßnahmen entstehen, welche zu dem notwendigen Vertrauen führen, das man aber untergräbt, indem man einen Kreis von ernst und aufrichtig strebenden Menschen aller Berufe und aller Stände, wie unseren Bund, mit vergifteten Pfeilen dadurch bekämpft, daß man sie einfach als Kommunisten und Spartakisten im **üblen** Sinne des Wortes abtut.

Wir fordern Sie auf, Ihre Anklagen in einer demnächst stattfindenden Versammlung unseres Bundes öffentlich vorzubringen, damit Sie und wir weitesfen Kreisen Rede und Antwort stehen.

Bund für Dreigliederung des sozialen Organismus.

Geschäftsstelle: Champignystrasse 17.

Abb. 20 Offener Brief an die württembergische Industrie

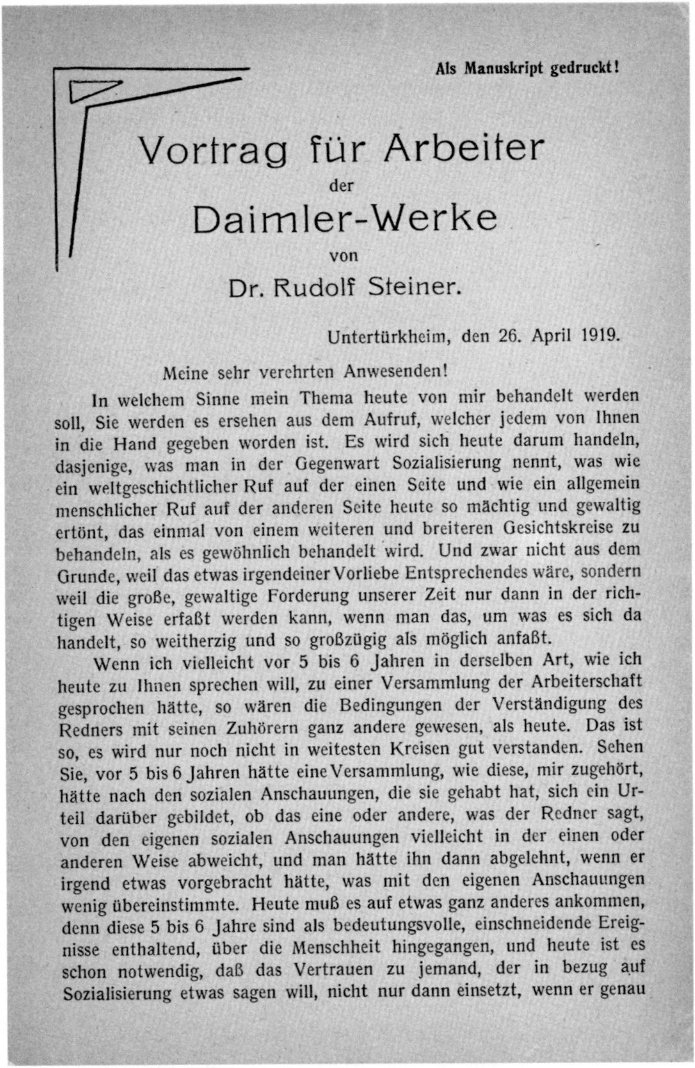

Als Manuskript gedruckt!

Vortrag für Arbeiter
der
Daimler-Werke
von
Dr. Rudolf Steiner.

Untertürkheim, den 26. April 1919.

Meine sehr verehrten Anwesenden!

In welchem Sinne mein Thema heute von mir behandelt werden soll, Sie werden es ersehen aus dem Aufruf, welcher jedem von Ihnen in die Hand gegeben worden ist. Es wird sich heute darum handeln, dasjenige, was man in der Gegenwart Sozialisierung nennt, was wie ein weltgeschichtlicher Ruf auf der einen Seite und wie ein allgemein menschlicher Ruf auf der anderen Seite heute so mächtig und gewaltig ertönt, das einmal von einem weiteren und breiteren Gesichtskreise zu behandeln, als es gewöhnlich behandelt wird. Und zwar nicht aus dem Grunde, weil das etwas irgendeiner Vorliebe Entsprechendes wäre, sondern weil die große, gewaltige Forderung unserer Zeit nur dann in der richtigen Weise erfaßt werden kann, wenn man das, um was es sich da handelt, so weitherzig und so großzügig als möglich anfaßt.

Wenn ich vielleicht vor 5 bis 6 Jahren in derselben Art, wie ich heute zu Ihnen sprechen will, zu einer Versammlung der Arbeiterschaft gesprochen hätte, so wären die Bedingungen der Verständigung des Redners mit seinen Zuhörern ganz andere gewesen, als heute. Das ist so, es wird nur noch nicht in weitesten Kreisen gut verstanden. Sehen Sie, vor 5 bis 6 Jahren hätte eine Versammlung, wie diese, mir zugehört, hätte nach den sozialen Anschauungen, die sie gehabt hat, sich ein Urteil darüber gebildet, ob das eine oder andere, was der Redner sagt, von den eigenen sozialen Anschauungen vielleicht in der einen oder anderen Weise abweicht, und man hätte ihn dann abgelehnt, wenn er irgend etwas vorgebracht hätte, was mit den eigenen Anschauungen wenig übereinstimmte. Heute muß es auf etwas ganz anderes ankommen, denn diese 5 bis 6 Jahre sind als bedeutungsvolle, einschneidende Ereignisse enthaltend, über die Menschheit hingegangen, und heute ist es schon notwendig, daß das Vertrauen zu jemand, der in bezug auf Sozialisierung etwas sagen will, nicht nur dann einsetzt, wenn er genau

Abb. 21 Vortrag Daimler-Werke

Sehen Sie, Parteien haben immer die Eigentümlichkeiten, dass sie nach und nach eigentlich abkommen von dem, was in ihnen ursprünglich gelegen hat. Parteien haben überhaupt ein merkwürdiges Schicksal. Da ich ja den Impuls zum dreigliedrigen sozialen Organismus nicht aus der Luft geschöpft, sondern ihn gefasst habe auf Grundlage eines wirklichen vollen Miterlebens der sozialen Bewegung seit Jahrzehnten, habe ich doch so manches erlebt. Ich habe z. B. erlebt den Aufgang noch der sogenannten liberalen Partei in Österreich. Diese liberale Partei war eine liberale, stand aber auf dem Boden des Monarchismus, wie das selbstverständlich war in den 60er, 70er Jahren des vorigen Jahrhunderts. Sie war eine liberale Partei, aber wenn sie sich geltend machen wollte innerhalb des bestehenden Staatswesens in Österreich, da legte sich diese liberale Partei eine merkwürdige Bezeichnung bei: ‹Euer Majestät allergetreueste Opposition›. Das war ein offizielles Beiwort für die Opposition im monarchischen österreichischen Staat. Ich will dieses Beispiel aus dem Grunde anführen, weil ich erstens daran zeigen möchte, wie manchmal der Partei ihre Stoßkraft, die letzte Stoßfähigkeit genommen wird in dem [eigenen] Zusammenhang.
Aber wir haben ja heute schon viel deutlicher noch sprechende Beispiele. Sehen Sie, in Nordamerika gibt es zwei Hauptparteien, die demokratische und die republikanische. Diese zwei Parteien hatten vor längerer Zeit, es ist schon Jahrzehnte her, ihre gute Parteibezeichnung. Die einen nannten sich republikanisch, weil sie Republikaner waren, die anderen nannten sich demokratisch, weil sie Demokraten waren. Heute ist die Sache so, dass die republikanische Partei durchaus nicht mehr republikanisch ist, und die demokratische alles eher als demokratisch, sondern die beiden Parteien unterscheiden sich nur da-

durch, dass sie von verschiedenen Konsortien aus verschiedenen Wahlfonds gespeist werden, wenn Wahlen sind. Es ist nur der Ursprung des Wahlgeldes von verschiedenen Konsortien her ein verschiedener, aber die Bezeichnung republikanische Partei, demokratische Partei ist, wenn man den Wortsinn nimmt, ein absoluter Unsinn, denn die demokratische Partei ist nicht demokratisch und die republikanische Partei ist nicht republikanisch. Parteien stehen auf, haben eine gewisse Lebenszeit, die verhältnismäßig kurz ist, dann sterben sie. Aber sie bleiben gewissermaßen, wenn sie schon Leichname sind, noch lebendig als Leichnam, sie mögen nicht gern sterben. Aber das schadet nichts; wenn sie ihre ursprüngliche Bedeutung verloren haben, dann sind sie noch Sammelbecken für die Menschen und es ist trotzdem noch gut, wenn sie da sind, damit die Menschen eben nicht auseinanderlaufen. Deshalb hat man, wenn man nicht theoretisierender Politiker ist, wie es die Parteimänner sind, denn sie sind ja die eigentlichen Utopisten und Ideologen, wenn man nicht ideologischer oder utopistischer Politiker sein will, sondern sich auf praktischen Boden stellen will und man ja weiß, dass im politischen Leben nur etwas zu machen ist mit geschlossenen Menschenreihen, dann hat man gar kein Interesse daran, die Parteien zu zersplittern. Wir würden das Dümmste machen, wenn wir darauf ausgehen würden, die Parteien zu zersplittern und etwa gar eine neue Partei begründen wollten. Also darum kann es sich wirklich ganz und gar nicht handeln. Man fragt sich daher: aus welcher Ecke kommt denn dann eigentlich der Widerstand?

Sehen Sie, er kommt von dem konservativen Sinn der Menschen. Ich erlebe ja immer wieder und wiederum in der großen Reihe von Vorträgen, die ich gehalten habe, dass Diskussionsredner auftreten. So wie diese Diskussi-

onsredner sprechen, erfährt man das ganz Merkwürdige: sie haben alles das gehört, was sie gewöhnt sind zu denken schon seit Jahrzehnten. Vieles daran ist ja richtig, die alten Sachen sind ja nicht falsch, aber es muss doch heute Neues zu den alten Sachen dazukommen, und da stellt sich das Merkwürdige heraus, dass man bei den Diskussionsrednern oftmals konstatieren kann, sie haben nicht einmal mit dem physischen Ohr die neue Sache gehört, sondern nur das, woran sie seit Jahrzehnten gewohnt sind. Ja, das beruht schon auf einer gewissen inneren Trägheit des gegenwärtigen menschlichen Verstandes. Man muss sich schon mit dieser inneren Trägheit des gegenwärtigen menschlichen Verstandes bekanntmachen und muss sie bekämpfen. […]

Wir stehen jetzt vor der Einrichtung der Betriebsräteschaft. Ja, diese Betriebsräteschaft ist eine ungeheuer wichtige Sache und zwar aus folgendem Grund. Es können heute die Betriebsräte so eingerichtet werden, dass sie nichts weiter sind als eine Dekoration für eine geheimnisvolle Fortsetzung des alten kapitalistischen Systems. So kann man sie einsetzen, aber sie werden gewiss nichts anderes werden, wenn sie im Sinne des Gesetzentwurfes, der Ihnen ja hinlänglich bekannt ist, eingesetzt werden. Ganz gewiss werden sie auch nichts anderes als eine solche Dekoration werden, wenn sie auch auf Grundlage eines anderen Gesetzentwurfes eingesetzt werden. Das einzige Heil besteht darin, dass man die Betriebsräte, wie ich hier schon oftmals gesagt habe, auf die Beine stellt aus dem lebendigen Wirtschaftsleben selber heraus, dass sie also aus dem Wirtschaftsleben selber heraus gewählt werden, sich zusammenschließen zu einem geschlossenen Wirtschaftskörper, das würde also hier, weil man die alten Landesgrenzen beibehalten muss, Württemberg sein, und eine Betriebsräteschaft bilden.

Das muss eine konstituierende Versammlung sein, die aus sich selbst heraus dasjenige schafft, was die anderen als Gesetz machen wollen. Die Rechte, die Befugnisse, das, was die Betriebsräte zu tun haben, das muss alles aus der Betriebsräteschaft herauskommen. Und man darf nicht den Mut verlieren, aus dem Wirtschaftsleben selber heraus diese Betriebsräteschaft zu schaffen.

Aber sehen Sie, sobald man anfängt an einem Ende, sobald man wirklich ernst damit macht, das eine Glied des dreigliedrigen sozialen Organismus so zu nehmen, wie es zu nehmen ist im Wirtschaftskreislauf, dann muss man sich auf den Boden des dreigliedrigen sozialen Organismus stellen. Dann müssen die beiden anderen Glieder irgendwie wenigstens mitarbeiten und parallel damit eingerichtet werden, sonst kommt man nicht vorwärts. Es ist heute schon leicht der Beweis zu liefern, einfach durch die Tatsachen, dass man das, was der dreigliedrige Organismus will, braucht. Denn, was auch immer geschwätzt wird über jenes Sozialisierungsexperiment, das im Osten gemacht worden ist, das, worauf es ankommt, wird ja immer nicht hervorgehoben. Sie haben in diesen Tagen, wenn Sie aufmerksam die Berichte verfolgt haben, im hiesigen Landtag von ministerieller Seite hören können, dass Lenin nun auch wieder angekommen wäre dabei, beim Kapitalismus seine Hilfe zu suchen, weil er verzweifelt daran, dass in der Jetztzeit eine Sozialisierung, so wie er sie gewollt hat, durchgeführt werden könne. Solche Dinge werden ja heute auch von sozialistischen Regierungen mit einer gewissen Befriedigung registriert. Mögen sie die Befriedigung haben. Aber, sehen Sie, worauf es ankommt, ist dieses: Man muss sich fragen: woran liegt es denn, dass dieses östliche Experiment gescheitert ist? Es liegt daran es gibt wirklich die Möglichkeit das einzusehen, man muss nur den Mut haben, sein eigenes Vorurteil zu bekämpfen –, dass vor allen Dingen innerhalb dieses russischen, östlichen sozialistischen Experimentes keine Rücksicht darauf genommen worden ist, eine selbständige Sozialisierung des Geisteslebens mit einzurichten. Dieses Glied hat gefehlt, und an dem Fehlen dieses Gliedes liegt es. Und wird man das einsehen, dann wird man wissen, wie man es anders machen soll. Man muss von den Tatsachen lernen und nicht von seinen seit Jahrzehnten im Kopfe herumspukenden Gespenstern der Parteiprogramme.

Das ist es, worauf es ankommt. Und ich kann Ihnen sagen: Entweder werden die Betriebsräte so eingerichtet, dass sie die erste Einrichtung sind von dem, was im großen Stile gedacht ist im Sinne einer sozialen Gestaltung des menschlichen Gemeinwesens, damit dann aus der Einrichtung der Betriebsräte etwas hervorgehen kann, was einer wirklichen Sozialisierung gleichkommt, oder wenn das nicht gemacht wird, dann erreicht man keine richtige Sozialisierung. Wenn man abwartet, bis die Fortsetzung des alten Regierungssystems aus einem Gesetz heraus Betriebsräte einrichtet, wenn man immerfort von der Idee ausgeht: derjenige, der praktisch handeln will, zersplittert die Partei, wird man auf keinen grünen Zweig kommen.

Ich möchte sagen, eine Frage ist immer und immer wieder notwendig zu stellen. Sehen Sie, wie wir hier angefangen haben im Sinne des dreigliedrigen sozialen Organismus über die Dinge zu reden, da erwarben wir uns und unsere Freunde aus den Parteien verhältnismäßig rasch das Vertrauen der Arbeiterschaft, eines großen Teiles der Arbeiterschaft. Dem sah man offenbar zunächst zu, weil man sich gedacht hat: Nun, solange die so ein paar Spielereien treiben, genügt es ja, wenn man sagt: Bekümmert euch nicht um diese Utopien. Das mag so dahingehen. Dann sah man aber, dass es sich gar nicht um Utopien handelte, sondern dass man anfing, wirklich etwas Praktisches einmal in Szene zu setzen. Da zog nicht mehr recht die Geschichte mit den Utopien und Ideologien. Denn schließlich, wie wir versuchten für die Betriebsräte zu wirken, da ließ sich das doch nicht recht als eine Utopie mehr bezeichnen. Da kommt man nun damit, dass man sagt: Es wird Zersplitterung hineingetragen. Wir haben sie nämlich nicht hineingetragen, sondern die, die das sagen, tragen sie selbst hinein. […]

Nun, die Sache der Betriebsräteschaft ist eben doch zu ernst, als dass man nicht solche Dinge heute wirklich zur Sprache bringen müsste. Und ich hoffe, dass von diesen Gesichtspunkten aus dem einen oder anderen von Ihnen in dieser leider wenig besuchten Versammlung heute noch sehr viel über die verschiedenen Dinge gesprochen wird, die da notwendig sind.

Im Rahmen dieses 4. Diskussionsabends der Arbeiterausschüsse der großen Betriebe Stuttgarts wurde die folgende Resolution verlesen und einstimmig angenommen:[139]

Resolution

Die am 14. Juni stattgefundene Versammlung vieler Arbeiter- und Angestelltenausschüsse Groß-Stuttgarts erblickt trotz aller Anfeindungen seitens der Unternehmerverbände, Gewerkschaften und Parteiführer in der Dreigliederung des sozialen Organismus den richtig praktischen Weg zur Gesundung unseres gesamten Volkslebens. Die Versammlung erkennt in den gesetzlich vorgesehenen Betriebsräten lediglich ein Schattengebilde derselben, welche niemals in der Lage sein werden, einen Einfluss auf die Sozialisierung zu gewinnen, und hat deshalb kein Interesse an der Wahl und Einrichtung solcher Schattenbetriebsräte.

Polnisch oder deutsch?

Die Oberschlesienfrage 1921

> *Wir müssen darauf sehen, dass da,*
> *wo Wichtiges in der Welt geschieht,*
> *die Dreigliederung eine Stimme hat,*
> *dass sie nicht bloß immer abseits*
> *von den Ereignissen steht, sondern*
> *dass sie wirklich die Momente aufsucht,*
> *durch die etwas getan werden kann.*
>
> Rudolf Steiner, 2. Januar 1921

Als die «luziferische Gestalt des Anti-Christentums» hat Rudolf Steiner in seinem Vortrag vom 3. April 1920[140] den Nationalismus bezeichnet und damit zugleich auf die tieferen Ursachen dessen, was im äußeren politischen Leben in den folgenden Jahren zu den tragischen Ereignissen geführt hat, hingedeutet. Überall, so führt er im gleichen Vortrag aus, «wo Kultus getrieben wird mit Nationalismen und mit Trotzkismen, wenn auch in abgeschwächter Gestalt, dort wird heute dem Christentum das Grab gegraben. [...] Aber nicht früher wird das Christentum aus dem Grab auferstehen, bevor nicht die Menschen überwinden die Nationalismen und die falschen Sozialismen, bevor nicht die Menschen den Weg finden, das von sich aus zu suchen, was zum Verständnis des Mysteriums von Golgatha führen kann.»

Die Kriege der Neuzeit waren und sind auch immer Wirtschaftskriege. Immer dort, wo sich der wirtschaftliche Egoismus vereinigte mit einem territorialen Egoismus, mit dem Nationalismus, entstand das, was Herbert Marcuse die ‹Zweite Stufe der Barbarei› nannte. Dass Steiners Vorschläge zur Neugestaltung des sozialen Organismus im Sinne einer Auflösung des traditionellen Einheitsstaates zugunsten eines dreigegliederten sozialen Organismus schwerpunktmäßig darauf ausgerichtet waren, das traditionelle nationalstaatliche Denken zu überwinden, ist in seiner ganzen Tragweite und Bedeutung bisher noch wenig erkannt worden.

Die Stabilisierung der sozialen und wirtschaftlichen Verhältnisse und das Wiederaufleben konservativ-reaktionärer Kräfte unterdrückten viele der Reformen schon im Keim. Doch Steiner zeigte sich trotz der schwierigen Lage immer wieder dazu bereit, einzelne Initiativen zu unterstützen, da er nichts unversucht lassen wollte, um zukünftigen Katastrophen entgegenzuwirken oder diesen zuvorzukommen. Als eine Gruppe Oberschlesier an ihn mit der Frage herantrat, wie man sich bezüglich der bevorstehenden Abstimmung über das weitere Schicksal Oberschlesiens verhalten solle, hielt er im Januar 1921 zwei Vorträge über die Oberschlesienfrage[141] und gab entsprechende Instruktionen. Zunächst wies er angesichts der historischen Entwicklung Polens, insbesondere der verschiedenen Teilungen, die dieses Land in seiner bisherigen Geschichte erfahren hat, auf die Bedeutung des durch diese Ereignisse geprägten Volkscharakters hin und betonte, dass dieser Aspekt auch bei zukünftigen Entscheidungen über das Schicksal Polens unbedingt berücksichtigt werden müsse. In seinem zweiten Vortrag legte er noch einmal ausführlich die Ursachen dar, die zum Ausbruch des Ersten Weltkrieges geführt hatten und Ausgangspunkt auch für spätere, möglicherweise große kriegerische Auseinandersetzungen sein können, wie es sich ja auch bewahrheiten sollte.

Gegen Ende seiner Ausführungen machte er die Zuhörer darauf aufmerksam, dass eine Abstimmung, wie auch immer sie ausfallen würde, keine wirklichkeitsgemäße Lösung herbeiführen könne. Daraufhin entschloss sich der dortige ‹Dreigliederungskreis›, gegen die Abstimmung in der Öffentlichkeit zu wirken. Doch diese Aktion wurde durch massive, nationalistisch geprägte Agitationen und eine Hetzkampagne in der Presse bereits im Keime erstickt.

Während in Oberschlesien die Befürworter einer polnischen Lösung der Oberschlesien-Frage und die Verfechter eines deutschen Alleinvertretungsanspruches um die Gunst und damit auch die Stimmen der Bevölkerung kämpften, zeichnete sich für Rudolf Steiner die Notwendigkeit, einen ganz anderen Weg zu gehen, immer deutlicher ab. Wie soll man sich zur Abstimmung verhalten? – dies war auch für ihn eine zentrale Frage, doch durfte ihre Beantwortung nicht aus einer subjektiv, nationalistisch geprägten Gesinnung heraus erfolgen. So forderte Steiner im ersten Vortrag seine Zuhörer auf, einen ‹gewissen objektiven menschheitlichen Gesichtspunkt› sich zu eigen zu machen, und fügt dem sogleich hinzu, zu welchem Urteil er aufgrund eines solchen Standpunktes hinsichtlich der bevorstehenden Abstimmung gekommen ist: «Da möchte ich an einzelnen Dingen [...] Ihnen zeigen, dass von dem objektiven menschlichen Standpunkt aus beides, ob deutsch oder polnisch, ein gleich großes Unglück ist, ein gleich großes Unglück für die oberschlesische Bevölkerung, ein gleich großes Unglück für Polen, ein gleich großes Unglück für Deutschland, ein gleich großes Unglück für Europa, ein gleich großes Unglück für die ganze Welt.»[142]

Für eine wirkliche Beurteilung der Verhältnisse in Polen – und damit berühren wir das zentrale Anliegen Steiners im ersten Vortrag – gilt es vor allem, die Einflüsse Russlands, Österreichs und Preußens auf Polen zu berücksichtigen. Zur Verdeutlichung schildert er zunächst die großen gesellschaftlichen Entwicklungsumschwünge in den einzelnen

Ländern. Während in Deutschland gegen Ende des 15. Jahrhunderts die mittelalterliche Feudalstruktur beseitigt wurde und an ihre Stelle die Territorial-Fürstentümer auf der Basis einer militärisch ‹beamtlichen› Organisation traten, kam es in Russland zu einer absoluten Zentralisierung. Beiden Völkern ist jedoch gemeinsam, dass sie im Vollzug ihrer Veränderung des Machtgefüges vom Mittelalter zur Neuzeit ein wesentliches Element ausgeschaltet haben, das Volk: «In verschiedener Weise wird, auf der einen Seite in Russland, auf der anderen Seite im deutschen Mitteleuropa, dasjenige aufgehoben, was eigentlich Volksorganisation ist. Auf der einen Seite wurde es [das Volk] in den Cäsarismus, auf der anderen Seite in das Territorial-Fürstentum hineingetrieben.» Auch für Österreich konstatiert Steiner eine Entwicklungstendenz zum ‹römischen Zentralismus›, doch erscheint hier sein Auftreten in etwas abgemilderter Form, indem man gewisse ‹demokratische Allüren› ausgebildet hat.

Polen, immer wieder von Teilungen (1772, 1793, 1795) heimgesucht – Steiner fügt hier die Bemerkung ein, dass sich Preußen und Österreich nur an der Teilung beteiligt haben, weil sie nicht zulassen konnten, dass Russland allein Polen nimmt –, hat in sich Elemente dieser drei Länder, wie sie bereits angedeutet wurden, aufgenommen, doch, und dies gehört zum innersten Wesen des Polentums, hat es sich im Grunde genommen immer gegen diese Einflüsse von außen gewehrt. Ein wesentlicher Unterschied zu den Nachbarländern ist, dass Polen letztlich die großen gesellschaftspolitischen Veränderungen nicht mitgemacht und sich eine Sozialstruktur bewahrt hat, die im übrigen Europa bis zum Ende des 15. Jahrhunderts bestand. Es herrschte weiterhin ein feudales Adelselement auf der breiten Basis eines ‹unzivilisierten Bauerntums›. Während nach den Teilungen die polnische Oberschicht nahezu unverändert geblieben war, hat sich die Unterschicht die Einflüsse Russlands, Österreichs und Preußens zu eigen gemacht: «Durch die Struktur, die in Russisch-Polen war, hat die Unterschicht im eminentesten Sinne ein geistiges Element aufgenommen, ein geistiges Element, das hinzielt auf eine Vertiefung des Denkens und eine Vertiefung des Wissenschaftlichen durch ein gewisses religiöses Element.» Von Österreich her, so schildert Rudolf Steiner dann weiter, hat Polen zahlreiche Anregungen für die Gestaltung des politisch-staatlichen Lebens erhalten, von Preußen gingen maßgebende Einflüsse in Bezug auf die Entfaltung des polnischen Wirtschaftslebens aus.

So tragisch in der Geschichte Polens die Teilungen waren, so gilt es doch im Hinblick auf die Zukunft Polens auch zu beachten, dass es für die Entfaltung seines geistigen Lebens, seines politisch-staatlichen Lebens und seines wirtschaftlichen Lebens wesentliche Impulse von den Nachbarstaaten bekommen hat.

Damit wurde aber zugleich für Polen eine Situation geschaffen, die es außerordentlich schwierig machte, eine eigene Identität im Sinne eines einheitlichen Nationalstaates zur Entfaltung zu bringen. Die Frage ist nur, ob dies tatsächlich ein Hindernis für die Entwicklung Polens ist, oder ob in dieser permanenten und latenten ‹Verweigerung›, ein Einheitsstaat zu werden, nicht auch eine große Chance für die Zukunft zu sehen ist. Folgt man den Worten Steiners, so neigt man eher Letzterem zu und wird daher auch in seiner Aussage: «Es wird niemals ein Polen in Wirklichkeit längere Zeit geben», keine Untergangsstimmung entdecken, sondern Keime für eine soziale Neugestaltung im Sinne einer auf eine dreigegliederte Gesellschaft sich hinbewegende soziale Kraft. Folgende Worte Steiners mögen das hier Gesagte verdeutlichen: «Also, dieses Polen wird es nicht geben und heute zu sprechen von Polen ist eine Illusion und man müsste alles tun, um solche Ideen, wie ich sie jetzt im Keime angedeutet habe bezüglich der Unmöglichkeit solcher staatlicher Gebilde, wie sie heute als Einheitsstaaten angestrebt werden, man müsste alles tun, um solche Dinge populär zu machen. Man müsste heute in die Gemüter der Leute die Erkenntnis hineinverlegen, dass man ins Unglück hineinrollt, wenn man sagt: polnisch-sein. Es muss aus dem Polnischen heraus in das Allgemein-Menschliche kommen.»

Die Dreigliederung des europäischen Unterganges

Worin Steiner die zukünftige Bedeutung Polens sieht, wird deutlich, wenn man seinen Beschreibungen über die Entwicklung der drei Nachbarländer folgt. Von Russland heißt es da, dass es zwar gewisse geistige Elemente nach Polen getragen hat, aber dadurch, dass es selbst «in den Bolschewismus hineingesegelt ist», hat es die ehemals vorhandenen geistigen Kräfte verloren. Österreich auf der anderen Seite hat zwar ursprünglich Polen mit politisch-staatlichen Ideen begabt, sich selbst aber staatlich-politisch zugrunde gerichtet. Von Deutschland konnte Polen viel lernen in Bezug auf das Wirtschaftsleben, doch die Deutschen haben sich in eine wirtschaftliche Katastrophe hineinmanövriert, die auch ohne Krieg nicht mehr aufzuhalten gewesen wäre. Während die Deutschen an ihrem Territorium festhalten mussten, so führt Rudolf Steiner weiter aus, brauchten dies die Polen nicht zu tun, da sie keines hatten. Sie konnten, und darin besteht die eigentliche Aufgabe Polens, ‹die Ideen als solches entwickeln›.

Für Polen stellt sich nun die Frage, ob es sich in Zukunft als Partner des dreigliedrigen Unterganges, also des geistigen in Russland, des politisch-staatlichen in Österreich, des wirtschaftlichen in Deutschland verstehen will, oder ob es die Tatsache, dass es aus seiner Entwicklungsgeschichte heraus zur Gründung eines letztlich doch dekadenten Einheitsstaates nicht imstande ist, dazu benützt, den Weg zu einer dreigliedrigen Gesellschaft ‹des Aufganges› gezielt einzuschlagen.

Die bevorstehende politische Entscheidung, ob Oberschlesien zu Polen oder Deutschland gehören soll, ist also, so Steiner, einerseits eine Entscheidung, ob es eingegliedert wird in einen politischen Raum, der ‹keinen Staat» im herkömmlichen Sinne begründen kann, andererseits, ob es sich mit einem Land verbindet, in dem die Zeichen des Niederganges nicht mehr zu übersehen sind. So schließt Rudolf Steiner den ersten Vortrag mit dem Hinweis, sich auf neue Kräfte und Möglichkeiten zu besinnen: «Wir kümmern uns nicht darum, was heraufgekommen ist in Europa, sondern wir wollen dasjenige, was neu kommen muss, in die Entwickelungsmomente hineinlegen.»

Wider die Scheinautonomie

Dass Steiner nicht müde wurde, immer wieder die großen Festtagsreden der Politiker, in denen von einer Völkerverständigung die Rede war, kritisch zu beleuchten, tritt uns in seinem Vortrag vom 11. März 1919, *Die wirklichen Grundlagen eines Völkerbundes* (GA 329), wohl am deutlichsten entgegen. So ist es auch nicht verwunderlich, dass er seine Zuhörer aus Oberschlesien mit allem Nachdruck darauf aufmerksam macht, dass eine Völkerverständigung unter den alten Verhältnissen nicht möglich, ja, dass dies eine der großen Illusionen der Gegenwart sei. Welche Bedeutung er in diesem Zusammenhang der sozialen Dreigliederung beimisst, spricht er im 2. Vortrag so aus: «Sobald man sich Illusionen darüber hingibt, dass ohne die Dreigliederung etwas zu machen sei, so arbeitet man einfach an dem Niedergang mit.» Demzufolge bedeutet für ihn ein Anschluss Oberschlesiens an Deutschland – und der Fortgang der Geschichte beweist, so tragisch es auch ist, die Richtigkeit seiner Worte –, «dass sich diese Bevölkerung mit ihrem Gebiet ausliefert an ein größeres Gebiet, das, wenn es so fortarbeitet, wie es bisher gearbeitet hat, unbedingt der Barbarei verfallen muss [...] ein Anschluss an Preußen-Deutschland bedeutet durchaus ein Sich-Ausliefern an unmögliche Zustände.» Aber auch ein Anschluss Oberschlesiens an Polen birgt außerordentliche Gefahren in sich, da es sich in einem solchen Falle um nichts anderes handelt, als dass man sich den Denkweisen der Entente-Mächte ausliefert. Gerade weil Polen der Schützling der Entente war, würde es in entscheidenden Momenten «dem Ruin der europäischen Verhältnisse ausgeliefert sein».

Der nun folgende Gesichtspunkt verdient besondere Beachtung, da er deutlich macht, dass Rudolf Steiners Ausführungen nicht nur in Bezug auf die historische Analyse zurückliegender Epochen neue Einsichten vermitteln, sondern auch in Bezug auf kommende Ereignisse von einem großen Weitblick Zeugnis ablegen. Nachdem er bereits im ersten Vortrag die Problematik des sich verbreitenden Bolschewismus in Russland angedeutet hat, führt er im zweiten Vortrag seine Betrachtungen dahin gehend fort, dass er zunächst darauf verweist, dass ja das schlesische Abstimmungsgebiet sehr nahe den Lebensbedingungen des Bolschewismus liegt. Nun bestand in der damaligen Zeit durchaus noch die Möglichkeit, dass sich der Bolschewismus immer weiter nach Westen hin ausdehnt bzw. dass die bolschewistische Revolution auch im westlichen Proletariat verstärkt Anhänger findet und somit die ganze westliche Welt ergreift. Dass deshalb im Westen verstärkt Abwehrmaßnahmen gegen den Bolschewismus ergriffen werden, war deutlich abzusehen. Welche Konsequenzen dies für Europa, ja die ganze Welt nach sich zieht, hat Rudolf Steiner so formuliert: «Es geht gar nicht anders, als dass zur Abwendung des inneren Bolschewismus im Westen auf den zweiten Weltkrieg hingearbeitet werden muss. Dieser zweite Weltkrieg steht um so sicherer in Aussicht, als im Osten niemals ein Verständnis, sobald die Dinge auf die Spitze getrieben sein werden, gewonnen werden kann für die wirtschaftlichen Maßnahmen des Westens.» Auf die Rolle Asiens in diesem Zusammenhang kommt er mit folgenden Worten zu sprechen: «Im Osten wird sich diejenige Denkweise, die heute in Russland zutage tritt, verbinden sogar mit den religiösen Vorstellungen des Ostens, und es wird über ganz Asien eine Stimmung entstehen, zu deren Führerschaft die japanische Bevölkerung und deren Machthaber außerordentlich taugen, so dass in die wirtschaftlichen Wirren der Zukunft hineinfallen wird die Ost-West-Spannung. Der zweite Weltkrieg, der sich zwischen Asien und Amerika und was dazwischen liegt entwickeln muss, er muss sich aus wirtschaftlichen Untergründen heraus ganz unbedingt entwickeln.»

Angesichts dieser Gedanken, die – vom damaligen Standpunkt aus gesehen – ein Stück realer Zukunft mit all ihrer Tragik beinhalten, ist es nicht verwunderlich, dass Rudolf Steiner seine Zuhörer immer wieder im Laufe des zweiten Vortrages an jenen Kristallisationspunkt führt: entweder es wird die Dreigliederung real ergriffen, oder man bleibt bei den alten Formeln stehen. Ist das Letztere überwiegend, dann ist der Niedergang nicht mehr aufzuhalten. *So* lautet denn sein Fazit, das er aus dem bisher Dargestellten zieht: «Wir wollen nichts zu tun haben mit dem Preußen, wie es sich herausgebildet hat, wir wollen nichts zu tun haben mit demjenigen, was unter der Protektion der Entente steht, wir wissen, dass aus den Untergründen ganz andere Kräfte aufsprossen können, wir wollen uns auf den Standpunkt der Dreigliederung stellen, wir wollen nicht nur eine Scheinautonomie, wie sie doch hervortreten würde, wir wollen eine wirkliche, wahre Autonomie und werden uns provisorisch innerhalb dieser wahren, wirklichen Autonomie einrichten, wir machen die Abstimmung zu einem Protest gegen die Tatsache der Abstimmung.»

Die oberschlesische Aktion 1921

Oberschlesien, aufgrund seiner reichen Kohlevorkommen zu einem der bedeutendsten Industriezentren Deutschlands herangewachsen, wurde nach dem verlorenen Krieg der Verwaltung einer Alliierten Kommission unterstellt. Als die deutsche Delegation am 29. Mai 1919 den Alliierten eine ‹Mantelnote› mit Gegenvorschlägen (Abtretung Posens an Polen, Freihäfen in Danzig, Königsberg und Memel, Weichselschifffahrtsakte, Eisenbahnverträge unter internationaler Garantie) überreicht hatte, antwortete Lloyd George mit Grenzveränderungen in Westpreußen und einer vorzunehmenden Volksabstimmung in Oberschlesien über die zukünftige Staatenzugehörigkeit.

Die auf den 20. März 1921 angesetzte Abstimmung veranlasste die Mitglieder des Bundes für Dreigliederung (Ortsgruppe Breslau), in dieser wichtigen Frage aktiv zu werden, nachdem bereits seit Beginn der Dreigliederungsbewegung «auch in Oberschlesien viel über Dreigliederung gesprochen»[143] worden war. In einem Brief an die Geschäftsstelle des *Bundes für Dreigliederung* in Stuttgart im November 1920, der vermutlich von Rektor Moritz Bartsch verfasst war, wurde die akute Lage in Oberschlesien kurz beschrieben und der Wille zum Ausdruck gebracht, mit

Vorschlägen, wie sie sich aus der Erkenntnis eines dreigliedrigen sozialen Organismus ergaben, an die Öffentlichkeit zu treten. Zugleich bat man die Stuttgarter Freunde um Unterstützung bei den bevorstehenden Aktionen.

Die Stuttgarter Mitarbeiter waren über die in Oberschlesien anstehende Problematik schon aus der Presse informiert. Wie man aus der Perspektive der Dreigliederung wirksam werden könnte, hatte Ernst Umlauff, der später Geschäftsführer des Bundes für Dreigliederung in Breslau wurde, bereits im September 1920 in seinem Aufsatz *Oberschlesien*, erschienen in der Wochenschrift *Dreigliederung des sozialen Organismus*[144], anzudeuten versucht, nachdem er eine detaillierte Analyse des Ist-Zustandes des oberschlesischen Problems gegeben hat, der folgender Ausschnitt entnommen ist:

> *Die Tatsachen, die sich zu dem oberschlesischen Problem verdichtet haben, zerfallen ihrem Ursprung nach in drei Kategorien. Als erste kommen in Betracht Tatsachen wirtschaftlicher Natur: reiche Bodenschätze und eine leistungsfähige Industrie machen das Land höchst begehrenswert; Bewerber sind ein Staat, der einen ‹Weltkrieg› verloren hat, und der der frühere Besitzer des Landes ist, ferner ein Staatshomunkulus, der zu seiner Entwicklung und Erhaltung den Besitz der Provinz dringend zu benötigen meint, und endlich eine siegreiche (vermeintliche) Großmacht, die anstatt papierener Verträge lieber positive Werte in die Hand bekommen möchte, und die sich zum Anwalt der Ansprüche des zweiten Bewerbers macht. Die Ansprüche aller drei Anwärter sind aus wirtschaftlichen Lebensnotwendigkeiten geboren; für jeden Bewerber bedeutet die Erfüllung seines Anspruches ungeheuer viel.*
>
> *Die zweite Kategorie umfasst Tatsachen des Rechts-, des*

Staatsgebiets im eigentlichen Sinne. Von zwei Staaten will jeder das strittige Land besitzen, um dort die sich an den Besitz knüpfenden rechtlichen Befugnisse, Verwaltung usw. ausüben zu können, und zwar teils aus Machtgelüsten heraus, teils unter Berufung auf geschichtliche und bevölkerungsstatistische Tatsachen. Die Bevölkerung des Landes selbst ist in zwei Lager geteilt, die um die ausschließliche Vorherrschaft im Rechts- bzw. Verwaltungsgebiet ringen. – Als dritte Kategorie sind schließlich Tatsachen aus dem Gebiete des Kulturlebens festzustellen: zwei Kulturen, zwei Volksindividualitäten, die sich nicht nur berühren, sondern durchdringen, kämpfen miteinander um die Möglichkeit, sich auszuleben. Auch dieser Kampf wird betrachtet als eine Sache nicht nur der Bevölkerung, sondern zweier Nationen.

Rudolf Steiner, der sich in jenen Tagen, als der Brief in der Dreigliederungszentrale eintraf, in Stuttgart aufhielt und unmittelbar über das Anliegen der Oberschlesier in Kenntnis gesetzt worden war, ergriff sogleich die Initiative und beauftragte Guenther Wachsmuth und Karl Heyer, einen Aufruf für eine oberschlesische Dreigliederungsaktion zu entwerfen. Das Ergebnis des Gesprächs über den Entwurf schon am nächsten Tag war, dass Rudolf Steiner selbst einen neuen Aufruf verfasste, der dann zur Grundlage für die Aufklärungsarbeiten in Oberschlesien wurde.

«Der Aufruf», so Karl Heyer, «betonte, dass die oberschlesische Frage eine europäische Frage sei, und dass sie nur durch die soziale Dreigliederung gelöst werden könne. Oberschlesien erschien geradezu als ein Schulbeispiel für die Notwendigkeit der sozialen Dreigliederung. Der Aufruf lief darauf hinaus, die Einwohner Oberschlesiens aufzufordern, ihr eigenes Land provisorisch im Sinne der Drei-

Aufruf zur Rettung Oberschlesiens.

Oberschlesier!

Soll in Oberschlesien zur Qual seiner Bevölkerung, zum Schaden der Wirtschaft, zur Vernichtung aller kulturellen Güter, der Unfrieden, der versteckte und offene innere Kampf Dauerzustand werden? Darf Oberschlesien der Herd ständiger Bedrohung des Friedens für Europa bleiben?

Nein! Wie aber ist dies zu verhindern?

Die oberschlesische Frage ist eine europäische Frage. Auf das wirtschaftliche Gedeihen der Industrie, insbesondere auf die Kohlenschätze Oberschlesiens richtet ganz Europa seine besorgten Gedanken und Wünsche. Für den europäischen Wirtschaftskreislauf ist Oberschlesien von entscheidender Bedeutung. Die geistig-kulturellen Probleme und Aufgaben dieses Gebietes, als einer Mitte zwischen Ost- und Mitteleuropa, liegen schwer in der Wagschale. Die Geistigkeit der oberschlesischen Völker kann nur dann in der rechten Weise sich auswirken, wenn hier eine wirkliche Lösung der Nationalitätenfrage gefunden wird. Damit wäre auch Entscheidendes gewonnen für die Heraufführung eines neuen Zeitalters der Völkerbeziehungen überhaupt.

Auch eine Gesundung der politisch-staatlichen Verhältnisse ist im europäischen Interesse ein unbedingtes Erfordernis, soll nicht Oberschlesien ein politischer Unruheherd werden, der den europäischen Frieden dauernd in Frage stellt.

So ist das Problem der Gestaltung Oberschlesiens eine Frage der wirtschaftlichen, rechtlich-politischen und kulturell-geistigen Gesundung ganz Europas. Versailles, St. Germain und Spaa brachten nichts weniger als eine Lösung der europäischen Probleme und sozialen Fragen. Da aber die oberschlesische Frage nur aus dem ganzen großen Zusammenhang einer wahrhaft zeitgemäßen Neugestaltung der europäischen Verhältnisse gelöst werden kann, wird keine gegenwärtige Lösung dieser Fragen, die auf dem Boden der Wirklichkeit steht, etwas anderes sein können, als ein vorübergehender Zustand. Man muß daher bewußt einen solchen Übergangszustand in Oberschlesien schaffen. Weder die berühmten weltfremden 14 Punkte Wilsons, deren Anwendung auf das wirkliche Leben besonders im Osten eine Unmöglichkeit bedeutet, noch die Gewaltmethoden einer abgelaufenen Epoche können zu einem Neuaufbau

Völker Europas!

des europäischen Lebens führen. Zu diesem Neuaufbau kann man nur kommen, wenn man sich klar darüber ist, daß es sich im Grunde um drei verschiedene Gebiete handelt.

Das Wirtschaftsleben,
Das rechtlich-politische Leben,
Das geistig-kulturelle Leben.

In dem bisherigen Staate waren diese drei Gebiete verquickt, und aus diesem Durcheinander sind letzten Endes die chaotischen Zustände der Gegenwart hervorgegangen. Die einzige wirklichkeitsgemäße Gestaltung des sozialen Lebens kann daher nur in einer Verselbständigung dieser drei Gebiete bestehen. Den Weg dazu weist

die Dreigliederung des sozialen Organismus.

Sie verlangt, daß der Staat auf der einen Seite die Wirtschaft, auf der andern Seite das Geistesleben aus seinem Machtbereich entlasse.

In das Wirtschaftsleben gehört dann nur noch Warenerzeugung, Warenverteilung und Warenverbrauch, die auf „assoziativer Grundlage" *) von Sachverständigen zu verwalten sind. Ungehindert von staatlichen und politischen Machtverhältnissen werden die Produzenten und Konsumenten der verschiedenen Länder in gemeinsamer Arbeit die Befriedigung aller Bedürfnisse regeln.

Das geistige Glied im dreigliedrigen sozialen Organismus umfaßt Wissenschaft, Kunst, Religion, das gesamte Erziehungswesen und die richterliche Rechtsprechung. Alle diese geistig-kulturellen Faktoren können nur in vollkommener Freiheit von staatlichen Eingriffen ihre Aufgabe erfüllen und in rechter Weise das soziale Leben befruchten. Das Geistesleben, die Kultur, muß aus dem freien Zusammenwirken aller geistig-schöpferischen Einzelpersönlichkeiten sich herausgestalten und sich selbst eigene Verwaltungskörper geben.

*) Einzelheiten über die „assoziative Wirtschaft" finden sich in den umstehend aufgeführten Schriften.

Abb. 22 Aufruf zur Rettung Oberschlesiens mit handschriftlichen Korrekturen von Rudolf Steiner, S.1

gliederung einzurichten bzw. dies als Forderungen bei der damals dort regierenden Entente-Kommission durchzusetzen, die Angliederung Oberschlesiens an einen angrenzenden Staat (also Deutschland oder Polen), auf welche eben die Abstimmung abzielte, aber abzulehnen, bis dort selbst ein Verständnis für die Dreigliederung erweckt sei.»[145]

Wie Walter Kühne, ein hervorragender Kenner der polnischen Geschichte, Literatur und Philosophie, in seinen Erinnerungen an jene Zeit festhielt, drängte die Sachlage dahin, «die von Breslau ausgehende ‹Oberschlesische Aktion›

Dem mittleren Glied, dem rechtlich-politischen Teil des sozialen Organismus, verbleibt dann in erster Linie die Polizei- und Verwaltungstätigkeit auf rechtlicher Grundlage; es wird geregelt durch ein in demokratischer Weise gewähltes Parlament. Da dieses Parlament sich nur mit rein staatlich-politischen Fragen befaßt, kann es weder das Wirtschafts- noch das Geistesleben stören.

(Alles Nähere über die Dreigliederung des sozialen Organismus ist zu ersehen aus dem Buch „Die Kernpunkte der sozialen Frage“ von Dr. Rud. Steiner, „Der Kommende Tag“ A.-G. Verlag, Stuttgart, Champignystr. 17, sowie aus der im gleichen Verlag erscheinenden Wochenzeitung „Dreigliederung des sozialen Organismus“ und der übrigen einschlägigen Literatur.)

Nur durch eine solche Gliederung der sozialen Organismen in Europa würde der wirtschaftliche Kreislauf sich unabhängig von politischen Staatsgrenzen, über diese hinweg, nach seiner eigenen Gesetzmäßigkeit sich abspielen können. – Ebenso ist der geistige Austausch zwischen Volksteilen, die durch politische Grenzen getrennt sind, über diese Grenzen hinweg in freier, von staatlicher Machtpolitik ungehemmter Weise möglich.

Bevor nicht in ganz Europa eine solche gesunde Dreigliederung des sozialen Organismus in den verschiedenen Staatsgebieten durchgeführt ist, kann auch die oberschlesische Frage nicht wirklichkeitsgemäß einer endgültigen Lösung zugeführt werden.

~~Gerade in Oberschlesien schreien~~ die Verhältnisse ganz besonders nach einer solchen Dreigliederung.

Hier kämpfen zwei Kulturen, zwei Volksindividualitäten, die einander durchdringen, um die Möglichkeit, sich auszuleben. Schulwesen und richterliche Rechtsprechung sind die wichtigsten Punkte, die zu Reibungen Anlaß geben. Nur durch die Befreiung des Geisteslebens können gerade in Oberschlesien diese brennenden Fragen gelöst werden. Nebeneinander werden sich dann die zwei Kulturen, die deutsche und die polnische, entsprechend ihren Lebenskräften entwickeln können, ohne daß die eine eine Vergewaltigung durch die andere zu befürchten hat, und ohne daß der politische Staat für die eine oder andere Partei ergreift. Nicht nur eigene Bildungsanstalten, sondern eigene Verwaltungskörperschaften für das Kulturleben wird jede Nationalität errichten, sodaß Reibungen ausgeschlossen sind. – Und würde auch der Wirtschaftskreislauf in Oberschlesien vom Staatlich-Politischen losgelöst, so ließen sich die oberschlesischen Wirtschaftsfragen in die europäische Gesamtwirtschaft eingliedern und nur durch Abkommen zwischen den Wirtschaftsfachleuten der beteiligten Länder lösen.

Innerhalb der Gegenwart ist daher das Folgende das einzig Wirklichkeitsgemäße, Lebensmögliche:

Das oberschlesische Gebiet ~~lehnt die Angliederung an einen angrenzenden Staat vorläufig ab, bis dort selbst ein Verständnis für die Dreigliederung erwacht ist, gemäß~~ konstituiert sich so, daß seine Wirtschaftsfaktoren sich selbst verwalten – ebenso seine geistigen Faktoren. Es schafft ein Zusammenstimmen der beiden durch einen provisorischen, nur über sein Gebiet sich erstreckenden rechtlich-polizeilichen Organismus und bleibt in diesem Zustand bis zur Klärung der gesamten europäischen Verhältnisse.

Trotzdem dieser Zustand ein vorläufiger ist, erscheint er, wenn er durchgeführt wird, als ein Musterbeispiel für die Maßnahmen, die ganz Europa treffen muß, zur Gesundung seiner Verhältnisse.

Nur Kurzsichtigkeit kann diesen Aufruf als nicht im deutschen Geiste gelegen, auffassen. Wahrhaft deutsche Gesinnung hat immer so gedacht.

Also, **Einwohner Oberschlesiens,**

fasset alle Zweige Eures Wirtschaftslebens in freien, vom Staate unabhängigen Assoziationen zusammen! Erklärt Euer Erziehungs- und Unterrichtswesen vom Staate unabhängig und stellt es unter seine eigene Verwaltung! Richtet ein polizeilich-administrativ-parlamentarisches Staatsleben provisorisch ein, bis die europäischen Verhältnisse eine gesündere Grundlage annehmen! ~~Helfen wird Euch nur, was Ihr von diesen Forderungen bei der Entente-Kommission durchsetzen könnt:~~ Alles andere ist für Euch wertlos.

Bund für Dreigliederung des sozialen Organismus

Ortsgruppe Breslau.

Redner über Dreigliederung und Oberschlesien bei der Ortsgruppe Breslau des Bundes für Dreigliederung des sozialen Organismus, Breslau, Kaiser-Wilhelm-Strasse 16, 2 Tr., anfordern.

Abb. 23 Aufruf zur Rettung Oberschlesiens mit handschriftlichen Korrekturen von Rudolf Steiner, S. 2

in einer Besprechung ihrer Mitarbeiter mit Dr. Steiner in die Gesamtbewegung und in die Weltlage einzugliedern».[146] Hierzu reiste Umlauff nach Dornach, und «nunmehr erklärte sich Rudolf Steiner bereit, den Mitarbeitern der Aktion einen besonderen, den *Oberschlesischen Kurs* zu halten, zu dem er «nur ganz wenige außer den Schlesiern zuließ». Zu dem zweitägigen Kurs am 1. und 2. Januar waren aus Oberschlesien angereist Franz Alwes, Regierungsbaurat (in der Presse auch manchmal als Studienrat vorgestellt), Rektor Moritz Bartsch und sein Sohn Erhard, Ernst Behschnitt, Richard Dürich, der Privatgelehrte Dr. Walther

Meyen und Wilhelm Scheer. Hinzu kamen dann noch einige Mitarbeiter der Stuttgarter Geschäftsstelle des ‹Bundes›, unter ihnen auch Walter Kühne.

Um die Aktionen in Oberschlesien entsprechend vorbereiten und koordinieren zu können, richtete man in der Kaiser-Wilhelm-Straße in Breslau in den Räumen der Anthroposophischen Gesellschaft eine Geschäftsstelle ein. Tätig waren dort Ernst Umlauff als Geschäftsführer, Fräulein Ehmeling und Hans Kühn als Mitarbeiter. Letzterer schildert das weitere Vorgehen so: «Vier Vortragsgruppen wurden zusammengestellt, die Vortragsroute durch die Städte Oberschlesiens festgelegt. Jede der Gruppen bestand aus vier Menschen, dem Vortragenden, dem Gesprächsleiter, der gleichzeitig die Einleitung des Abends hatte, und zwei Helfern. Diese fuhren dann von Ort zu Ort voraus, um die Abende vorzubereiten durch Plakatierung, Bekanntmachung, Mieten der Säle, Besprechung mit den Tageszeitungen und dergleichen. 1. Gruppe: Redner Rektor Moritz Bartsch, 2. Gruppe: Redner Walter Kühne, freier Schriftsteller und Philosoph, 3. Gruppe: Redner Walther Meyen, Privatgelehrter, 4. Gruppe: Redner Franz Alwes, Regierungsbaurat, Studienrat.»[147]

Wenn Moritz Bartsch in seinen Aufzeichnungen[148] nur von drei Rednern (Bartsch, Meyen, Alwes) spricht, so trifft dies auch tatsächlich für die ersten Wochen der Aktion zu, da Walter Kühne erst Ende Februar nach Oberschlesien kam.

Was nun die inhaltliche Seite der Vorträge betrifft, so hatte man sich im Bund für Dreigliederung darauf konzentriert, der Öffentlichkeit zu verdeutlichen, «dass Oberschlesien als Industriegebiet usw. ein Ganzes»[149] bleiben müsse.

Jedoch bedeutete dies nicht, dass man lediglich die Verhältnisse aus der Zeit vor dem Ersten Weltkrieg wiederherzustellen trachtete, sondern es galt zu erreichen, dass die Oberschlesier selbst das von ihnen bewohnte Territorium vorläufig als selbständiges neutrales Territorium erklärten und konstituierten. Zugleich beabsichtigte man, die Bevölkerung darauf aufmerksam zu machen, dass eine Abstimmung, wie auch immer sie ausfallen wird, die Probleme nicht lösen wird. Die späteren Vorwürfe und Anklagen, die gegen den Bund für Dreigliederung und auch gegen Rudolf Steiner und die Anthroposophie erhoben wurden, die Bevölkerung dazu aufgewiegelt zu haben, sich der Abstimmung zu enthalten, entbehren jeglicher Tatsachengrundlage. Natürlich wurde auf die Fragwürdigkeit der Abstimmung hingewiesen, jedoch wurde auch immer wieder betont, «gegebenenfalls die Stimme für Deutschland abzugeben» beziehungsweise «die Pflicht zur Abstimmung»[150] zu erfüllen. Angesichts der kurzen Zeitspanne, die den Rednern nach Abschluss des Schulungskurses bis zur Abstimmung verblieb, hatte auch Rudolf Steiner in seinem zweiten Vortrag eine gewisse Kompromissbereitschaft angedeutet, ja sogar notwendig gehalten: «Sollte es natürlich nicht möglich sein, eine genügend große Anzahl von Menschen zu gewinnen, dann könnte ja unter Umständen für unsere Freunde nichts anderes übrig bleiben, als zu sagen: Die Dreigliederung wird ja doch einmal so weit kommen, dass sie aus den Geburtswehen heraus zur Wirksamkeit kommt, und aus der Not heraus wird man innerhalb des deutschen Volkes vielleicht doch noch ein Verständnis für die Dreigliederung entwickeln; also stimmen wir provisorisch für die Angliederung an Preußen-Deutschland, in der Hoffnung aber, dass dieses Preußen versinkt.»

Die schriftlich überlieferten Erinnerungen einzelner Teilnehmer an der Oberschlesienaktion sowie die in der damaligen Presse veröffentlichten Berichte können zwar kein vollständiges Bild von den Aktivitäten der Dreigliederer geben, jedoch zeigen sie recht deutlich, mit welch ungeheurem Einsatz die kleine Gruppe in Oberschlesien gewirkt hat, ein Einsatz, der auch beispielhaft für heutige Aktivitäten sein kann. Zudem wird sichtbar, mit welch außerordentlich großen Schwierigkeiten die Dreigliederer damals zu kämpfen hatten. Dass derjenige, der sich in das Getümmel der aktuellen Tagespolitik hineinbegibt, Gefahr läuft, dass seine politisch-sozialen Ideen – und seien sie auch aus einem höchsten Verantwortungsgefühl gegenüber der Entwicklung und dem Schicksal der Menschheit hervorgegangen – geradezu in ihr Gegenteil verkehrt werden, wie es die Angriffe gegen den Bund für Dreigliederung und schließlich auch gegen die Person Rudolf Steiners in tragischer Weise nur allzu deutlich dokumentieren, zählt mit zu den bittersten Erfahrungen. Für den Bund für Dreigliederung, so schreibt Hans Kühn[151], bedeutete die Oberschlesienaktion und die Abstimmung vom 20. März – 40,4 Prozent stimmten für Polen, 59,6 Prozent für das Deutsche Reich – das Ende. Zweifellos, faktisch trifft dies zu. Die nationalistische Gesinnung, das politische Spiel mit der Macht hatte wie schon so oft vorher und nachher die so dringend notwendigen Keime für eine Welt mit menschlichem Antlitz unterdrückt. «Der Träger des Christentums», so Rudolf Steiner in seinem Vortrag vom 3. April 1920[152], «ruht im Grabe, und die Menschen legen einen Stein darauf. Zwei Steine legten die Menschen auf den Repräsentanten des Christentums: die Nationalismen und die äußerlichen Sozialismen. Und notwendig hat die Menschheit, herbeizuführen die Zeit des Ostersonntags, des Hinweghebens des Steines oder der Steine vom Grab.» An die Stelle des klassischen Einheits- und Nationalstaates ‹soziale Territorien› treten zu lassen, ist der tiefere Sinn, ist die Aufgabenstellung, die Rudolf Steiner mit der Dreigliederungsidee verband. In seinem Völkerbundvortrag vom 11. März 1919 hat er dies deutlich dargestellt. Wenn auch die Dreigliederungsbewegung in den Jahren nach dem Ersten Weltkrieg nicht zum Durchbruch gelangt ist, ein Begraben der Dreigliederungsidee heute und in der Zukunft wäre ein folgenschwerer Irrtum.

West-Ost-Kongress

Einen Höhepunkt seiner damaligen Vortragstätigkeit in der Öffentlichkeit bildete der West-Ost-Kongress in Wien, an dem trotz der schwierigen wirtschaftlichen Lage etwa 2000 Teilnehmer gezählt wurden. Über die Motive und Zielsetzung dieser Veranstaltung heißt es in dem Bericht von Rudolf Steiner:[153]

> *Es ist in der letzten Zeit sehr viel geredet worden von den besonderen Kultureigentümlichkeiten des Ostens, von denen des Westens. Daraus versuchte man zu erkennen, wie sich gegenüber den heute so tätigen Niedergangskräften Aufgangskräfte ergeben werden. Das führte dazu, dass in Wien diese Betrachtungsweise in den Mittelpunkt der Kongressverhandlungen gerückt worden ist. Der Kongress trug ja den Namen West-Ost-Kongress aus der Überzeugung, dass heute, und zwar vorzüglich aus geistigen Untergründen heraus, eine Verständigung über die ganze Kulturwelt der Erde kommen muss.* [...]
>
> *Früher war eben Europa und die Verbindung Europas mit Amerika dasjenige, worauf es ankam, worauf es doch eigentlich schon seit dem 15. Jahrhundert ankam, seit Asien mehr oder weniger für Europa abgeschnitten wurde durch den Türkeneinbruch. Damals fand ja eine große Kulturumwälzung statt, und was dann im Wesentlichen das Kulturleben der neueren Zeit wurde, war ein westlich orientiertes Kulturleben. Nunmehr, indem sich*

Abb. 24 Programm West-Ost-Kongress in Wien 1922

der Gesichtspunkt des äußeren Kulturlebens nach dem Stillen Ozean hinüberschiebt, ist der Anfang damit gemacht, dass die ganze Erde ein großes Gebiet werden muss, das einheitlich in Bezug auf alle Kulturfragen zu behandeln ist. Dem aber muss, da zwischen Menschen, die überhaupt irgendetwas miteinander zu tun haben wollen [...], eine Verständigung auf geistigem Gebiete vorangehen. [...]

Alles hängt davon ab, dass man im Westen lerne, wiederum mit einem größeren Verständnis hinzuschauen auf das, was der Osten, wenn auch heute durchaus in Niedergangsprodukten und sogar in Niedergangsempfindungen, enthält, und dass man im Osten lerne, den Westen so anzuschauen, dass man ihn bejaht, nicht bloß ver-

neint, wie das bisher der Fall ist. Nun, es wird natürlich sehr vieles noch notwendig sein, um diejenigen geistigen Grundlagen zu schaffen, die zu einer solchen Verständigung notwendig sind. Heute, wo die wirtschaftlichen Verhältnisse so außerordentlich zu einem Zusammenwirken drängen, dürfen wir gar nicht hoffen, dass die Ordnung dieser wirtschaftlichen Verhältnisse, auch wenn es zuweilen so ausschaut, etwas anderes bewirken könne als ein Surrogat, das solange auf ein Definitivum warten wird, bis ins Innerste des Menschenwesens hinein die geistigen Verhältnisse eine Verständigung herbeigeführt haben.

Neue Unternehmensformen

Dass Veränderungen im Sinne Steiners bis in höchste politische Ebenen hinein nicht in so kurzer Zeit möglich waren, wurde bereits im Jahre 1919 deutlich. Doch in zunehmendem Maße wurde der Dreigliederungsimpuls von Menschen aufgegriffen, die eine grundlegende Erneuerung einzelner Institutionen, in denen sie zumeist selbst tätig waren, herbeiführen wollten. Besonders hier wird deutlich, wie unmittelbar Rudolf Steiner auf Fragen, die sich angesichts der konkreten Lebenspraxis stellten, einzugehen und zu antworten vermochte.

Schon wenige Monate nachdem Emil Molt, Direktor der Waldorf-Astoria-Zigarettenfabrik, an Steiner herangetreten war mit der Bitte, die Gründung einer Schule für die Kinder der Arbeiter seiner Fabrik vorzubereiten, begann Rudolf Steiner mit der Schulung der dafür in Frage kommenden Lehrer. Dabei spielte die Suche nach einer zeitgemäßen, auf kollegialer Zusammenarbeit basierenden schulischen Organisation ebenso eine Rolle wie die nach einer sich an der Entwicklung des Kindes orientierenden Methodik und Didaktik.

Die in den folgenden Jahren gegründeten Freien Waldorfschulen, heilpädagogischen Heime, künstlerischen Ausbildungsstätten, die Freie Hochschule für Geisteswissenschaft in Dornach sowie medizinische Laboratorien repräsentierten einerseits ein Stück ‹Freies Geistesleben›, andererseits aber auch eine Art Freies Unternehmertum, über deren Aufgaben, Strukturen und Bedeutung für eine Zukunftsgesellschaft Steiner in vielen seiner Vorträge ausführlich gesprochen hat.

Eine weitere Initiative, die aus dem Dreigliederungsimpuls hervorging, war die Gründung einer Aktiengesellschaft zur Förderung wirtschaftlicher und geistiger Werte, die den Namen *Der Kommende Tag AG* trug. Mit dieser Unternehmung beabsichtigte man, verschiedene wirtschaftliche Betriebe sowie Einrichtungen des Geistes- und Kulturlebens, wie Schulen, Forschungsinstitute etc., zusammenzuschließen, um u. a. die Erträge aus rein wirtschaftlichen Unternehmungen unmittelbar an solche weiterzuleiten, die selbst keine Gewinne erwirtschaften können. Man hoffte auch durch die finanzielle Förderung von Forschungsvorhaben die Entwicklung neuer Arbeitsmethoden und Arbeitstechniken zu beschleunigen, um diese dem sozialen Ganzen verfügbar machen zu können. Damit nahm die Aktiengesellschaft zusehends den Charakter einer Assoziationsbank ein, wie auch den folgenden ‹Leitgedanken› zu entnehmen ist:[154]

Leitgedanken für eine zu gründende Unternehmung

Notwendig ist die Gründung eines bankähnlichen Instituts, das in seinen finanziellen Maßnahmen wirtschaft-

lichen und geistigen Unternehmungen dient, die im Sinne der anthroposophisch orientierten Weltanschauung sowohl nach ihren Zielen, wie nach ihrer Haltung orientiert sind. Unterschieden von den gewöhnlichen Bankunternehmungen soll dieses dadurch sein, dass es nicht nur den finanziellen Gesichtspunkten dient, sondern den realen Operationen, die durch das Finanzielle getragen werden. Es wird daher vor allem darauf ankommen, dass die Kredite etc. nicht auf dem Wege zustande kommen, wie dies im gewöhnlichen Bankwesen geschieht, sondern aus den sachlichen Gesichtspunkten, die für eine Operation in Betracht kommen, die unternommen werden soll. Der Bankier soll also weniger den Charakter des Leihers, als vielmehr den des in der Sache drinnenstehenden Kaufmanns haben, der mit gesundem Sinne die Tragweite einer zu finanzierenden Operation ermessen und mit Wirklichkeitssinn die Einrichtungen zu ihrer Ausführung treffen kann.

Es wird sich dabei hauptsächlich um die Finanzierung solcher Unternehmungen handeln, die geeignet sind, das wirtschaftliche Leben auf einen gesunden assoziativen Boden zu stellen und das geistige Leben so zu gestalten, dass berechtigte Begabungen in eine Position gebracht werden, durch die ihre Begabungen in einer sozial fruchtbaren Art sich ausleben können. Worauf es besonders ankommt, ist, dass zum Beispiel Unternehmungen entriert werden, die augenblicklich gut rentieren, um mit ihrer Hilfe andere Unternehmungen zu tragen, die erst in späterer Zeit und vor allem durch die jetzt in sie zu gießende Geistessaat, die erst nach einiger Zeit aufgehen kann, wirtschaftliche Frucht bringen können.

Für die Beamten des Bankunternehmens ist es notwendig, dass sie eine Einsicht darin haben, wie die Lebensansicht, die mit der Anthroposophie gegeben ist, sich in wirtschaftlich fruchtbare Wirksamkeit umsetzt. Dazu ist notwendig, dass ein streng assoziatives Verhältnis hergestellt wird zwischen den Bankverwaltern und denen, die durch ihre ideelle Wirksamkeit das Verständnis für eine ins Leben zu setzende Unternehmung fördern können. Ein Beispiel: eine Persönlichkeit hat eine Idee, die eine wirtschaftliche Fruchtbarkeit verspricht. Die Vertreter des Ideellen der Weltanschauung können Verständnis hervorrufen für die sozialen Folgen. Ihre Tätigkeit wird finanziell mitgetragen aus den aufzunehmenden Beträgen, die zugleich wirtschaftlich und technisch die Verwirklichung der Idee tragen sollen.

Im Mittelpunkt muss stehen, die Zentralen der anthroposophisch orientierten Geistesbewegung selbst zu tragen. Der Bau in Dornach kann zum Beispiel zunächst nichts tragen; dennoch wird er einen mächtigen auch wirtschaftlichen Ertrag in späterer Zeit bewirken. Es muss Verständnis dafür hervorgerufen werden, dass ihn jeder auch bei Achtung seines finanziellen Gewissens fördern kann, wenn er nur mit der materiellen Fruchtbarkeit in einer längeren Zeit rechnet.

Die Unternehmung muss auf der Erkenntnis ruhen, dass die technische, finanzielle etc. Tätigkeit Zweige entfalten kann, die zwar für den einzelnen Unternehmer zeitweilig günstige Resultate liefern, die aber im Zusammenhange der sozialen Ordnung zerstörend wirken. In dieser Art waren viele Unternehmungen der neuesten Art orientiert. Man fruktifizierte sie, und gerade durch ihre Fruktifizierung untergrub man die soziale Ordnung. Dieser Art von Unternehmungen müssen solche gegenübertreten, die aus einem gesunden Denken und Empfinden heraus stammen. Sie können sich in wirklich fruchtbarer Art der sozialen Ordnung einfügen. Sie können aber nur aus der durch die anthroposophisch orien-

tierte Geisteswissenschaft angeregten sozialen Denkweise getragen sein.
Es ist richtig, dass auch eine Unternehmung wie die hier charakterisierte zunächst nur die sozial-technischen und finanziellen Krisenmöglichkeiten überwinden kann, und dass ihr die sozialen Schwierigkeiten so lange gegenüberstehen werden, als diese als eigentliche Arbeiterfrage noch die Gestalt an sich tragen, die aus der zu Krisen verurteilten alten Produktionsweise stammen. Die an den neuen Unternehmungen beteiligten Arbeiter werden zum Beispiel in Lohndifferenzen sich gerade so verhalten, wie sie sich den Unternehmungen alten Stils gegenüber verhalten. Allein man darf bei solchen Dingen nicht unterschätzen, wie bald bei richtiger Führung ein Unternehmen der hier charakterisierten Art auch sozial günstige Folgen haben muss. Das wird man sehen. Und das Beispiel wird überzeugend wirken. Wenn eine Unternehmung dieser Art stocken wird, dann wird man die Arbeiter, die daran beteiligt sind, schon mit ihren Überzeugungen bei dem Wieder-in-Fluss-Bringen haben. Denn nur dadurch, dass man durch eine auf alle Menschenklassen wirkende Denkungsart die Handarbeiter mit den geistigen Führern von Unternehmungen zu einem Interesse bringt, kann den sozialen Zerstörungskräften entgegengearbeitet werden.
Grundbedingung ist, dass die geistigen Bestrebungen mit allen materiellen innig verbunden werden. Wir können eine solche Orientierung mit den jetzt in der anthroposophischen Bewegung verfügbaren Kräften deshalb nicht erreichen, weil wir eben in ihrem Schoße keine praktische Unternehmung haben, die aus ihren eigenen Kräften hervorgewachsen ist, außer dem Berliner anthroposophischen Verlag. Doch genügt dieser allein nicht, um vorbildlich zu wirken. Denn seine ökonomische Orientie-

rung ist nur der äußere Ausdruck der Schlagkraft der Geisteswissenschaft als solcher. Richtig vorbildlich können erst solche Unternehmungen wirken, die nicht die Geisteswissenschaft als solche zu ihrem Inhalte haben, sondern die einen von der geisteswissenschaftlichen Denkungsart getragenen Inhalt haben. Eine Schule als solche kommt vorbildlich zunächst nach dieser Richtung erst dann in Betracht, wenn sie finanziell von nur solchen Unternehmungen getragen wird, deren ganze Einrichtung schon aus geisteswissenschaftlichen Kreisen hervorgegangen ist. Und der Dornacher Bau wird seine soziale Bedeutung erst erweisen können, wenn durch die mit ihm verbundenen Persönlichkeiten solche Unternehmungen ins Leben gerufen worden sind, die sich selbst tragen, den sie haltenden Menschen gehörigen Unterhalt geben und dann noch so viel übrig lassen, dass das von einer geistigen Unternehmung immer geforderte Defizit gedeckt werden kann. Dieses Defizit ist ja in Wirklichkeit gar keines. Denn eben dadurch, dass es entsteht, wird die Fruktifizierung der materiellen Unternehmungen hervorgerufen.

Man muss nur die Dinge wirklich praktisch nehmen. Das tut derjenige nicht, der fragt: wie soll man also im Sinne der anthroposophisch orientierten Geisteswissenschaft ein finanzielles oder ökonomisches Unternehmen machen? Das ist einfach ein Unsinn. Es kommt darauf an, dass die in der anthroposophisch orientierten Geistesbewegung selbst organisierten Mächte die Unternehmungen machen, das heißt dass Bankiers, Fabrikanten etc. sich mit dieser Bewegung zusammenschließen, dass der Dornacher Bau der reale Mittelpunkt eines neuen Unternehmungsgeistes werde. Deshalb sollen auch in Dornach nicht soziale, technische etc. Programme aufgestellt werden, sondern es soll mit dem Bau der Mittel-

punkt einer Arbeitsweise geschaffen werden, welche die Arbeitsweise der Zukunft werden soll.
Wer sich dazu entschließen wird, zu den Dornacher Unternehmungen finanzielle Beihilfe zu gewähren, der wird verstehen müssen, dass wir heute schon so weit sind, dass Unternehmungen im alten Sinne unterstützen heißt, sein Geld in Unfruchtbares stecken, und dass für sein Geld sorgen heute heißt, zukunftsversprechende Unternehmungen zu tragen, die allein geeignet sind, den verwüstenden Kräften standzuhalten. Kurzsichtige Leute, die heute noch glauben: so etwas hat noch nie finanzielle Früchte getragen, werden sicher den Dornacher Bestrebungen sich nicht anschließen. Die sich anschließen, müssen weitsichtige, finanziell und ökonomisch wirklich urteilsfähige Leute sein, die einsehen, dass Fortfahren-Wollen in den alten Bahnen weiterzuwursteln, heißt: sich ein sicheres Grab graben. Diese Menschen werden es allein sein, die den zerstörenden Existenzen der letzten vier bis fünf Jahre nicht nachfolgen werden. Mit Unternehmungen des bisherigen Stils arbeiten, heißt weiter nichts, als die finanziellen und ökonomischen Reserven aufbrauchen. Denn auch die Reserven der Rohstoff- und Landwirtschaftsproduktion, die am längsten halten, werden aufgebraucht. Ihre finanzielle und ökonomische Fruktifikation liegt nämlich doch nicht darinnen, dass sie da sind, sondern dass die Arbeit möglich ist, durch die sie dem sozialen Organismus zugeführt werden. Diese Arbeit gehört aber durchaus zu den Reserven. Alles für die Zukunft hängt davon ab, dass auch für die Einzelunternehmung ein neuer Geist die führende Stellung bekomme.

Die Aktiengesellschaft *Der Kommende Tag* umfasste bald siebzehn Unternehmungen, zu denen neben der Waldorf-

Futurum A.G.

Dornach bei Basel
Ökonomische Gesellschaft zur internationalen Förderung wirtschaftlicher und geistiger Werte.
gegründet am 16 Juni 1920

Volleinbezahlte Namenaktie von

Serie Nr.

Infolge geleisteter Einzahlung von ist

am Vermögen und Geschäftsergebnis der Futurum A.G. Dornach mit allen Rechten und Pflichten beteiligt, welche mit dem Besitze dieser im Aktienbuch der Gesellschaft auf seinen Namen eingetragenen volleinbezahlten Aktie nach Gesetz und Statuten verbunden sind:

Die Uebertragung und Verpfändung von Aktien ist nur mit Zustimmung des Verwaltungsrates gestattet. Sie wirkt der Gesellschaft gegenüber erst von der Erteilung dieser Zustimmung an.

Dornach den

Futurum A.G. Dornach
für den Verwaltungsrat
der Präsident

Abb. 25 Aktien Futurum AG

Astoria-Zigarettenfabrik eine Werkzeugmaschinen-, eine Kartonagenfabrik, ein Bankhaus, aber auch Einrichtungen wie die Freie Waldorfschule in Stuttgart und ein klinisch-therapeutisches Institut mit Laboratorien zählten.

Noch im selben Jahr 1920 wurde in der Schweiz die *Futurum AG, ökonomische Gesellschaft zur internationalen Förderung wirtschaftlicher und geistiger Werte* als assoziativer Unternehmensverbund auf derselben Grundlage stehend wie ‹Der Kommende Tag› gegründet. Bis 1922 war hier Rudolf Steiner der Präsident des Verwaltungsrates und im ‹Kommenden Tag› Vorsitzender des Aufsichtsrates bis 1923. Beide Aktiengesellschaften mussten infolge der allgemeinen Wirtschaftskrise 1924 bzw. 1925 liquidiert werden. Hinzu kam aber auch, dass den neuen Unternehmungen aufgrund der passiven Haltung der ‹Außenwelt› unüberwindbare Widerstände entgegengebracht wurden, wodurch auch die Arbeit der einzelnen Mitarbeiter erheblich erschwert wurde.

Der Grundgedanke dieser beiden Vorhaben, einen Keim zu einem neuen, auf assoziativer Grundlage sich entwickelnden Wirtschaftsleben zu bilden, und der zeitlich begrenzte Versuch seiner Verwirklichung hatten jedoch bewirkt, dass Einrichtungen wie die Freie Waldorfschule und die Weleda AG Heilmittelbetriebe sich finanziell tragen konnten und dadurch auch in die Lage versetzt wurden, ihre Aktivitäten auszuweiten.

Besonders auf institutioneller Ebene wurden in den vergangenen Jahrzehnten zahlreiche Impulse Rudolf Steiners aufgegriffen, wie etwa in anthroposophisch orientierten heilpädagogischen Heimen, Freien Schulen und Hochschulen, landwirtschaftlichen und industriellen Unternehmen. In der schrittweisen Verwirklichung einer auf der ‹Dreigliederung› aufbauenden Gesellschaft, der Verwirklichung des Assoziationsprinzips als Gegenbild zum ‹Konkurrenzprinzip› und der Trennung von Arbeit und Einkommen sowie einem neuen Umgang mit Geldprozessen liegen eine Fülle von Ansätzen für eine in die Zukunft hinein zu gestaltende menschenwürdige Gesellschaft.

Nachdem man es sich im neuen Reich wieder bequem gemacht hatte – das tragische Völkermorden im Ersten Weltkrieg war in die Geschichtsbücher verbannt, die deutsche

Revolution im Keime erstickt worden, die Sehnsucht nach neuen sozialen Lebensformen der Wiederaufbau- und Normalisierungsmentalität gewichen –, war auch für die Dreigliederungsidee kein Platz mehr. Die Gruppe derer, die sich für eine Verbreitung und Wirksamkeit eines dreigegliederten sozialen Organismus eingesetzt hatten, war zu klein geblieben, um auf der großen Bühne des Weltgeschehens genug Durchsetzungsvermögen zu haben. Gleichwohl, die Soziale Frage blieb ein Feld, das auch weiterhin beackert werden musste. Und so hat Rudolf Steiner auch in der Folgezeit immer wieder Vorträge über die Soziale Frage gehalten, und auch die Aktivitäten des *Bundes für Dreigliederung* wurden fortgeführt.

Rudolf Steiner – Unterwegs

Das Vergangene ist nicht tot;
es ist nicht einmal vergangen.

William Faulkner
«Requiem für eine Nonne» (1951), 1. Akt,
3. Szene (Zürich. Diogenes 1982, S. 106)

Aufbruchsstimmung

Es sollte *die Epoche des großen Geistigen* werden – so wollte es Kandinsky und so empfanden es viele seiner Zeitgenossen um die Wende vom 19. zum 20. Jahrhundert. Es war dies eine Reaktion auf die Zeichen der Zeit, die sich schon in der ersten Hälfte des 19. Jahrhunderts angekündigt und nach und nach die Vorherrschaft erlangt hatten: der unbedingte Glaube an Wissenschaft und Technik sowie an ungebremsten materiellen Fortschritt, auch wenn Viele dabei auf der Strecke bleiben mussten. Die Welt wurde mehr und mehr zur Bühne eines sozialen Kräftespiels, wurde letztlich eine von Macht und Ohnmacht bestimmte, sich im rücksichtslosen Lebenskampf entwickelnde Wirklichkeit. Die Opposition unter den Betroffenen wuchs, doch die Rezeptur war sehr ähnlich, denn dass sich auf der Grundlage einer materialistischen Geschichtsauffassung die sozialen Probleme lösen lassen, sollte sich erst im Laufe des 20. Jahrhunderts als epochaler Fehler erweisen.

In jener Aufbruchsstimmung um die Jahrhundertwende meldeten sich auch Literaten und Maler, Wissenschaftler und Freidenker, Monisten und Theosophen zu Wort und scharten sich in den Kulturmetropolen zusammen, um sich gegenseitig zu versichern, dass sie sich niemals den Parametern der positivistischen Naturanschauung beugen werden. Es galt, den Globus neu zu justieren, und man scheute sich nicht, in Vergessenheit geratene Welterklärungen und solche, die bis dahin eher ein marginales Dasein führten, öffentlich zu diskutieren. Giordano Bruno und Stirner, Nietzsche und Blavatsky wurden zu Lieferanten eines Ideengefüges, aus dem die Statik der Zukunftsgesellschaft neu erstehen sollte. War es zunächst die Landflucht, die angesichts der rasend voranschreitenden Industrialisierung und Öko-

Abb. 26 Rudolf Steiner: Am Ende des Jahrhunderts

nomisierung der Lebensverhältnisse die Städte zu anonymen Gebilden werden ließen, so war es jetzt die Stadtflucht, die eine bessere Zukunft verhieß. Und so bildeten sich abseits vom Großstadtgetriebe neue Menschengemeinschaften wie in Worpswede bei Bremen und Hellerau bei Dresden, auf der Mathildenhöhe nahe Darmstadt und dem Monte Verità oberhalb von Ascona. Es waren Gemeinschaften, die als Lebensreformbewegung auf ihre Art Geschichte schrieben. War es in Hellerau zunächst die Bodenreformbewegung, basierend auf dem Gedanken eines Gemeineigentums an Grund und Boden, so wurde die hieraus entstandene Siedlung schon bald zum Ort neuer kultureller Aktivitäten, die durch Dalcroze und seine Schule für rhythmische Gymnastik für die Entwicklung des modernen Ausdruckstanzes, namentlich durch Mary Wigman, große Bedeutung erlangten. Naturgemäße Lebensweise, Vegetarismus, Nudismus, alternativer Landbau und Naturheilkunde waren weitere Schwerpunkte der Lebensreformbewegung. Doch viele der am Anfang des Jahrhunderts entwickelten Reformvorhaben wurden durch den Ersten Weltkrieg jäh ab- oder unterbrochen. Manche existierten noch eine Zeitlang weiter, haben aber die Zeit der nationalsozialistischen Herrschaft nicht überlebt.

Kommentator des Zeitgeschehens

Die erste Tätigkeit, die Rudolf Steiner mit politischen wie auch damals brennenden sozialen Fragen in Berührung brachte, war die als Redakteur bei der von dem Historiker Friedjung begründeten *Deutsche Wochenschrift* in Wien im Jahr 1888. In seiner Autobiographie erinnert sich Steiner an jene turbulente Zeit:

*Meine kurze Redaktion fiel in die Zeit, in der die Auseinan-
dersetzung der Völker Österreichs einen besonders heftigen
Charakter angenommen hatte. Es wurde mir nicht leicht,
jede Woche einen Artikel über die öffentlichen Vorgänge zu
schreiben. Denn im Grunde stand ich aller parteimäßigen
Lebensauffassung so fern als nur möglich. Mich interessierte
der Entwicklungsgang der Kultur im Menschheitsfortschritt.
Und ich musste den sich daraus ergebenden Gesichtspunkt
so einnehmen, dass unter seiner vollen Wahrung meine Ar-
tikel doch nicht als die eines ‹weltfremden Idealisten› er-
schienen. […] Für mich war diese kurze Redaktionstätigkeit
doch von großer Bedeutung. Sie lenkte meine Aufmerksam-
keit auf den Stil, mit dem man damals in Österreich die öf-
fentlichen Angelegenheiten behandelte. Mir war dieser Stil
tief unsympathisch. Ich wollte auch in die Besprechungen
über diese Angelegenheiten etwas hineinbringen, das einen
die großen geistigen und menschheitlichen Ziele in sich
schließenden Zug hatte. Diesen vermisste ich in der dama-
ligen Tagesschriftstellerei. Wie dieser Zug zur Wirksamkeit
zu bringen sei, das war damals meine tägliche Sorge. […] So
war denn das Zustandekommen jeder Wochennummer für
mich ein schweres Ringen.*

[…]

*Doch brachte mich diese Tätigkeit in eine ziemlich enge Be-
ziehung zu Persönlichkeiten, deren Tätigkeit auf die man-
nigfaltigsten Zweige des öffentlichen Lebens gerichtet war.
Ich lernte Viktor Adler kennen, der damals der unbestrit-
tene Führer der Sozialisten in Österreich war. In dem
schmächtigen, anspruchslosen Mann steckte ein energischer
Wille. […] Ich lernte Pernerstorfer kennen, der sich in der
Umwandlung vom deutschnationalen zum sozialistischen
Parteigänger befand. Eine starke Persönlichkeit von umfas-
sendem Wissen. Ein scharfer Kritiker der Schäden des öf-
fentlichen Lebens. Er gab damals eine Monatsschrift ‹Deut-*

sche Worte› heraus. Die war mir eine anregende Lektüre. In der Gesellschaft dieser Persönlichkeiten traf ich andere, die wissenschaftlich oder parteigemäß den Sozialismus zur Geltung bringen wollten. Durch sie wurde ich veranlasst, mich mit Karl Marx, Friedrich Engels, Rodbertus und anderen sozialökonomischen Schriftstellern zu befassen. Ich konnte zu alledem ein inneres Verhältnis nicht gewinnen. Es war mir persönlich schmerzlich, davon sprechen zu hören, dass die materiell-ökonomischen Kräfte in der Geschichte der Menschheit die eigentliche Entwicklung tragen und das Geistige nur ein ideeller Überbau dieses ‹wahrhaft realen Unterbaues› sein sollte. Ich kannte die Wirklichkeit des Geistigen. Es waren die Behauptungen der theoretisierenden Sozialisten für mich das Augen-Verschließen vor der wahren Wirklichkeit. Und dabei ward mir doch klar, dass die soziale Frage selbst eine unbegrenzte Bedeutung habe. Es erschien mir aber als die Tragik der Zeit, dass sie behandelt wurde von Persönlichkeiten, die ganz von dem Materialismus der zeitgenössischen Zivilisation ergriffen waren. Ich hielt dafür, dass gerade diese Frage nur von einer geistgemäßen Weltauffassung richtig gestellt werden könne.

So war ich denn als Siebenundzwanzigjähriger voller Fragen und Rätsel in Bezug auf das äußere Leben der Menschheit, während sich mir das Wesen der Seele und deren Beziehung zur geistigen Welt in einer in sich geschlossenen Anschauung in immer bestimmteren Formen vor das Innere gestellt hatte. Ich konnte zunächst nur aus dieser Anschauung heraus geistig arbeiten. Und diese Arbeit nahm immer mehr die Richtung, die dann einige Jahre später mich zur Abfassung meiner ‹Philosophie der Freiheit› geführt hat.[155]

Abb. 27 Rudolf Steiner, Weimar um 1892

Anarchismus und Freiheit

Um die Jahrhundertwende – Rudolf Steiner war nach Abschluss seiner editorischen Arbeiten am Weimarer Goethe-Schiller-Archiv 1897 nach Berlin übergesiedelt – bewegten ihn besonders die gegensätzlichen Anschauungen Hegels und Max Stirners. In Hegel sah er den ‹reinen Denker›, dessen Ziel es war, «dass im Zusammenleben der Menschen der Gedanke des Sittlichen objektive Gestalt annimmt.»[156] Stirner war ihm der genaue Gegenpol, da dieser die Entfaltung des Menschen ganz unter dem Gesichtspunkt des ‹individuell-persönlichen Willen› sah. Stirner, so sagt Steiner, fühlt «den Einzelnen (Einzigen) beirrt durch alles, was so dem Leben der Menschen harmonisierte Gestalt geben kann. Bei mir verband sich mit der Betrachtung Stirners damals eine Freundschaft, die bestimmend auf so manches in dieser Betrachtung wirkte. Es ist die Freundschaft zu dem bedeutenden Stirner-Kenner und -Herausgeber J. H. Mackay. [...] Er hatte sich in meiner *Philosophie der Freiheit* mit den Abschnitten befasst, die vom ethischen Individualismus sprechen. Er fand eine Harmonie zwischen meinen Ausführungen und seinen eigenen sozialen Anschauungen.»[157]

Aber auch Steiner empfand manche Übereinstimmung mit den Anschauungen Mackays. Verschiedentlich sprach er auch von gleichen Zielen, und in einem offenen Brief an Mackay, der ebenso wie zuvor Mackays Brief an Rudolf Steiner im *Magazin für Literatur* veröffentlicht wurde, antwortete er auf die Frage, ob das Wort individualistischer Anarchist auch auf ihn anwendbar sei, mit einem bedingungslosen Ja.[158]

Lieber Herr Mackay!

Vor vier Jahren, nach dem Erscheinen meiner ‹Philosophie der Freiheit›, haben Sie mir Ihre Zustimmung zu meiner Ideenrichtung ausgesprochen. Ich gestehe offen, dass mir dies innige Freude gemacht hat. Denn ich habe die Überzeugung, dass wir in Bezug auf unsere Anschauungen so weit übereinstimmen, wie zwei voneinander völlig unabhängige Naturen nur übereinstimmen können. Wir haben gleiche Ziele, obwohl wir uns auf ganz verschiedenen Wegen zu unserer Gedankenwelt durchgearbeitet haben. Auch Sie fühlen dies. Ein Beweis dafür ist die Tatsache, dass Sie den vorstehenden Brief gerade an mich gerichtet haben. Ich legte Wert darauf, von Ihnen als Gesinnungsgenosse angesprochen zu werden.

Ich habe es bisher immer vermieden, selbst das Wort ‹individualistischer› oder ‹theoretischer› Anarchismus auf meine Weltanschauung anzuwenden. Denn ich halte sehr wenig von solchen Bezeichnungen. Wenn man in seinen Schriften klar und positiv seine Ansichten ausspricht: wozu ist es dann noch nötig, diese Ansichten mit einem gangbaren Worte zu bezeichnen? Mit einem solchen Wort verbindet jedermann doch ganz bestimmte traditionelle Vorstellungen, die dasjenige nur ungenau wiedergeben, was die einzelne Persönlichkeit zu sagen hat. Ich spreche meine Gedanken aus; ich bezeichne meine Ziele. Ich selbst habe kein Bedürfnis, meine Denkungsart mit einem gebräuchlichen Worte zu benennen.
Wenn ich aber in dem Sinne, in dem solche Dinge entschieden werden können, sagen sollte, ob das Wort ‹individualistischer Anarchist› auf mich anwendbar ist, so müsste ich mit einem bedingungslosen ‹Ja› antworten. Und weil ich diese Bezeichnung für mich in Anspruch nehme,

möchte auch ich gerade in diesem Augenblicke mit wenigen Worten genau sagen, wodurch ‹wir, die individualistischen Anarchisten›, uns unterscheiden von denjenigen, welche der sogenannten ‹Propaganda der Tat› huldigen. Ich weiß zwar, dass ich für verständige Menschen nichts Neues sagen werde. Aber ich bin nicht so optimistisch wie Sie, lieber Herr Mackay, der Sie einfach sagen: «Keine Regierung ist so blind und töricht, gegen einen Menschen vorzugehen, der sich einzig und allein durch seine Schriften, und zwar im Sinne einer unblutigen Umgestaltung der Verhältnisse, am öffentlichen Leben beteiligt.» Sie haben, nehmen Sie mir diese meine einzige Einwendung nicht übel, nicht bedacht, mit wie wenig Verstand die Welt regiert wird. Ich möchte also doch einmal deutlich reden. Der individualistische Anarchist will, dass kein Mensch durch irgendetwas gehindert werde, die Fähigkeiten und Kräfte zur Entfaltung bringen zu können, die in ihm liegen. Die Individuen sollen in völlig freiem Konkurrenzkampfe sich zur Geltung bringen. Der gegenwärtige Staat hat keinen Sinn für diesen Konkurrenzkampf. Er hindert das Individuum auf Schritt und Tritt an der Entfaltung seiner Fähigkeiten. Er hasst das Individuum. Er sagt: Ich kann nur einen Menschen gebrauchen, der sich so und so verhält. Wer anders ist, den zwinge ich, dass er werde, wie ich will. Nun glaubt der Staat, die Menschen können sich nur vertragen, wenn man ihnen sagt: so müsst ihr sein. Und seid ihr nicht so, dann müsst ihr eben doch so sein. Der individualistische Anarchist dagegen meint, der beste Zustand käme dann heraus, wenn man den Menschen freie Bahn ließe. Er hat das Vertrauen, dass sie sich selbst zurechtfänden. Er glaubt natürlich nicht, dass es übermorgen keine Taschendiebe mehr gäbe, wenn man morgen den Staat abschaffen würde. Aber er weiß, dass man nicht durch Autorität und Gewalt die Menschen zur

Freiheit erziehen kann. Er weiß dies eine: man macht den unabhängigsten Menschen dadurch den Weg frei, dass man jegliche Gewalt und Autorität aufhebt.

Auf die Gewalt und die Autorität aber sind die gegenwärtigen Staaten gegründet. Der individualistische Anarchist steht ihnen feindlich gegenüber, weil sie die Freiheit unterdrücken. Er will nichts als die freie, ungehinderte Entfaltung der Kräfte. Er will die Gewalt, welche die freie Entfaltung niederdrückt, beseitigen. Er weiß, dass der Staat im letzten Augenblicke, wenn die Sozialdemokratie ihre Konsequenzen ziehen wird, seine Kanonen wirken lassen wird. Der individualistische Anarchist weiß, dass die Autoritätsvertreter immer zuletzt zu Gewaltmaßregeln greifen werden. Aber er ist der Überzeugung, dass alles Gewaltsame die Freiheit unterdrückt. Deshalb bekämpft er den Staat, der auf der Gewalt beruht, und deshalb bekämpft er ebenso energisch die ‹Propaganda der Tat›, die nicht minder auf Gewaltmaßregeln beruht. Wenn ein Staat einen Menschen wegen seiner Überzeugung köpfen oder einsperren lässt – man kann das nennen, wie man will –, so erscheint das dem individualistischen Anarchisten als verwerflich. Es erscheint ihm natürlich nicht minder verwerflich, wenn ein Luccheni eine Frau ersticht, die zufällig die Kaiserin von Österreich ist. Es gehört zu den allerersten Grundsätzen des individualistischen Anarchismus, derlei Dinge zu bekämpfen. Wollte er dergleichen billigen, so müsste er zugeben, dass er nicht wisse, warum er den Staat bekämpft. Er bekämpft die Gewalt, welche die Freiheit unterdrückt, und er bekämpft sie ebenso, wenn der Staat einen Idealisten der Freiheitsidee vergewaltigt, wie wenn ein blödsinniger eitler Bursche die sympathische Schwärmerin auf dem österreichischen Kaiserthrone meuchlings hinmordet.

Unsern Gegnern kann es nicht deutlich genug gesagt werden, dass die individualistischen Anarchisten energisch die sogenannte Propaganda der Tat bekämpfen. Es gibt außer den Gewaltmaßregeln der Staaten vielleicht nichts, was diesen Anarchisten so ekelhaft ist wie diese Caserios und Lucchenis. Aber ich bin doch nicht so optimistisch wie Sie, lieber Herr Mackay. Denn ich kann das Teilchen Verstand, das zu so groben Unterscheidungen wie zwischen ‹Individualistischem Anarchismus› und Propaganda der Tat nun doch einmal gehört, meist nicht finden, wo ich es suchen möchte.

In freundlicher Neigung
Rudolf Steiner

Welche Gefahr mit der einseitigen Politisierung seiner Anschauungen verbunden war, die ihn schließlich zu einer Umkehr veranlasste, spricht aus den folgenden Sätzen seiner Autobiographie: «Das Schicksal hatte nun mein Erlebnis mit J. H. Mackay und mit Stirner so gewendet, dass ich auch da untertauchen musste in eine Gedankenwelt, die mir zur geistigen Prüfung wurde. Mein ethischer Individualismus war als reines Innen-Erlebnis des Menschen empfunden. Mir lag ganz fern, als ich ihn ausbildete, ihn zur Grundlage einer politischen Anschauung zu machen. Damals nun, um 1898 herum, sollte meine Seele mit dem rein ethischen Individualismus in eine Art Abgrund gerissen werden. Er sollte aus einem rein-menschlich Innerlichen zu etwas Äußerlichem gemacht werden.»[159]

Die Freundschaft mit Mackay begann bereits in Weimar und setzte sich fort, nachdem Steiner nach Berlin übergesiedelt war, um dort die Herausgabe und Redaktion des *Magazin für Literatur* zu übernehmen. Über die näheren Hintergründe, Aufgaben und Schwierigkeiten, die mit dieser Tätigkeit verbunden waren, berichtet er ausführlich in seinem Vortrag ‹Episodische Betrachtung zum Erscheinen der neuen Auflage der Philosophie der Freiheit›:[160]

> *«Ich kam nach Berlin. Ich hatte, als Neumann-Hofer das ‹Magazin› aufgegeben hatte, es erworben, um eine Tribüne zu haben, Ideen, welche ich für wirklich im wahren Sinn des Wortes zeitgemäß halte, vor der Welt vertreten zu können. Allerdings, schon als bald nach meinem Eintreten in das ‹Magazin› mein Briefwechsel mit John Henry Mackay erschien, tanzte das frühere Philistertum, aus dem die Abonnenten des ‹Magazin› bestanden, durchaus nicht freudig, und ich bekam von allen Seiten die Vorwürfe: Ja, was macht denn der Steiner eigentlich aus diesem alten ‹Magazin›, was soll das werden? Die ganze Berliner Professorenschaft, die dazumal, soweit sie für Philologisches oder für Literatur interessiert war, noch das Magazin abonniert hatte – es war im Jahre 1832, also schon in Goethes Sterbejahr begründet worden, was unter anderem auch einer der Gründe war, warum die Professorenwelt es abonniert hatte –, diese Professorenwelt bestellte nun bald nach und nach das Magazin ab. Und ich hatte auch bei der Herausgabe des Magazin eben durchaus das Talent, die Leute vor den Kopf zu stoßen, nicht das Zeitalter, aber die Leute vor den Kopf zu stoßen.»*

Charakteristisch für Steiners Äußerungen zu sozialen Fragen ist, dass sie zumeist ganz unmittelbar auf seine bis dahin gewonnenen Erkenntniserfahrungen, besonders aber den in der *Philosophie der Freiheit* behandelten ‹ethischen Individualismus› anknüpfen. Freiheit, so Steiner, wird nur da erlebbar, wo sie sich nicht nur im menschlichen Geist, sondern im äußeren Handeln vollzieht. Wenn das menschliche Handeln hervorgeht aus denjenigen Ideen, die in den Intuitionen jedes Einzelnen ihren Ursprung haben, wird Freiheit als Impuls menschlichen Handelns zu einer menschengemäßen Neugestaltung des sozialen Lebens führen. Ethischer Individualismus ist dasjenige ethische Entwicklungsziel, dem sich der Mensch nähern kann, wenn er sich des Zwanges der Naturgesetze wie auch konventioneller Sittengesetze zu erwehren vermag. Auf dem Hintergrund dieser Anschauungen entfaltete Steiner später seine umfangreiche Tätigkeit auf den verschiedensten Gebieten des sozialen Lebens:

> *«Man wird schon, wenn man will, durch all das, was ich in dem Magazin für Literatur geschrieben habe, den Geist der ‹Philosophie der Freiheit› wehen sehen. Doch das Magazin für Literatur wurde nicht in das moderne Philistertum hineinlanciert. Ich aber wurde selbstverständlich unter diesen verschiedenen Einflüssen nach und nach durch das moderne Philistertum herauslanciert.*
> *Da bot sich gerade Gelegenheit, eine andere Tribüne zu finden. Angesichts der großen Fragen, die um die Jahrhundertwende alle Welt bewegten und mit denen ich ja schon in so innige Beziehungen getreten war durch John Henry Mackay, durch Tucker, der von Amerika nach Berlin gekommen war und mit dem ich sehr interessante Abende zugebracht habe, bot sich mir Gelegenheit, eine andere Tribüne zu finden. Es war die Tribüne der sozialistischen Arbeiterschaft.»*[161]

Wissen ist Macht – Macht ist Wissen

Rudolf Steiner als Lehrer an der Arbeiterbildungsschule in Berlin und Spandau 1899–1904

Pflanzstätte proletarischer Bildung

«Wir sind eine kämpfende Partei» – ließ die Berliner Volkstribüne[162] mit leicht ironischem Unterton verlauten, nachdem die Absicht bekannt wurde, dass in Berlin eine Bildungsstätte für die Arbeiterschaft eingerichtet werden soll. Zielscheibe der Kritik waren die «allzu starken Bildungsbestrebungen», die sich in der Sozialdemokratie nach dem Fall der Sozialistengesetze breitmachten und nun erste konkrete Formen annehmen sollten. «Eben deshalb!» – notierte Wilhelm Liebknecht an den Rand der Zeitung und unterstrich damit, gleichsam in Sperrdruck, seine Absicht, die neue Einrichtung zu einer «Pflanzstätte proletarischer Bildung» zu machen.

«Die Arbeiterbildungsschule», so schrieb er in der ‹Neuen Zeit›, und so hatte er es auch den Arbeitern während der Gründungsversammlung am 12. Januar 1891 in den überfüllten Sälen von Lipps Brauerei in Friedrichshain zugerufen, «soll die Wirkungen und Früchte der herrschenden Dressier- und Fanatisier-Erziehungsmethode mit Stumpf und Stiel beseitigen. Denn mit dressierten und fanatisierten Menschen ist nichts zu erreichen – außer höchstens trügerische Augenblickserfolge [...] Die Arbeiterschule soll Menschen erziehen und Kämpfer.»[163]

Für den ‹Schulmeister Liebknecht› (Liebknecht über Liebknecht) war die Sozialdemokratie «im eminentesten Sinne des Wortes die Partei der Bildung», doch jenen, die glaubten, allein «durch Bildung zur Freiheit» zu gelangen,

d. h. auf politische Agitation verzichten zu können, hielt er seine Losung entgegen: «Durch Freiheit zur Bildung! Nur im freien Volksstaat kann das Volk Bildung erlangen. Nur wenn das Volk sich politische Macht erkämpft, öffnen sich ihm die Pforten des Wissens. Ohne Macht für das Volk kein Wissen! Wissen ist Macht – Macht ist Wissen.»[164]

Schwere Zeiten: die ersten sieben Jahre

Die Gründung der Arbeiterbildungsschule war zunächst in ‹vertraulichen Sitzungen› vorbereitet worden. Schon bald aber waren sich die Initiatoren darin einig, dass eine solche zukunftsweisende Bildungsstätte bereits in der Planungsphase von der Arbeiterschaft mitgetragen, zumindest aber deren Zustimmung finden sollte. Und so kam es zu jener denkwürdigen Versammlung im ELYSIUM, in deren Verlauf die Arbeiterschaft mit der Idee und den als Nächstes beabsichtigten Schritten vertraut gemacht wurde. Unter der Leitung des Stadtverordneten Vogtherr, des späteren 1. Vorsitzenden der Arbeiterbildungsschule, nahm kurz darauf ein auf jener Versammlung gewähltes fünfzehnköpfiges Gremium die weitere Vorbereitung in die Hand. Wie die alsbald einberufene Gründungsversammlung, die den an überfüllte Säle durchaus gewohnten Liebknecht angesichts der «weihevollen Begeisterung», die sich «in den Mienen der Versammelten malte», zu der Äußerung hinreißen ließ: «Ich habe nie eine ähnliche Versammlung gesehen»[165] –, verlaufen ist, liest sich im Jahresbericht 1900/1901 der Arbeiterbildungsschule[166], also nach zehnjähriger Tätigkeit, so:

> *Am 12. Januar 1891 wurde, unter dem stürmischen Beifall einer vieltausendköpfigen Zuhörerzahl, nach einer glänzenden Rede Wilhelm Liebknecht's die Schule ge-*

gründet. Diese Rede, in welcher er die Notwendigkeit der Bildung und des Wissens für die Arbeiterschaft klarlegte, damit jeder Einzelne teilnehmen könne an dem großen Befreiungskampf, den die Menschheit in allen Kulturstaaten zur Erreichung besserer Lebensbedingungen und zur Erringung einer neuen und besseren Gesellschaftsordnung kämpft, weckte eine Begeisterung unter den Zuhörern, die zu den schönsten Hoffnungen berechtigte. Tausende ließen sich gleich in die ausliegenden Listen als Mitglieder einzeichnen. Als viel zu klein erwiesen sich nachher, bei der Eröffnung der Unterrichtsfächer, die vorhandenen Räume.

Dass hier der Berichterstatter bezüglich der Zahl der Anwesenden keineswegs übertrieben hat, bestätigen die entsprechenden Angaben im *Handbuch zur Geschichte der deutschen Arbeiterbewegung*[167], wonach etwa 6000 Personen an der Gründungsversammlung teilgenommen haben, wovon sich wiederum etwa 1000 als Hörer eingeschrieben haben.

Die leidvollen Erfahrungen, die die Sozialdemokratie unter dem Diktat der Sozialistengesetze gemacht hat, führten auch beim Aufbau der Arbeiterbildungsschule zu gewissen Rücksichten gegenüber der allgemeinen politischen Lage. So vermied man es ausdrücklich, der Schule einen parteipolitischen Charakter zu geben, und wählte die Rechtsform eines unpolitischen Vereins. Auf diese Weise war es auch möglich, Frauen Zutritt zu den Unterrichtsveranstaltungen zu gewähren, der ihnen laut Vereins- und Versammlungsgesetz in politischen Vereinen untersagt war. So war jeder, ob Mann oder Frau, der einen Mitgliedsbeitrag von 25 Pfennigen monatlich bezahlte und nach Erwerb einer Hörerkarte – pro Kurs 50 Pfennige – berechtigt, am Unterricht teilzunehmen.

Arbeiter-Bildungsschule •• Berlin

Jahres-Bericht

über die Thätigkeit

vom 1. April 1903
bis 31. März 1904

Schul-Lokal: Engel-Ufer 15, Gewerkschaftshaus

1904.

Druck: C. Janiszewski, Berlin SO., Elisabeth-Ufer 29.

Abb. 28 Arbeiterbildungsschule Berlin, Jahresbericht 1903/1904

In den folgenden Wochen war nun der Vorstand mit der Suche nach geeigneten Lehrkräften einerseits und der Beschaffung von Räumlichkeiten andererseits befasst. Bereits im April 1891 konnte der Unterricht beginnen, insgesamt an sechs verschiedenen Orten, verteilt über die ganze Stadt. Unterrichtsfächer waren: Nationalökonomie, Geschichte, Rechtschreibung, Deutsch, Naturwissenschaften, Rechnen, Buchführung, Stenographie und Zeichnen. Das Honorar für die Lehrkräfte betrug zunächst pro Stunde fünf Mark, wurde aber schon im Jahre 1892 auf drei Mark reduziert. 1893 betrug es wiederum fünf Mark. 1895 pendelte es sich auf zehn Mark pro Abend ein, 1907 wurde dieser Betrag um zwei Mark erhöht. Pro Vierteljahr waren zehn Kursstunden je Fach angesetzt worden. Das Unterrichtsjahr gliederte sich in vier Quartale, wovon das dritte unterrichtsfrei war. Die einzelnen Kursstunden begannen um 21 Uhr und endeten gegen 22.30 Uhr, angesichts der damaligen Arbeitszeiten und der oft langwierigen und umständlichen Anfahrtswege eine außerordentliche Beanspruchung!

Abb. 29 Gewerkschaftshaus am Engel-Ufer 15, seit September 1900 Schullokal der Arbeiterbildungsschule

Mit welchen Schwierigkeiten die Schule in den Anfangsjahren zu kämpfen hatte, schildert Eduard Bernstein in seiner *Geschichte der Berliner Arbeiterbewegung* mit folgenden Worten[168]:

> *An ungünstigen Konstellationen hat es ihr nicht gefehlt. Es ist allen Schöpfungen dieser Art eigen, dass nur bei einem Teil derer, die sich durch einen Vortrag für sie entflammen lassen, die Kraft der Begeisterung für dauernde Betätigung ausreicht. Angesichts der großen Zahl von Anmeldungen, deren sich die Schule in der ersten Zeit erfreute, hatte man Lokale in allen Stadtgegenden für sie eingerichtet und einen sehr umfassenden Unterrichtsplan für sie aufgesetzt, der auch Gegenstände wie Anatomie und Physiologie enthielt. Aber man hatte nicht genug mit dem Einfluss der Schwankungen des Arbeitsmarktes auf die Ortsständigkeit gerade derjenigen Elemente der Arbeiterschaft gerechnet, für welche die Schule vornehmlich eingerichtet war, und hatte auch die ablenkende Wirkung der politischen und gewerkschaftlichen Kämpfe auf die regeren Elemente unter den Arbeitern unterschätzt. Schon ein erheblicher Teil der Meldungen der ersten Wochen blieben bloße Meldungen, später aber ging es auch mit den Anmeldungen selbst langsamer. Die Schülerzahl blieb bedeutend hinter den ersten Schätzungen zurück, die Lehrfächer mussten beschränkt, die Schulräume vermindert werden, und doch wollten Einnahmen und Ausgaben nicht ins Gleichgewicht kommen. Es schien, als ob die Schule in neutralen Unterrichtsgegenständen die Konkurrenz des gut fundierten und über ein eigenes Gebäude verfügenden Handwerkervereins nicht werde bestehen können, und es gab denn auch selbst unter den führenden Parteimitgliedern Leute, die da meinten, man möge diejenigen, die sich in Deutsch,*

Rechnen, Naturgeschichte usw. fortbilden wollten, ruhig dem Handwerkerverein überlassen, und nur die spezifisch sozialpolitische Bildung von Partei wegen betreiben. Zu denen, die so dachten und sich gelegentlich in diesem Sinne äußerten, gehörte unter anderen Ignaz Auer.

Schließlich kam es im Jahre 1897 dahin, dass man sich ernsthaft die Frage vorzulegen hatte, ob es nicht am besten sei, die Schule ganz aufzulösen. Aber wie es der Schule nie an einem Stamm begeisterter Anhänger und Freunde gefehlt hatte, die keine Mühen und Opfer scheuten, sie über Wasser zu halten, so hatte sie auch jetzt deren genug, welche nicht von ihr lassen mochten, bis nicht alle Mittel versucht worden seien, sie auf eine feste Basis zu stellen. Und so ward in jenem Jahre eine völlige Neuorganisation der Schule beschlossen. Die örtliche Dezentralisation der Schulräume ward gänzlich fallen gelassen, die Schule in einem Lokal zentralisiert, während die Lehrfächer auf Geschichte, Gesetzeskunde, Naturgeschichte, Volkswirtschaft und Redekunst beschränkt wurden. Der Lehrkursus ward auf 10 Stunden im Vierteljahr und das Unterrichtsgeld auf 1 Mk. für den Kursus angesetzt.

Auf Grund dieses Programms, zu dem noch die Veranstaltung von Vorträgen allgemeiner Natur, von Dichterabenden, Ausflügen usw. trat, hat sich die Schule am Leben erhalten und schrittweise gehoben, so dass sie allmählich ihren Lehrplan wieder erweitern und auch Kurse außerhalb ihres Zentrallokals veranstalten konnte.

Wenn auch die Umorganisation der Schule im Jahre 1897 zunächst eine gewisse Konsolidierung brachte, so war es aber offensichtlich doch nicht gelungen, die tiefe Kluft zwischen den im Untergrund schwelenden Auffassungen über

Sinn und Zweck der Arbeiterbildung zu überwinden, was vor allem in der großen Fluktuation der Lehrkräfte zum Ausdruck kam. Eine Verschärfung der Gegensätze hinsichtlich der Aufgabenstellung der Schule war mit der Übernahme des Vorsitzes der Schule durch Heinrich Schulz deutlich vorgezeichnet, denn er vertrat, so heißt es in der von Wolfgang Bagger 1983 an der Ostberliner Humboldt-Universität eingereichten Dissertation[169] über die Geschichte der Arbeiterbildungsschule, «das Prinzip einer Funktionärsschule und wollte auf jenen ‹praktischen Zweck› verzichten, mit Hilfe der Schule auch zur ‹Verbesserung der Lage der Arbeiter› beizutragen. Sie sollte nur noch der ‹Emanzipation der Arbeiter› dienen.» Hieraus zieht Bagger die Konsequenz, dass er «damit den richtigen Prozess der Konzentration auf die politische, marxistische Bildung» förderte und damit zugleich den «Einfluss opportunistischer Bildungskonzeptionen» zurückdrängte.

Dass die Probleme der Arbeiterbildungsschule vornehmlich auf die unterschiedlichen politisch-ideologischen Positionen innerhalb des Vorstandes, aber auch des Lehrkörpers zurückzuführen sind, tritt in nahezu allen Berichten und Kommentaren über ihre Geschichte deutlich hervor. Von Wolfgang Bagger wird darüber hinaus auch die fachliche Qualifikation, insbesondere das pädagogische Handwerk der Lehrkräfte eingehender betrachtet und als ein weiteres Übel hervorgehoben. Ob Bagger nun hier wirklich objektive Kriterien hatte und nicht vielleicht doch für ihn die Art der Ideologie auch die Qualität der Pädagogik ausmachte, nämlich, dass nur ein guter Parteigänger auch guten Unterricht erteilen könne, soll hier nicht näher untersucht werden. Tendenziell neigt er aber zu Letzterem, was auch folgendem Passus seiner Dissertation zu entnehmen ist:

Soweit die Lehrkräfte zu identifizieren sind, wäre es sicherlich nicht schwierig, sie in entsprechende ideologische Gruppierungen einzuordnen. Zum Schutz vor gar zu pauschalen Urteilen sollte jedoch bedacht werden, dass damals die Verdienste und damit die Anerkennung eines Genossen der Partei auch noch nach anderen Kriterien gemessen wurde. Hinzu kam, dass die Zahl der Genossen, die als Lehrkräfte für die marxistische Bildung geeignet waren, nicht sehr groß gewesen ist. Das betrifft auch die pädagogische Eignung. Wir wissen, dass weder Franz Mehring noch Rudolf Hilferding besondere pädagogische Fähigkeiten besaßen, obwohl sie hervorragende Wissenschaftler waren. Außerdem erforderten solche Fächer wie Nationalökonomie und Geschichte recht fundierte Spezialkenntnisse, die nur wenige Genossen erworben hatten. Sowohl den Jahresberichten als auch dem Protokollbuch des Vorstandes ist zu entnehmen, dass der Vorstand immer wieder Mühen hatte, für die Unterrichtskurse, aber auch für die Sonntagsvorträge Lehrkräfte bzw. Referenten zu finden.[170]

Dies galt nun in besonderem Maße für das Jahr 1898, in dem der Lehrkörper nahezu in völliger Auflösung begriffen war, wie dem Jahresbericht 1898/99 zu entnehmen ist. Dort heißt es u. a., dass von «den Herren, welche während des verflossenen Vereinsjahres als Lehrer tätig waren […] bis Schluss desselben die Herren Dr. Bruno Borchardt, Richard Calwer, Paul Kampffmeyer, Emil Roth, Dr. Conrad Schmidt und Max Schippel»[171] ausschieden. Mit dem Weggang des Schriftstellers Paul Kampffmeyer war nun auch das Fach Geschichte verwaist; ein neuer Lehrer musste gefunden werden.

Der ‹parteilose› Lehrer

Wer nun den entscheidenden Hinweis auf Rudolf Steiner als einen möglichen neuen Lehrer für das Fach Geschichte gegeben hat, lässt sich heute mit absoluter Sicherheit nicht mehr feststellen. Folgt man der Schilderung von Alwin Alfred Rudolph[172], der in jenen Jahren dem Vorstand als Schriftführer angehörte, so war es Kurt Eisner, damals Redakteur des *Vorwärts*, der jenen entscheidenden Fingerzeig in Richtung Rudolf Steiner gegeben hat. Eine Bestätigung hierfür findet sich in der Einleitung zu einem Sammelband von Aufsätzen und Reden von Kurt Eisner *Die halbe Macht den Räten*, herausgegeben von Renate und Gerhard Schmolze, wo es u. a. heißt: «Die Arbeit im proletarischen Volksbildungswesen, in der Arbeiterbildungsschule – hier hatte er die Anstellung Rudolf Steiners, die gelegentliche Mitarbeit von Theodor Heuß vermittelt – und im Vorstand der ‹Freien Volksbühne›, zusammen mit Käthe Kollwitz und Josef Bloch, war ihm besonders ans Herz gewachsen.»[173]

Schon in früheren Jahren hat es einige Berührungspunkte zwischen ihnen gegeben. So bat Rudolf Steiner in seinem Brief vom 3. Dezember 1893 Kurt Eisner, er möge sich «öffentlich» über sein Buch *Die Philosophie der Freiheit*, das gerade erschienen war, «aussprechen». Ob Eisner dieser Bitte nachgekommen ist, ließ sich bisher nicht feststellen. Im selben Jahr hatte Steiner im *Literarischen Merkur*, XIII. Jahrgang, Nr. 4, Eisners Schrift *Psychopathia spiritualis. Friedrich Nietzsche und die Apostel der Zukunft* besprochen. Da Eisner sich aus Zeitgründen nicht in der Lage sah, den Kontakt zu Steiner herzustellen, verwies er die kleine Abordnung des Vorstandes der Arbeiterbildungsschule an seinen Feuilleton-Redakteur Döscher, der Rudolf Steiner

Abb. 30 Rudolf Steiner um 1900

verschiedentlich in literarischen Klubs begegnet war. Döscher war es dann auch, so Alwin Rudolph, der Steiner das Anliegen der Arbeiterbildungsschule vorgetragen hatte, woraufhin dieser sich bereit erklärte, mit Vertretern der Arbeiterbildungsschule zu sprechen. Wenig später machten sich Alwin Rudolph und der Bautischler Richard Balzer auf den Weg zu Rudolf Steiner in die Kaiserallee 95, jener Adresse, die ab Oktober 1899 auch die Redaktionsanschrift des *Magazin für Literatur* war, da damals – also im Spätherbst 1898 – sich dort vermutlich Rudolf Steiners Wohnung befand, wie sich auch aus den Darstellungen von Rudolph schließen lässt.

Die Vertreter der Arbeiterbildungsschule wurden dort zunächst von zwei Damen, wahrscheinlich Anna Eunike – die Eheschließung mit Rudolf Steiner fand am 31. Oktober 1899 statt – und einer ihrer vier Töchter aus erster Ehe, sehr freundlich bewirtet (mit ‹Jacobowskischem Dichterkuchen›). Erst nachdem die Tafel wieder abgeräumt war, konzentrierte man sich ganz auf das Anliegen, das die beiden zu Rudolf Steiner geführt hatte. «Und dann reichte er uns die Hand, völlig unvermittelt. Wir erschraken, da wir vermeinten, nichts erreicht zu haben. Doch da sagte er schon, wir sollten recht bald wiederkommen, geradeso, als sei alles abgemacht. Wir sollten kommen und ihm sagen, was wir zu hören wünschten, und er könne sich denken, er übernehme da eine schöne Aufgabe. Wie benommen kamen wir auf die Straße und stießen uns an: Du, wir haben einen Lehrer. Und was für einen.»[174]

Etwas anders schildert Johanna Mücke, zunächst Schülerin an der Arbeiterbildungsschule, dann ehrenamtlich im Sekretariat der Schule und später auch im Vorstand tätig, den Vorgang. Die Abweichungen gegenüber den Darstellungen von Rudolph sind vermutlich darauf zurückzuführen, dass aufgrund der Not des Vorstandes, in kürzester Frist einen neuen Geschichtslehrer zu finden, verschiedene Delegationen unterwegs waren, um die geeignete Persönlichkeit zu finden. Mückes Darstellungen zufolge gelangten die beiden, namentlich von ihr nicht genannten Vorsitzenden, zunächst an die Brüder Heinrich und Julius Hart. Diese aber lehnten die ihnen angebotene Aufgabe aus Mangel an Zeit ab und verwiesen auf den Dichter Cäsar Flaischlen. Dieser nun gab, so Mücke, den Hinweis: «Vielleicht gehen Sie einmal zu meinem Freunde Rudolf Steiner.» Wenig später erschien die Abordnung in der Habsburgerstraße 11, seit Mai 1898 (bis September 1899) Sitz der Redaktion des *Magazin für Litte-*

ratur. Dort empfing sie, so die Schilderung von Johanna Mücke, «ein freundlicher junger Herr und sagte ‹Nun, wenn Sie es wollen, dass ich nach meiner Art Ihnen Geschichte vortrage, dann kann ich es ja tun.›».[175]

Der hier augenfällige Vorbehalt Rudolf Steiners in Bezug auf einen ideologiefreien Geschichtsunterricht findet sich auch in Steiners Rückblick auf jene Zeit innerhalb seiner autobiographischen Aufzeichnungen *Mein Lebensgang*, Kap. XXVIII: «Ich erklärte dem Vorstande, wenn ich den Unterricht übernähme, so würde ich ganz nach meiner Meinung von dem Entwicklungsgange der Menschheit Geschichte vortragen, nicht in dem Stil, wie das nach dem Marxismus jetzt in sozialdemokratischen Kreisen üblich sei. Man blieb dabei, meinen Unterricht zu wünschen.»[176]

Berlin d. 9. Januar 1899

Sehr geehrter Herr Doktor.
Hierdurch bitten wir Sie höflichst am Freitag d. 13. Januar zu der Abends 8 1/4 Uhr stattfindenden Vorstandssitzung der Arbeiter Bildungs Schule erscheinen zu wollen, da der § 16 unseres Statuts die Bildung eines Lehrer-Collegiums vorschreibt, und wir uns freuen würden, bei dieser Gelegenheit die Herren untereinander bekannt zu machen und etwaige Vorschläge über Einrichtung des Unterrichts oder sonstige Wünsche der Herren zu hören. Die Sitzung findet Annenstr. 16 Restaurant C. Vehse statt. Sollte es Ihnen nicht möglich sein zu kommen bitten wir um gefl. Benachrichtigung an die angegebene Adresse.

Hochachtungsvoll
der Vorsitzende d. Berl. Arb Bildungsschule.
H. Lammé

H. Lammé, Tempelhof b. Bln., Berlinerstr. 36 III

Mit Beginn des 1. Quartals des Jahres 1899 nahm Rudolf Steiner seine Lehrtätigkeit an der Berliner Arbeiterbildungsschule auf. Der Unterricht fand statt in einem kleinen Saal einer Gastwirtschaft im Südosten Berlins, in der Annenstraße 16. Das Thema des sich über 10 Abende erstreckenden Kurses lautete (entsprechend Jahresbericht): «Geschichte vom 16. Jahrhundert bis auf die Jetztzeit, mit besonderer Berücksichtigung des geistigen Lebens». Wohl entmutigt durch den früheren Geschichtsunterricht, den zuletzt der Schriftsteller Paul Kampffmeyer erteilt hatte, hatten sich weniger als 50 Zuhörer eingefunden.

Laut Jahresbericht 1898/99 hatten sich 44 Teilnehmer, 8 Damen und 36 Herren, für diesen Kurs eingeschrieben. Im Durchschnitt nahmen 33 Personen teil. Doch Rudolf Steiner ließ sich ganz offensichtlich durch die geringe Zahl nicht beirren, sondern trug seine Inhalte mit großer Begeisterung vor, der sich seine Zuhörer nicht entziehen konnten, denn schon in den nächsten Quartalen stieg die Zahl der Teilnehmer erheblich an. Im II. Quartal 1900 hatten sich bereits 79, im IV. Quartal 121 und im II. Quartal 1901 insgesamt 159 Zuhörer eingeschrieben. Dies bedeutete im Übrigen zugleich, dass sich auch die Einnahmen erheblich erhöhten, wodurch der Fortbestand der Schule gewährleistet werden konnte, nachdem vor Eintritt Rudolf Steiners aufgrund des Zuhörerschwundes das ganze Unternehmen an den Rand des Abgrundes geraten war.

Obgleich sich Steiner ausbedungen hatte, seinen eigenen Anschauungen gemäß den Geschichtsunterricht zu erteilen, also auch wenn seine Inhalte nicht den damaligen Parteimeinungen entsprachen, wurde dies nicht als Mangel seitens der Zuhörerschaft empfunden. So schildert Johanna Mücke, wie bereits nach Steiners erstem Vortrag «lebhaft und angeregt» weiterdiskutiert wurde und ein «besonders tätiger Genosse» auf sie zutrat und sagte: «Na, materialistische Geschichtsauffassung war das ja nicht, aber interessant war es.»[177] Wie Rudolf Steiner methodisch vorging, hat er in seiner Autobiographie so geschildert:

> *Man muss bedenken, dass in dem wirtschaftlichen Materialismus, den die Arbeiter durch den Marxismus als ‹materialistische Geschichte› in sich aufnehmen, Teilwahrheiten stecken. Und dass diese Teilwahrheiten gerade das sind, was sie leicht verstehen. Hätte ich daher mit völligem Außerachtlassen dieser Teilwahrheiten idealistische Geschichte gelehrt, man hätte in den materialistischen Teilwahrheiten ganz unwillkürlich das empfunden, was von meinem Vortrage zurückstieß. Ich ging deshalb von einer auch für meine Zuhörer zu begreifenden Wahrheit aus. Ich zeigte, wie bis zum sechzehnten Jahrhundert von einer Herrschaft der wirtschaftlichen Kräfte, so wie Marx dies tut, zu sprechen, ein Unding sei. Wie vom sechzehnten Jahrhundert an die Wirtschaft erst in Verhältnisse einrückt, die man marxistisch fassen kann; wie dieser Vorgang dann im neunzehnten Jahrhundert seinen Höhepunkt erlangt. So war es möglich, für die vorangehenden Zeitalter der Geschichte die ideell-geistigen Impulse ganz sachgemäß zu besprechen und zu zeigen, wie diese in der neuesten Zeit schwach geworden sind gegenüber den materiell-wirtschaftlichen.*[178]

In einem Brief an Dr. Otto Palmer schildert ein Teilnehmer, dessen Name auf dem im Rudolf Steiner Archiv befindlichen Dokument nicht verzeichnet ist – auch weist es kein Datum auf –, seine Eindrücke über die Kursstunden bei Rudolf Steiner mit folgenden Worten:

In meinen jungen Jahren, damals war ich noch mehr bildungshungrig als heute, besuchte ich die Arbeiterbildungsschule. Wir hatten dort einen eigenartigen Lehrer. Ich glaube, er hieß Rudolf Steiner. Das war ein ganz merkwürdiger Mensch. So einen Lehrer habe ich nie wieder gehabt. Eine hagere Gestalt, fast schäbig angezogen. Er trug immer einen alten Gehrock, die Hosen sahen aus wie Korkzieher, viel zu kurz und ebenso abgetragen. Anfangs trug er einen Spitzbart, dann einen Schnurrbart, später ging er bartlos. Sein Bild habe ich noch ganz deutlich vor Augen. Aber alle hingen mit großer Liebe an ihm und ich wäre, wie wohl die meisten, für ihn durch's Feuer gegangen. Was er eigentlich gelehrt hat, ich kann es heute nicht mehr sagen, aber er war von einer Liebe und Güte, wie ich es bei keinem Menschen wieder angetroffen habe. – Sonderbar, ich sprach öfters mit meiner Braut darüber, ob er tatsächlich so arm wäre, denn in der Pause zog er immer eine trockene Schrippe aus der Tasche und aß sie, so eigentlich recht vergnügt, auf. – Aber wenn ihr denkt, sie hätten ihn in der Pause in Ruhe gelassen, weit gefehlt. Die ganze Bande rückte ihm auf den Leib und des Fragens war kein Ende. Ruhig lächelnd, mit unbeschreiblicher Geduld, antwortete er jedem Frager, während er seine Schrippe aß. – Später kam der Richtungsstreit in die Partei und da wurde er so eigentlich abgedrängt, er ging dann von selbst. Wir haben es alle sehr bedauert und nie habe ich wieder etwas von ihm gehört. In der Zeitung stand vor einiger Zeit mal, ich glaube es war in der Schweiz in Dornach, da soll er gestorben sein.

Ein neues Fach: Rede-Übungen

Nachdem sich Steiner im Jahr 1899 und in den ersten beiden Quartalen des Jahres 1900 ausschließlich auf den jeweils am

Freitagabend stattfindenden Geschichtskurs konzentriert hatte, kam im IV. Quartal ein weiterer Abend hinzu: Jeden Donnerstag, beginnend um 21 Uhr, leitete er nun einen Kurs, in dem die Teilnehmer in der mündlichen Rede geschult wurden. Angekündigt war der Kurs unter dem Thema: «Übungen für Anfänger im mündlichen Gedankenaustausch mit Rücksicht auf das praktische Leben». Im II. Quartal des Jahres 1900 war dieses Fach noch von Rechtsanwalt Victor Fränkl vertreten worden. Damals hatten sich 43 Teilnehmer eingeschrieben. Nach der Übernahme dieses Faches durch Rudolf Steiner stieg die Zahl der Anmeldungen auf 151.

Anders als im Fach Nationalökonomie oder Geschichte waren diese Abende sehr geprägt von den Teilnehmern selbst. Mal trug jemand ein – vielleicht sogar selbstverfasstes – Gedicht vor und bat Steiner um Korrekturen, die sich dann sowohl auf das Inhaltliche als auch auf die Art des Vortragens bezog, oder es schilderte eine Arbeiterin oder ein Arbeiter ihren/seinen täglichen Arbeitsablauf oder es ging ganz konkret um die Schulung einzelner Teilnehmer im Hinblick auf ihre politische oder gewerkschaftliche Tätigkeit. Johanna Mücke erinnert sich an solch eine Stunde so: «Zum Beispiel ermunterte er [R. Steiner] uns einmal, übungsweise für eine gedachte Wahlversammlung von den Anschauungen der verschiedenen politischen Parteien zu sprechen. Ein kleiner schlauer Österreicher wurde zum Zentrumsmann bestimmt und machte seine Sache ganz vortrefflich; ein anderer Schüler musste den Konservativen spielen, ein dritter den Nationalliberalen und so weiter.»[179] – Von einer anderen Teilnehmerin liegt hierüber folgender kleiner Bericht vor:

Als ich von der Arbeiterbildungsschule hörte, ging ich nach dem Engel-Ufer und meldete mich als Mitglied an.

Ich wollte Nationalökonomie hören, aber die Sache kam mir so furchtbar langweilig vor, dass ich von einem Vortrag genug hatte. Und er muss wohl auch sehr ermüdend gewesen sein, denn vor und hinter mir saßen ein paar Arbeiter, die einschliefen und so laut zu schnarchen anfingen, dass der Vortragende jedesmal vor Schreck zusammenzuckte und in seiner Rede beinahe steckenblieb. Mehr Begeisterung erweckte Dr. Rudolf Steiner in mir, der die Arbeiter und Arbeiterinnen in die Redekunst einweihte. Jedes Mitglied durfte auf das Podium steigen und über irgendeinen Gegenstand sprechen, und Dr. Steiner verbesserte dann den Redner, wenn es etwas zu verbessern gab. Ich musste oft staunen, wie gewandt und korrekt diese einfachen Leute sprachen.[180]

Unterrichtsfach	Behandelter Lehrstoff	Lehrer	Unterrichts-Abend
II. Quartal 1900.			
National-Oekonomie	Marx' ökonomische Lehren	Schriftsteller Dr. C. Schmidt	Montag
Rede-Uebung	Referate und Diskussion über Themata aus dem sozialen, gewerkschaftlichen und geistigen Leben	Rechtsanwalt Victor Fränkl	Donnerstag
Geschichte	Kultur- und Kunstgeschichte im neunzehnten Jahrhundert	Schriftsteller Dr. Rud. Steiner	Freitag
IV. Quartal 1900.			
National-Oekonomie	Soziale Theorien und Bewegungen bis zur Sozialdemokratie	Rechtsanwalt Victor Fränkl	Montag
Natur-Erkenntniss	Grundlagen der Naturwissenschaften	Schriftsteller Dr. M. Gerstmann	Dienstag
Rede-Uebung	Uebungen für Anfänger im mündlichen Gedankenaustausch mit Rücksicht auf das praktische Leben	Schriftsteller Dr. Rudolf Steiner	Donnerstag
Geschichte	Kulturgeschichte in grossen Zügen von den Anfängen der menschlichen Kultur bis zur Gegenwart	Schriftsteller Dr. Rudolf Steiner	Freitag
I. Quartal 1901.			
Geschichte	Welt- und Lebensanschauungen	Schriftsteller Dr. Rud. Steiner	Montag
Natur-Erkenntniss	Die allgemeinen Himmelserscheinungen	Schriftsteller Dr. Br. Borchardt	Dienstag
National-Oekonomie	Die moderne Arbeiterbewegung	Rechtsanwalt Victor Fränkl	Donnerstag
Rede-Uebung	Kursus für Fortgeschrittene	Schriftsteller Dr. Rud. Steiner	Freitag

Abb. 31 Unterrichtsplan

Das Kursangebot der Arbeiterbildungsschule beschränkte sich in den Jahren 1899 bis 1904, also in der Zeit, in der Rudolf Steiner dort lehrte, in der Regel auf drei oder vier Fächer: Nationalökonomie, Geschichte, Rede-Übung und Naturerkenntnis. Verschiedentlich ist in den Jahresübersichten auch das Fach Gesetzeskunde genannt. Die Zahl der Unterrichtenden schwankt von Quartal zu Quartal. Mal sind drei, mal vier Dozenten angeführt, was bedeutet, dass Rudolf Steiner selbst schon das halbe Kollegium ausmachte. Demzufolge wurde er auch zum Vertreter des Lehrerkollegiums bestimmt und nahm als solcher ziemlich regelmäßig an den Sitzungen des Vorstandes der Arbeiterbildungsschule teil. Johanna Mücke berichtet: «Die fünf Jahre hindurch habe ich so manches Protokoll geschrieben mit dem Schlußsatze: Anwesend waren Genosse Lammé, Genosse Königs und so weiter, und Herr Doktor Steiner. – Falls sich diese alten Protokolle im Gewerkschaftshause noch finden, könnte man also sogar dokumentarisch den Beweis führen, dass von uns Herr Doktor niemals als zur Partei gehörig betrachtet wurde; ich hätte damals sonst mit Freuden das Wort Genosse für ihn gebraucht.»[181]

Geselliges im Leben der Arbeiterbildungsschule

Um die Geselligkeit der Mitglieder der Arbeiterbildungsschule untereinander zu pflegen, wurden in den Sommermonaten an einigen Sonntagen Ausflüge in die nähere Umgebung Berlins veranstaltet, an denen verschiedentlich auch Rudolf Steiner teilgenommen hat. Aus der ausführlichen Schilderung von Alwin Rudolph sei hier zur Veranschaulichung nur ein kleiner Ausschnitt angeführt:

> *Steiner lagerte dann mitten unter uns. Wir unterhielten uns oder wir fragten ihn aus über Bücher und Theater, über alte, neue und neueste Literatur. Es mochten die griechischen Dichter und Philosophen sein, Ägypter, Chinesen, Inder, die Weisheiten des Kungfutse und des*

> *Laotse oder der im Pergamon-Museum aufgebaute Altar aus Kleinasien, Emile Zola oder Stefan George. Er erklärte uns die Blüten im Grase, die Farnkräuter, die herumschwirrenden Insekten, und wir machten unsere Glossen über seine Angabe, dass es nur die weiblichen Schnaken seien, die den Menschen stechen und ihm das Blut aussaugen … Steiner kam uns vor wie ein Silo, bis oben gefüllt mit dem Wissen der Welt.*[182]

Am Sonntag, dem 18. November 1900, begann mit einer Sonderveranstaltung im Gewerkschaftshaus, dem Ada-Negri-Abend, ein «erster Versuch, Dichter-Abende zu veranstalten».[183] Dem Bericht in der Zeitschrift *Der freie Bund* zufolge waren ungefähr 1200 Zuhörer gekommen, «welche mit regem Interesse dem Dargebotenen folgten». Im Anschluss an das sehr anspruchsvolle Programm fand ein Ball statt, für den die Herren, die daran teilnehmen wollten, noch 30 Pfennige nachzuzahlen hatten.

Im Rahmen dieser Veranstaltungsreihe sprach auch Rudolf Steiner, so am 25. Februar 1900 über Gerhart Hauptmann, am 17. Februar 1901 über Ferdinand Freiligrath, am 27. Oktober desselben Jahres über ‹Moderne Lyrik› und am 16. November 1902 über Emile Zola.

Bereits bevor die ‹Dichter-Abende› eingerichtet wurden, gab es die ‹Sonntagsversammlungen›. Seinen ersten Vortrag in dieser Reihe hielt Rudolf Steiner am 5. November 1899. Sein Thema lautete: *Kunst und Literatur im Verhältnis zur Naturwissenschaft.* Diese Veranstaltungen waren zumeist sehr gut besucht (zwischen 300 und 500 Zuhörern), die Themen außerordentlich vielfältig. Hier eine kleine Auswahl: *Anarchismus und Sozialismus* (Dr. A. Bernstein), *Volksernährung und Volkseinkommen* (E. Wurm), *Ausflug in die*

Sternenwelten (Dr. Archenhold), *Materialistische Geschichtsauffassung* (Wilhelm Liebknecht), *Pflege und Erhaltung der Schönheit* (Dr. R. Friedeberg), *Die Bekämpfung der Trunksucht und die moderne Arbeiterbewegung* (Dr. Weyl), *Von der Erklärung der Menschenrechte bis zum allgemeinen Wahlrecht* (Max Schippel), *Feuerbestattung* (M. Pauli), *Marx und seine Lehren* (Frl. Imle).

Sehr geehrter Herr Dr.!

Der von uns verabredete Vortrag über «Wie ist wissenschaftlicher Sozialismus möglich» soll morgen Sonntag den 22. d. M. stattfinden. Sie bestimmt erwartend verbleibe ich mit

bestem Gruß
Ihr ergebener
H. Lammé

21.IX.1901

Der freie Bund

Organ für genossenschaftliche Arbeit auf dem Gebiet der freien Volksbildung

III. Jahrgang, Nr. 3, Leipzig, März 1901

[Die] Arbeiter-Bildungsschule Berlin veranstaltete am Sonntag den 17. Februar im Gewerkschaftshause einen Freiligrath-Abend, welcher von über 1000 Personen besucht war. Herr Dr. Steiner hielt den einleitenden Vortrag; er verstand es meisterhaft, den Entwickelungsgang des Dichters zu schildern. Unter dem Eindruck des Welthandels in Amsterdam, wo sich Freiligrath für den Kaufmannsstand ausbilden sollte, wurde er erst der poetische Schilderer exotischer Stoffe, vergleichbar in der Glut der Farbenbildung mit

Böcklin. Trotzdem er dann den Standpunkt vertrat, dass der Dichter «auf einer höheren Warte stehen müsse, als auf den Zinnen der Partei», wurde er doch im Laufe der Jahre der glühende Freiheitsdichter der sozial Geknechteten. Er wies die königliche Pension, welche er etliche Jahre erhalten hatte, zurück und eröffnete im Jahre 1844 mit den Zeitgedichten: Ein Glaubensbekenntnis, die Reihe seiner sozialen Gedichte. Obgleich er im Jahre 1848 vom Schwurgericht wegen seiner Anteilnahme an der Revolution freigesprochen wurde, musste er dennoch, als die Reaktion siegte, nach London entfliehen. Dort musste er als Buchhalter für sich und die Seinen das zum Leben Notwendige erwerben, weil ihm die Herausgabe seiner Gedichte und die meisterhafte Übersetzung fremder Dichtungen nicht genügend einbrachte. Erst durch die Amnestie im Jahre 1867 wurde es dem Dichter möglich, nach Deutschland zurückzukehren. Man könne nun, so schloss der Referent seinen Vortrag, die größten Lyriker des 19. Jahrhunderts am besten charakterisieren, wenn man Lenau als den Dichter der Schwermut, Heine als den Dichter des Übermuts und Freiligrath als den Dichter des Heldenmuts bezeichne. Wenn Freiligrath auch am Ende seines Lebens gesagt hat, dass seine sozialen Gedichte keine spätere agitatorische Wirkung mehr besäßen, so ist das ein Irrtum von ihm gewesen, seine revolutionären Freiheitsgesänge begeistern auch heute noch die Kämpfer für Freiheit und Recht. Und wenn einst der große Tag der Befreiung heraufsteigt, wird auch in goldenen Lettern unter den Freiheitsdichtern der Name Ferdinand Freiligraths glänzen. Reicher Beifall wurde den begeisterten Worten des Vortragenden gezollt.
Reichen Genuss boten auch die folgenden Nummern des ausgezeichneten Programms. Exakt ausgeführte Kammermusik, Rezitationen Freiligrath'scher Gedichte, in ausgezeichneter stimmungsvoller Weise von Herrn Friedrich Moest vorgetragen, Gesangsaufführungen von Herrn Friedrichs fanden den wohlverdienten Beifall der zahlreich erschienenen Hörer. Der Abend war einer der genussreichsten unter den bisher von der Schule veranstalteten.

... Arbeiter-Bildungsschule · Berlin ...

Zwölftes Stiftungs-Fest

Gewerkschaftshauses

.. Programm ..

... TANZ ...

Abb. 32 Programm, 12. Stiftungs-Fest der Arbeiterbildungsschule

Alljährlich gedachte man der Gründung der Arbeiterbildungsschule in Form eines Stiftungs-Festes, in dessen Mittelpunkt eine Festrede stand. Soweit aus den vorhandenen Unterlagen ablesbar, hat Wilhelm Liebknecht selbst die Festreden anlässlich des 8. und 9. Stiftungs-Festes gehalten. Nach seinem Tod übernahm diese Aufgabe sein Sohn Karl Liebknecht. Auf den Programmen des 12. und 14. Stiftungs-Festes (1903 und 1905) erscheint der Name Rudolf Steiner. Leider sind weder von diesen Festansprachen noch von Rudolf Steiners Vorträgen im Rahmen der Sonntagsversammlungen Nachschriften vorhanden. Eine Übersicht über sämtliche Kurse und Vorträge Rudolf Steiners an der Arbeiterbildungsschule in Berlin siehe weiter unten.

Berlin d. 8.VIII.1900

Verehrter Herr Dr.!

Ich hätte eine grosse [Bitte] an Sie, welche zu erfüllen Ihnen nicht schwer fallen dürfte. Der Abgeordnete Liebknecht welcher der Begründer der Schule war, ist am Dienstag verstorben. Es würde für mich sehr erfreulich sein, wenn Sie so liebenswürdig wären und eine passende Aufschrift für seinen Kranz zusammenstellten. Da das Begräbnis schon am Sonntag stattfindet, möchte ich bitten, uns bis Freitag Bescheid zukommen zu lassen. In der Hoffnung meine Bitte erfüllt zu sehen und im Voraus bestens dankend verbleibe ich mit frdl. Gruß

Ihr ergebener
H. Lammé

P. S. Beiliegende Karte bitte zu Ihrer Beantwortung zu benutzen, da Königs die Besorgung des Kranzes übernommen hat. D.O.

Es kann wohl als ein Vertrauensbeweis angesehen werden, dass sich der 1. Vorsitzende der Arbeiterbildungsschule, Hermann Lammé, anlässlich des Todes von Wilhelm Liebknecht am 7. August 1900 an Rudolf Steiner wandte mit der Bitte, ihm einen geeigneten Text für die Schleife des Kranzes der Arbeiterbildungsschule zukommen zu lassen. Bereits im Jahre zuvor, aus Anlass von Goethes 150. Geburtstag, hatte Lammé den Goethe-Fachmann Rudolf Steiner gebeten, einen Spruch des Dichters für eine Kranzschleife auszuwählen. Damals hatte die Arbeiterbildungsschule am Goethe-Denkmal im Berliner Tiergarten neben dem ‹offiziellen› Kranz der Goethe-Gesellschaft einen Kranz niederlegen lassen. Laut den Erinnerungen von Alwin Rudolph[184] lautete der Spruch für die Schleife des Kranzes, der für das Grab Liebknechts bestimmt war, wie folgt:

Dass aus Arbeit wachsen
Wurzeln starker Willenskraft,
hat er uns gewiesen
auf den Pfad der Wissenschaft.

Einer anderen Überlieferung zufolge lautet der Spruch – und in dieser Form ist er auch in die Gesamtausgabe (*Wahrspruchworte*, GA 40) aufgenommen worden:

Dass aus Arbeit wachse
Wurzelstarke Kraft,
Hast du sie gewiesen
Auf die Wissenschaft.

Ein gefährlicher Ketzer

Hatte man sich in den Kreisen der Parteifunktionäre innerhalb der Arbeiterbildungsschule zu Lebzeiten Liebknechts mehr oder weniger tolerant gegenüber Nicht-Genossen verhalten, da Liebknecht selbst diese Toleranz vorbildhaft praktizierte, so begannen doch schon bald nach seinem Tod die Positionskämpfe um die «richtige sozialistische Einstellung». Auch Rudolf Steiner bekam diese deutliche Wende verschiedentlich zu spüren. Dass man des «marxistisch nicht stubenreinen Lehrers», zumal im Fach Geschichte, schon länger überdrüssig war, trat erst deutlicher in Erscheinung, als Rudolf Steiner im Oktober 1902 Generalsekretär der Deutschen Sektion der Theosophischen Gesellschaft wurde. Wie er auf die – wohl zumeist mehr versteckt – gegen ihn geführten Anschuldigungen reagierte, lässt sich seinem Brief an Johanna Mücke vom 2. Oktober 1903 entnehmen: «Aber die Polemiken werden jetzt so geführt, dass im Interesse der guten Sache jeder vor allem auf *Klarheit* der Situation halten *muss.* Ich werde der Schule dienen, bis man mich nicht mehr haben will.»

Socialistische Monats-Hefte

10. Jg., 1. Band, 1. Heft, Berlin, Januar 1904, S. 91 ff.

Innerhalb der Arbeiterbildungsschule Berlin, die jetzt in ihrem 13. Jahr steht, beschäftigt man sich wieder einmal mit den Fragen der *Reorganisation und der Ausdehnung* des Arbeitsgebiets. Diesmal handelt es sich nicht um die Existenz der Schule, die gesichert ist, wohl aber um eine weitere und bedeutsamere Wirksamkeit, als sie ihr heute beschieden ist. Mit hochgespannten Erwartungen hat man sie 1891 ins Leben gerufen. *Liebknecht* war Referent in der Gründungsversammlung, und er bewahrte seiner Schöpfung die Treue bis ans Ende. Tausende strömten durstig der neuen Wissensquelle zu, die in 6 überfüllten Localen der verschiedenen Stadtteile sprudelte. Die bürgerliche Presse war voll davon. Und nach 5 Jahren war die Schule angelangt bei 2 Schulen und 200 Schülern. Manche Erweiterungen des Arbeitsgebiets: Errichtung einer Lesehalle, Referentennachweis für die Berliner Arbeiterbewegung, literarische und künstlerische Veranstaltungen mannigfacher Art hatten ihr neue Bedeutung verliehen – aber das eigentliche Wirkungsfeld war mehr und mehr zusammengeschrumpft und drohte ganz zu veröden. 1897 wurde mit kräftiger Hand gejätet und weise Selbstbeschränkung geübt: man

Abb. 33 Wilhelm Liebknecht (1826–1900)

concentrierte sich auf *ein* Unterrichtslocal, wenige gleichzeitige Curse und gelegentliche Veranstaltungen besonderer Art. Seitdem steht die Schule gefestigt. Es ist ein Zeichen gesunder Entwickelung, wenn die dort geschulten Kräfte heute weiterdrängen, hinaus über den bescheidenen Rahmen einer kleinen, nach Mitgliederzahl, Lehrstoff und Lehrkräften beengten Anstalt. Freilich gilt es auch heute noch, mit dem Maß der vorhandenen Kräfte zu rechnen, und die Geschichte der eigenen Entwickelung hemmt von selbst jeden Ritt ins Grenzenlose. Aber mit Recht findet man das, was heute geleistet wird und mit den vorhandenen Mitteln auch nur geleistet werden kann, unzureichend: nach Umfang und Wirksamkeit.

Seit der Reorganisation, die mit dem October 1897 wirksam wurde, sind bis 1. April 1903 in 17 Unterrichtsquartalen – die Sommermonate sind schulfrei – 58 Curse zu 10 Stunden abgehalten worden, von denen 16 auf Geschichte, je 15 auf Nationalökonomie und Redeübung, 8 auf Naturerkenntnis, 4 auf Gesetzeskunde entfallen. Tätig waren dabei 20 Lehrer, unter denen manche Namen von bestem wissenschaftlichem Klang. Einer davon hielt 21 Curse, drei je 5, einer 4, drei hielten 2, zwölf nur 1 Curs ab: ein Mangel an Stetigkeit, der bei einer Schule noch mehr als bei einer freien Akademie von Nachteil sein muß. Umgekehrt weisen die letzten Quartale größere Stetigkeit, aber zu wenig Mannigfaltigkeit der vorhandenen Lehrkräfte auf. Namentlich für die Geschichte ist der Wechsel der Lehrer sehr groß. Sehr gering ist die Zahl der über Gesetzeskunde veranstalteten Curse, denen freilich ein Teil der zur Nationalökonomie gezählten zugerechnet werden kann. Im Jahre 1902–1903 wurden beispielsweise behandelt: II. Quartal 1902: Literaturgeschichte bis zur Gegenwart (Dr. Rudolf Steiner); Börsen und Banken (Georg Bernhard). III. Quartal: Geld und Währung (Bernhard); Entwickelung des Weltalls und das sociale Leben der Tiere (Steiner); Geschichte des Socialismus seit dem Altertum mit besonderer Berücksichtigung der Staatsverfassungen (Max Schütte). I. Quartal 1903: Deutsche Reichsfinanzen und Steuerwesen (Bernhard);

Anatomie des Menschen (Steiner); Geschichte der deutschen Arbeiterbewegung (Schütte). – Außerdem in jedem Quartal Übungen in mündlicher Rede und im schriftlichen Aufsatz (Steiner).
Wäre das ein Ausschnitt aus dem Vorlesungsverzeichnis einer Universität, in dem es außerdem an einleitenden und encyklopädischen Vorlesungen nicht fehlte, so wäre dieses Programm sehr schön und zweckdienlich. Für sich allein muß es unzulänglich und, zumal in Geschichte und Naturerkenntnis, in seiner bunten Durcheinanderwürfelung wenig zweckmäßig erscheinen. Es handelt sich hier nicht um Vorwürfe gegen die Lehrer, die unter so schwierigen Verhältnissen Mühe haben werden, eine Eintönigkeit zu vermeiden und den älteren Schülern stets Neues zu bieten. Die Ursache ist äußerlicher und doch zugleich *tiefer* zu suchen.

Das IV. Quartal 1897 wies 292 Mitglieder (davon 41 weibliche) auf, von denen 98 keinen, 150 einen, 40 zwei und 11 drei Curse besuchten. Das I. Quartal 1898 zählte 318 Mitglieder (47 weibliche), von denen 195 einen oder mehrere Curse besuchten. Und im letzten Geschäftsjahr zählte man in den 3 Quartalen 444 (52 weibliche) Mitglieder, von denen 261-369 (49), von denen 300-459 (62), von denen 337 Hörer waren (255 in einem, 67 in zwei, 11 in drei, 4 in vier Cursen). Aus der *Bibliothek*, die 1556 Bände zählte, wurden von October bis März 957 Bände an 315 Mitglieder (in 3 Quartalen 1901-1902 1560 Bände) verliehen.
Die *Einnahmen* betrugen im letzten Geschäftsjahr 1189,41 M. an Vereins- und 1951,75 M. an Schuleinnahme: zusammen 3141,16 M. – die *Ausgaben:* 1506,06 M. an Vereins- und 1730 M. an Schulausgaben: zusammen 3236,06 M. Der *Cassenbestand sank* vom 31. März 1902 bis 1903 von 2917,18 auf 2822,28 M. und betrug am 1. October 1903 noch 2569,65 M. Unter den Einnahmen waren 1145 M. Schulgeld, 869 M. Beiträge, 305 M. Geschenke – unter den Ausgaben 1205 M. Honorare.
Sonntagsversammlungen mit Vorträgen fanden 9 – seit Oc-

tober 1897 waren es 63 – statt. Außerdem wurden ein Schiller- und ein Heine-Abend veranstaltet. Auch früher gab es literarische und Kunstabende, wie auch den Stiftungsfesten ein würdiger, künstlerischer Charakter verliehen wird.

Was aber geht aus den Zahlen hervor? Zunächst eine recht geringe äußere, financiell in neuerer Zeit sogar eine ungünstige Entwickelung der Schule – vor allem aber ihre *im Verhältnis zur Arbeiterbewegung Berlins minimale* Bedeutung. Hier liegt keine Schuld der Verwaltung vor, die nach ihren Kräften ihre Schuldigkeit zu tun sucht – wohl aber eine Schuld oder doch ein Mangel unserer *gesamten* Bewegung. Die Mitgliederzahl gering, financiell ein Hängen und Würgen, Mangel an Lehrkräften: das ist die Frucht zwölfjähriger, vom Geiste Wilhelm Liebknechts erfüllter Bildungsarbeit. Ist das die Bewährung des in tausend Volksversammlungen und Zeitungsartikeln emphatisch versicherten *Bildungsdurstes der Massen?* Ich fühle mich frei von Schwarzseherei und stelle keine überspannten Forderungen. Ich weiß, daß die *Arbeiterbildungsschule* sowohl dem Bildungsstreben als der Arbeiterbewegung wertvolle Dienste geleistet hat, und denke nicht daran, die gesamte Masse einziehen zu wollen in die Organisation planmäßiger Bildungsarbeit. Aber mit all diesen Vorbehalten muß es einmal gesagt werden: Die Berliner Arbeiterschaft steht in ihrer Bildungsbewegung sowohl hinter dem, was innerhalb der gleichen Bewegung beispielsweise in Wien und Paris geleistet wird, wie hinter den bürgerlichen Bildungsbestrebungen am eigenen Orte weit zurück. Die Geschichte der *Arbeiterbildungsschule* ist kein Ruhmesblatt in der Geschichte der Berliner Arbeiterbewegung!

Wie ist hier zu helfen? Wir brauchen mehr Hörer, wesentlich mehr Lehrkräfte und vor allem *mehr Geld!* Wenn die Leiter der *politischen* wie der *gewerkschaftlichen* Bewegung Berlins, denen aus dieser Schule schon so viele wertvolle Mitarbeiter zugeflossen sind, wirklich Sinn haben für die Bedeutung der Bildung, sowohl im Classenkampfe wie für den idealen Wert des Lebens, dann müssen sie sorgen, daß der Schule eine *bestimmte* und zwar erhebliche *Einnahme*, etwa ein gewisser Procentsatz der eigenen Eingänge, gesichert und daß für den erforderlichen Zufluß an Mitgliedern dauernde und lebhafte Propaganda entfaltet wird. Die Fragen inneren Charakters, der Organisation und des Lehrgangs, deren manche vorhanden sind, lassen sich leicht lösen, wenn einmal der leidige Geldmangel beseitigt wird. Nicht an einzelne, wohlsituierte Genossen richtet sich dieser Appell. Es erschiene mir unwürdig, könnte die riesige Berliner Arbeiterbewegung, die über Hunderttausende Mark und Tausende Menschen verfügt, nicht aus eigener Kraft die Mittel zur Vertiefung ihrer Kampfesarbeit und zur Hebung ihres geistigen Niveaus aufbringen. Mögen die Pläne auf Erweiterung und Fortbildung der Schule auch außerhalb ihres engeren Kreises, bei den berufenen Vertretern der Berliner Arbeiterschaft das notwendige Verständnis und Entgegenkommen finden! *(Simon Katzenstein)*

Zu einer deutlichen Zuspitzung kam es dann im Jahre 1904. Im Anschluss an eine Vorstandssitzung, an der Rudolf Steiner nicht teilgenommen hat, berichtet ihm Johanna Mücke in ihrem Brief vom 10. April[185] ausführlich, worüber im Einzelnen verhandelt worden ist, u. a.:

Außerdem ist beschlossen, Kautsky oder Conrad Schmidt, mögl. Kautsky zu einem Vortrag über Geschichtsmaterialismus zu veranlassen und Sie das Coreferat halten zu lassen, Grunwald sagte, um denjenigen, die nicht scharf denken und sich von einem Einzelnen imponieren lassen, Gelegenheit zum Nachdenken zu geben usw. Da ich ja nun wohl auch zu diesen Bedauernswerten gehöre, bin ich sehr gespannt darauf, wie ich in 1 bis 2 Stunden von Kautsky bekehrt werde. Übrigens können Sie doch eigentlich stolz darauf sein, für einen so gefährlichen Ketzer angesehen zu werden, dass man den Groß-Inquisitor der Partei, wie man Kautsky genannt hat, gegen Sie mobil machen zu müssen glaubt.

Das hier angekündigte Vorhaben ließ sich offensichtlich nicht so bald realisieren, vermutlich wohl auch deshalb, weil kein gemeinsamer Termin zustande kam. Wie Rudolf Steiner selbst zu diesen Vorgängen stand, kam ja bereits recht deutlich in seinem Brief an Johanna Mücke zum Ausdruck. In die gleiche Richtung deuten auch seine Worte an Marie von Sivers, geschrieben am 25. August 1904:

Die Welt ist unendlich; es ist dem Menschen nötig, sie in ihren Symbolen zu ergreifen. – Das ist ein Wort des Mystikers Cardanus. Es ist gestern für mich symbolisch gewesen, nach acht Tagen Leben an der Grenze zwischen Land und Wasser, wieder in die Arbeiterversammlung versetzt zu sein. Ich musste das Astralwasser getrübt durch die mancherlei Persönlichkeiten betrachten. Es ist, wie wenn das klare Seewasser durch verschiedene trübende Gesteinsschichten geht. In solchen Dingen erlebt man immer wieder aufs Neue, was es heißt: Sonderdasein.

Das sollen nur Andeutungen sein dessen, was sich nur mit vielen Worten klar sagen ließe. Aus diesen Andeutungen aber magst Du begreifen, dass ich so gerne die Vorträge an der Arbeiterschule fortführen möchte. Aber die Kluft, die sich geltend macht zwischen dem, was allein noch an der Stätte möglich ist, und dem, was ich lehren muss, wird doch immer größer. Gestern wurde verlangt, ich solle am 7. September zum Thema Historischer Materialismus sprechen als Erwiderung, nachdem vorher Grunwald, ein starrer Sozialdemokrat, über dasselbe Thema gesprochen haben würde. Das ist natürlich unmöglich. Ich erklärte, ich könne auf keinen Fall an einem Abend zugleich mit Grunwald auf der Ankündigung stehen. Ich würde aber in die Versammlung kommen, und, wenn sich Veranlassung fände, in der Diskussion sprechen. – Der Vortrag Grunwalds ist dazu bestimmt, einen Gegenpol zu bilden gegen das, was ich lehre. Alles, was ich wohl jetzt noch tun konnte, um die Schule vielleicht zu behalten, war, meinen Vortrag abzulehnen. Denn durch die Gegenüberstellung hätten diejenigen, die meine Art nicht wollen, ein leichtes Spiel gehabt. Ich möchte aber gerade an dieser Stelle alles vermeiden, was den Bruch herbeiführen könnte.[186]

Die ordentliche Generalversammlung, an der Rudolf Steiner seine Haltung gegenüber dem Historischen Materialismus bzw. seine Geschichtsauffassung darlegen sollte, wurde für den 7. Oktober anberaumt. Obgleich er diese Veranstaltung als überflüssig erachtete – «Dieser Vortrag ist mir aufgedrängt», schrieb er in sein Notizbuch –, bereitete er sich dennoch gründlich vor, wie u. a. seinen handschriftlichen Aufzeichnungen zu entnehmen ist.[187]

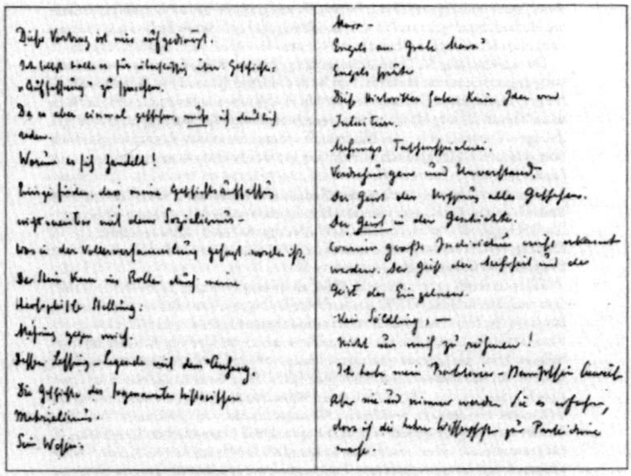

Abb. 34 Rudolf Steiner, Notizbuch Nr. 199

Dieser Vortrag ist mir aufgedrängt. / Ich selbst halte es für überflüssig über Geschichts- / «Auffassung» zu sprechen. / Da es aber einmal geschehen, muss ich deutlich reden. / Worum es sich handelt! / Einige finden, dass meine Geschichtsauffassung / nicht vereinbar mit dem Sozialismus – / Was in der Volksversammlung gesagt worden ist. / Der Stein kam ins Rollen durch meine / theosophische Stellung: / Mehring gegen mich. / Dessen Lessing-Legende mit dem Anhang. / Die Geschichte des sogenannten historischen / Materialismus. / Sein Wesen. / Marx – / Engels am Grabe Marx' / Engels später / Diese Historiker haben keine Idee von / Intuition. / Mehrings Taschenspielerei. / Verdrehungen und Unverstand. / Der Geist der Ursprung alles Geschehens. / Der Geist in der Geschichte. / Warum große Individuen nicht erkannt / werden. Der Geist der Mehrheit und der / Geist des Einzelnen. / Kein Söldling, – / Nicht um mich zu rühmen! / Ich habe mein Proletarier-Bewusstsein bewiesen / Aber nie und nimmer werden Sie es erfahren, / dass ich die hehre Wissenschaft zur Parteidirne / mache.

Rudolf Steiner, Notizbuch, Archiv-Nr. NB 199

Den dramatischen Verlauf des Rededuells zwischen Rudolf Steiner und Max Grunwald – Kautsky hatte offensichtlich seine Mitwirkung abgesagt – hat E. Unger-Winkelried, damals Schüler der Arbeiterbildungsschule, später Zeitungsredakteur in Bremen, in einer 1934 erschienenen Publikation[188] mit folgenden Worten wiedergegeben:

Es war wohl so um das Jahr 1904, als er sein Lehramt an der Arbeiterbildungsschule niederlegte. Die buchstabengläubigen Zionswächter hatten schon lange gegen den marxistisch nicht stubenreinen Lehrer gebohrt. Er war als Ketzer verdächtig, und nur die große Liebe, mit der die Schüler an ihm hingen, hatte die Gegner gehindert, loszuschlagen. Endlich aber war es doch soweit. Sie schickten den kleinen jüdischen Max Grunwald, einen sattelfesten Marxisten, vor. Man setzte einen Abend fest, an dem die beiden Gegner sich messen sollten. Es wurde eine Geisterschlacht von gewaltigem Ausmaß. Steiner war in ganz großer Form. Er sprach mit dramatischer Steigerung, er rückte seinem Gegner mit einem unheimlichen Wissensschatz auf den Leib, er sprach mit Leidenschaft und Feuer und zwang selbst die Feinde in seinen Bann. Der kleine, verkrachte Mediziner Grunwald kam gar nicht erst auf die Beine. Er war durchaus nicht dumm und sonst gefürchtet wegen seines Witzes und seiner Schlagfertigkeit. Aber er hatte schon bei der ersten Runde hoffnungslos verloren. Steiner ging, aber er ging als Sieger, umjubelt von seinen getreuen Schülern.

Im Anschluss an diese Diskussion, an der sich, wie dem Bericht aus dem *Vorwärts*[189] zu entnehmen ist, noch weitere Redner zu Wort meldeten, wurde eine Resolution verabschiedet, in der Rudolf Steiner das Vertrauen ausgesprochen wurde, was zugleich beinhaltete, dass er «in den Kursen der Schule weiter als Lehrer fungieren kann».

Das Abstimmungsergebnis war übrigens mehr als deutlich. Laut *Vorwärts* wurde die entsprechende Resolution «mit allen gegen 7 Stimmen angenommen». Johanna Mücke notierte: «Dr. Steiner sprach begeisternd wie immer, und das Resultat war, dass sich 12 der Anwesenden für die Ausführungen des Herrn Grunwald und 348 für Dr. Steiner erklärten.»[190]

Die Turbulenzen innerhalb der Arbeiterbewegung in der Folgezeit brachten es mit sich, dass gegen Max Grunwald im Jahre 1913 ein Parteiausschlussverfahren eingeleitet wurde, was im September desselben Jahres dazu führte, dass er seine Lehrtätigkeit an der Arbeiterbildungsschule aufgeben musste. Er hatte seit 1903 das Fach Nationalökonomie und ab 1908 auch die Kurse in Rede-Übungen erteilt.

Von dem Abstimmungsergebnis der Generalversammlung wenig beeindruckt erwiesen sich die Verlierer. Bereits in einer Vorstandssitzung im Dezember, an der Rudolf Steiner wegen anderwärtiger Verpflichtungen nicht teilnehmen konnte, unternahmen sie den nächsten Vorstoß. Ihr Vorschlag, Rudolf Steiner nur noch das nächste Quartal unterrichten zu lassen und dann einen anderen Lehrer zu beauftragen, stieß auf Zustimmung, da u. a. vorgebracht wurde, dass Rudolf Steiner «ja doch nicht mehr ein rechtes Interesse für die Schule habe».[191] Angesichts dieses fadenscheinigen Argumentes machte Johanna Mücke ihrer Empörung Luft, was an der ganzen Situation jedoch nichts änderte. «Es schien mir notwendig», so Mücke, «zu verhindern, dass man Herrn Doktors Kraft noch gerade so lange benützen wollte, als es ihnen passte, um ihn dann fortzuschicken.»[192] Am Sonntag, den 15. Januar 1905, hielt Rudolf Steiner wiederum die Fest-Ansprache aus Anlass des Vierzehnten Stiftungsfestes und teilte anschließend dem Vorstand mit, dass er seinen Unterricht nicht mehr fortsetzen werde. Damit ging eine sich über volle sechs Jahre erstreckende Tätigkeit zu Ende.

Eine solche unmittelbare Nähe zur Arbeiterschaft hat sich für Rudolf Steiner erst wieder im Jahre 1919 ergeben. Nachdem er im ersten Kapitel seiner im April erschienenen Schrift *Die Kernpunkte der Sozialen Frage* die Lage des Proletariats einer eingehenden Analyse unterzogen hatte, engagierte er sich in den folgenden Monaten für die Begründung von Betriebsräten und hielt in diesem Zusammenhang zahlreiche Vorträge in Fabriken sowie in von der Arbeiterschaft damals begründeten Vereinigungen. Dokumentiert ist diese Zeit des Um- und Aufbruchs in Heft Nr. 103 der *Beiträge zur Rudolf Steiner Gesamtausgabe* unter dem Thema *Alle Macht den Räten? Rudolf Steiner und die Betriebsrätebewegung 1919.*

Im Übrigen war Rudolf Steiners Nachfolger im Fach Geschichte, Max Maurenbrecher, ein ähnliches Schicksal beschieden. Die Gegner formierten sich schon bald gegen den neuen, der Theologie sehr verbundenen Lehrer, doch konnte sich dieser zunächst der Rückendeckung durch August Bebel höchstpersönlich sicher sein. Als Bebel die Gründung einer Parteischule in Aussicht genommen hatte, sah er in Maurenbrecher sogar deren künftigen Leiter. Wie sich die Angelegenheit nun weiter entwickelte, schildert E. Unger-Winkelried wie folgt: «Maurenbrecher war aber immer ein eigenwilliger Kopf, und so veröffentlichte er eines Tages einen Artikel, der an Karl Marxens Heiligtümer rührte. Das Kapitol geriet ins Wanken und Bebel nahm auf dem nächstfolgenden Parteitag Gelegenheit, das Schreckenskind derb abzuschütteln. ‹Und den hätte ich beinahe zum Leiter der Parteischule gemacht›, klagte er, ‹das hätte was gegeben. Thomas von Aquino empfiehlt er uns. Ausgerechnet!› – Der Parteitag quiekte belustigt.»[193]

Vorwärts

Berliner Volksblatt Nr. 249. 21. 79, 3. Beilage,
22. Oktober 1904

Die Arbeiter-Bildungsschule hielt ihre ordentliche Generalversammlung am 7. d. M. im Gewerkschaftshause ab. Der kurze, vom 1. Vorsitzenden gegebene *Vorstandsbericht* besagt das Folgende: Im vergangenen Quartal gehörten der Schule 268 Mitglieder (39 Damen und 229 Herren) an. Nach den statistischen Angaben waren organisiert nur politisch 6, nur gewerkschaftlich 73, politisch und gewerkschaftlich 103 Mitglieder. Der Vorstand macht der Generalversammlung den Vorschlag, an den Fortschrittskursen für Redeprüfung und Nationalökonomie bis 30 Mitglieder teilnehmen zu lassen. Die Teilnehmer sollen politisch und gewerkschaftlich organisiert sein und mindestens einen anderen Kursus an der Schule belegt haben. Nach dem vom 2. Kassierer Genossen *P. Elsner* gegebenen *Kassenbericht* betrug im Berichtsvierteljahr die Gesamteinnahme 213,50 M, die Gesamtausgabe 405,17 M, so dass am 1. Oktober ein Bestand von 2568,82 M zu verzeichnen war. Dem vom Gen. *Pusemann* gegebenen *Bibliotheksbericht* ist zu entnehmen, dass aus der an 22 Abenden geöffneten Bibliothek 326 Bände an 20 Damen und 84 Herren verliehen wurden. In der Diskussion über den Vorstandsbericht wird nach längerer Debatte der Vorschlag des Vorstandes betreffs Fortschrittskurse nur für Nationalökonomie akzeptiert. Für Redeübung soll die alte Norm bestehen bleiben, so dass also wie bisher nur 20 Teilnehmer zugelassen werden. Der Unterricht erstreckt sich auf 20 Tage, das Schulgeld beträgt 2 M. Von *Dittmer* wird ausgeführt, der Vorstand solle dem in der «Neuen Zeit» diskutierten Projekt der «Rühleschen Unterrichtsbriefe» seine Aufmerksamkeit zuwenden. Die Schule wäre der geeignete Ort, ein derartiges Projekt zur Durchführung zu bringen. Die zweite Diskussion wird durch einen Schlussantrag verhindert, um genügend Zeit für den 2. Punkt der Tagesordnung zu haben. – *Dr.*

Steiner erklärt am Beginn seines Vortrages über «Geschichtsauffassung», mit demselben nun endlich Klarheit zwischen sich und seinen Kritikern in der Schule schaffen zu wollen. Seine Anschauungen seien noch die gleichen als vor 5 Jahren, da man ihn an die Schule holte. Damals schon hätte man seinen Standpunkt gegenüber dem historischen Materialismus gekannt. Wenn man jetzt mit Angriffen gegen ihn komme, so sei das jedenfalls wegen seiner theosophischen Tätigkeit in letzter Zeit. In seinem Vortrage bestritt der Vortragende die Gültigkeit des historischen Materialismus in Bezug auf seine umfassende Weltanschauung. In der sehr umfangreichen Diskussion sprachen sich *Geithner* und *Grunwald* sehr scharf gegen Dr. Steiner aus, gleichzeitig die Ansicht vertretend, dass ein Lehrer mit solchen Anschauungen schon von sich selbst aus nicht länger Lehrer in der Schule sein könnte. Alle übrigen Redner erklären, sich zwar gleichfalls nicht mit den Anschauungen des Dr. Steiner befreunden zu können, doch läge kein Anlass vor, die Tätigkeit des Dr. Steiner an der Schule einzustellen. Es habe an der Schule immer eine gewisse Lehrfreiheit geherrscht und die Mitglieder hätten dadurch nicht Schaden gelitten. Zum Schluss wird folgende Resolution Dittmer mit allen gegen 7 Stimmen angenommen:
«Die Generalversammlung der Arbeiter-Bildungsschule kann sich zwar mit der Auffassung des Herrn Dr. Steiner über den historischen Materialismus nicht einverstanden erklären, gibt aber ihrer Überzeugung dahin Ausdruck, dass er nach wie vor das Vertrauen der Schüler besitzt und in den Kursen der Schule weiter als Lehrer fungieren kann.»
Zum 2. Schriftführer wird *R. Woldt* gewählt, als Hülfsbibliothekar *Buchmann* und als Revisoren *Wilhelm, Kriegel* und *Böttcher.* Nach Wahl einer aus 10 Personen bestehenden Ordnerkommission wird die Versammlung vertagt.

Zwei Jahre später vollzog sich in der Arbeiterbildungsschule ein sichtlicher Wandel. Aufgrund neuer politischer Manifestationen der Linken (Mannheimer Leitsätze), gelang es diesen, ihren Einfluss auch auf die Bildungseinrichtungen zu verstärken, indem sie einen großen Teil der Lehrerschaft stellten. Insbesondere das Fach Nationalökonomie wurde reorganisiert, zudem wurde das Angebot an Kursen über Rechts- und Gesetzeskunde verstärkt. Neu hinzu kam nun auch das Fach ‹Gewerkschaftswesen› sowie eine ‹Einführung in den wissenschaftlichen Sozialismus›. Im Jahr 1911 wurde dann noch ein Kurs «Wirtschaftsgeschichte» eingerichtet. Der Anstieg der Mitgliederzahlen, der mit Rudolf Steiners Lehrtätigkeit wieder neu eingesetzt hatte, hielt auch weiterhin an. Zeitweise waren nun bis zu 2000 Mitglieder eingeschrieben. In Josef Olbrichs Studie über die *Arbeiterbildung nach dem Fall des Sozialistengesetzes (1890–1914)*[194] werden als Ursache für den großen Zulauf, insbesondere in den Jahren 1906 bis 1908 und 1910 bis 1912, die damaligen politischen Auseinandersetzungen angeführt, wie die Massenstreikdebatte um 1905 und die Wahlrechtskampagne um 1910, durch die viele Arbeiter politisch mobilisiert wurden und allmählich auch das Bedürfnis nach politischer Schulung erwachte. Nach Dieter Frickes Darstellungen in seinem *Handbuch der Deutschen Arbeiterbewegung 1869 bis 1917* ist der Aufschwung, den die sozialdemokratische Bildungsarbeit genommen hat, eine Folge der «Auswirkungen der demokratischen Revolution von 1905 bis 1907 in Russland».[195] Diese Interpretation dürfte allerdings nicht ganz frei von einer ideologisch bedingten Eindimensionalität sein, denn seine Ausführungen geben zu einem erheblichen Teil die in der früheren DDR vorherrschenden Ansichten wieder.

Im Jahr 1913 trat eine entscheidende Wende ein, durch die die Arbeiterbildungsschule zusehends ihre Eigenständigkeit einbüßte. Aufgrund parteipolitischer Direktiven, die eine Zentralisierung des Bildungswesens vorsahen, wurde mit Generalversammlungsbeschluss vom 30. Juli 1914 der *Verein Arbeiterbildungsschule* aufgelöst und die Schule dem Bezirksbildungsausschuss unterstellt. Von nun an wurde die Schule aus Parteimitteln finanziert und wechselte auch den Standort, indem sie in das Gebäude an der Lindenstraße 3, wo sich bereits die Parteischule befand, einquartiert wurde. Innerlich wie äußerlich war damit die Arbeiterbildungsschule zu einer offiziellen Institution der Partei geworden, in der man der Funktionärsbildung eindeutig den Vorzug gegeben hat. Dies bedeutete das Ende der Schule in ihrer offenen Form, wie sie durch den Gründer Wilhelm Liebknecht veranlagt worden war.

Die Arbeiter-Bildungsschule in Spandau

Am 13. Oktober 1901 erschien in der Spandauer Zeitung *Die Laterne* eine Aufforderung an alle, «welche geneigt sind, an der Gründung einer Arbeiter-Bildungsschule für Spandau mitzuwirken», sich bei Genosse Rieger in der Moltkestraße 3 zu melden. Spandau, das war damals eine kleine Stadt vor den Toren Berlins mit etwa 65 000 Einwohnern, an jener Stelle platziert, wo die Spree in die Havel mündet. Es gab dort eine Geschützgießerei, eine Gewehr- und Munitions- und Pulverfabrik, ein Sägewerk und kleinere Maschinenfabriken. Im Übrigen lebte man auch von der Schifffahrt. Das Zentralfestungsgefängnis existierte auch schon.

Das Vorbild für die Gründung einer Arbeiter-Bildungsschule in Spandau war zweifellos Berlin, war jener Ort proletarischer Bildung, an dem Rudolf Steiner schon einige Zeit lehrte. Wie in Berlin, so waren auch in Spandau die Fächer Nationalökonomie und Kulturgeschichte sowie ein Kurs Rede-Übungen vorgesehen.

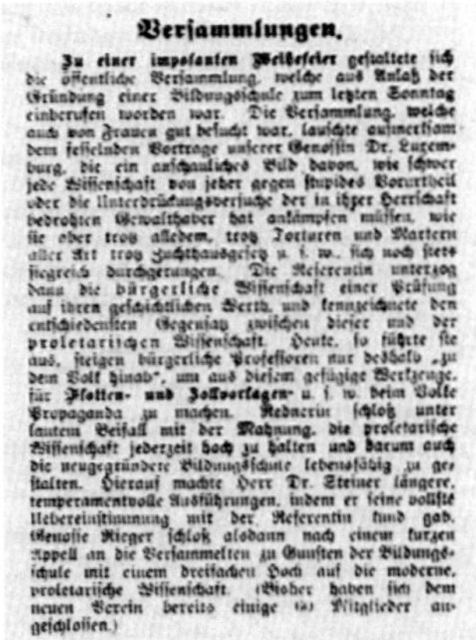

Versammlungen.

Zu einer imposanten Weihefeier gestaltete sich die öffentliche Versammlung, welche aus Anlaß der Gründung einer Bildungsschule zum letzten Sonntag einberufen worden war. Die Versammlung, welche auch von Frauen gut besucht war, lauschte aufmerksam dem fesselnden Vortrage unserer Genossin Dr. Luxemburg, die ein anschauliches Bild davon, wie schwer jede Wissenschaft von jeher gegen stupides Vorurtheil oder die Unterdrückungsversuche der in ihrer Herrschaft bedrohten Gewalthaber hat ankämpfen müssen, wie sie aber trotz alledem, trotz Torturen und Martern aller Art trotz Zuchthausgesetz u. s. w., sich noch stets siegreich durchgerungen. Die Referentin unterzog dann die bürgerliche Wissenschaft einer Prüfung auf ihren geschichtlichen Werth, und kennzeichnete den entschiedensten Gegensatz zwischen dieser und der proletarischen Wissenschaft. Heute, so führte sie aus, steigen bürgerliche Professoren nur deshalb „zu dem Volk hinab", um aus diesem gefügige Werkzeuge für **Flotten- und Zollvorlagen** u. s. w. beim Volke Propaganda zu machen. Rednerin schloß unter lautem Beifall mit der Mahnung, die proletarische Wissenschaft jederzeit hoch zu halten und darum auch die neugegründete Bildungsschule lebensfähig zu gestalten. Hierauf machte Herr Dr. Steiner längere, temperamentvolle Ausführungen, indem er seine vollste Uebereinstimmung mit der Referentin kund gab. Genosse Rieger schloß alsdann nach einem kurzen Appell an die Versammelten zu Gunsten der Bildungsschule mit einem dreifachen Hoch auf die moderne, proletarische Wissenschaft. (Bisher haben sich dem neuen Verein bereits einige [illegible] Mitglieder angeschlossen.)

Abb. 35 Bericht über die Gründungsfeier der Arbeiter-Bildungsschule Spandau

Der Aufruf vom Oktober blieb nicht ungehört. Bereits Ende November fand eine erste Versammlung der Interessenten im Radke'schen Lokal in der Neumeisterstraße 5 statt, denn, so meldete *Die Laterne* vom 24. November, «erfreulicherweise hat sich seit Bekanntwerden des Planes, eine Arbeiter-Bildungsschule in's Leben zu rufen, ein reges Interesse in den uns nahestehenden Kreisen bemerkbar gemacht». Die neue Bildungsstätte war nicht beschränkt auf Parteigenossen, sondern sie sollte grundsätzlich allen offenstehen, ungeachtet ihrer Parteirichtung oder Konfession. «Besonders», so hieß es in der oben schon erwähnten Zeitung, «auch Frauen und Mädchen werden als Mitglieder sehr willkommen sein.»

Der erste Lehrer – bis kurz vor der Eröffnungsfeier der Schule übrigens der einzige –, den der provisorische Vorstand für sein Unternehmen gewinnen konnte, war, so nachzulesen in *Die Laterne* vom 29. Dezember 1901, «Herr Dr. Steiner, Berlin, welcher bereits seit längerer Zeit an der

Berliner Arbeiter-Bildungsschule erfolgreich wirkt». Der gleichen Meldung ist zu entnehmen, dass wegen eines Lehrers für das Fach Volkswirtschaftslehre «augenblicklich noch Verhandlungen gepflogen» werden.

Am Sonntag, den 12. Januar, nachmittags, fand im Wehe'schen Lokal in der Pichelsdorferstraße 39 die Eröffnungsfeier statt. Man hatte die Genossin Rosa Luxemburg gewinnen können, ein Referat zu halten über das Thema *Die Wissenschaft und der Arbeiterkampf* (*Die Laterne* vom 12. 1. 1902). In der Vorankündigung vom 29. 12. 1901 hatte das Thema noch gelautet: *Wissen ist Macht*. Wie aus dem nachfolgenden Zeitungsbericht aus *Die Laterne* vom 19. Januar 1902 hervorgeht, schlossen sich an das Referat von Rosa Luxemburg «temperamentvolle Ausführungen» von Rudolf Steiner an, in denen dieser nach den Worten des Berichterstatters «seine vollste Übereinstimmung mit der Referentin kund gab».

Ein wenig anders sah Steiner diese Veranstaltung. In seinem in Dornach am 27. Oktober 1918 aus Anlass des Erscheinens der Neuauflage seiner *Philosophie der Freiheit* gehaltenen Vortrag heißt es hierzu, nachdem er zunächst auf das Problem des Verhältnisses von Freiheit und Wissenschaft aufmerksam gemacht hat, wie folgt:[196]

> *Dass man der durchbölschten Bourgeoisie nicht leicht das beibringen kann, wohl aber dem Proletariat, das hat sich mir manchmal gezeigt. Unter anderem auch, als ich in Spandau einmal aus den Reihen der dort versammelten Arbeiter, zunächst um ein paar Worte zu sagen, was aber dann eine fünf Viertelstunden lange Rede geworden ist, nachdem Rosa Luxemburg – sie ist ja hinlänglich bekannt – ihre große Rede gehalten hatte, vor einer Arbeiterschaft, die aber nicht nur eine Arbeiterschaft war, son-*

dern die Weib und Kind mitgebracht hatte, Wickel- und kleine Kinder, die geschrien hatten, Hunde und alles mögliche war im Saal – als ich hinterher, nachdem die Rosa Luxemburg ihre Rede über ‹die Wissenschaft und die Arbeiter› gehalten hatte, gerade daran anknüpfte, dass ein wirkliches Fundament schon daläge: das wäre, Wissenschaft geistig zu erfassen, das heißt, aus dem Geiste heraus nach einer neuen Lebensgestaltung zu suchen, da fand ich mit solchen Dingen immer einige Zustimmung.

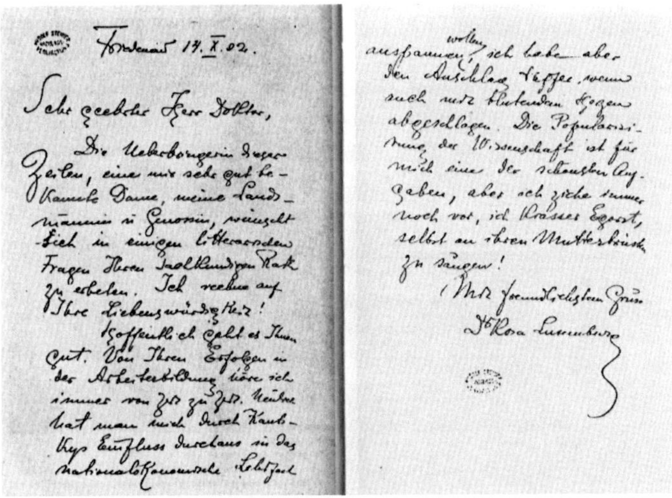

Friedenau 14. X. 02.

Sehr geehrter Herr Doktor,

Die Ueberbringerin dieser Zeilen, eine mir sehr gut bekannte Dame, meine Landsmännin u. Genossin, wünscht sich in einigen litterarischen Fragen Ihren sachkundigen Rat zu erbitten. Ich rechne auf Ihre Liebenswürdigkeit!

Hoffentlich geht es Ihnen gut. Von Ihren Erfolgen in der Arbeiterbildung höre ich immer von Zeit zu Zeit. Neulich hat man mich durch Kautskys Einfluss durchaus in das nationalökonomische Lehrfach einspannen wollen; ich habe aber den [illegible] [illegible], wenn auch mit blutendem Herzen abgeschlagen. Die Popularisierung der Wissenschaft ist für mich eine der schönsten Aufgaben, aber ich ziehe immer noch vor, ich krasser Egoist, selbst an ihren Mutterbrüsten zu saugen!

Mit freundlichstem Gruss

Dr Rosa Luxemburg

Abb. 36 Brief von Rosa Luxemburg an Rudolf Steiner

Am darauffolgenden Tag, dem 13. Januar 1902, nahm Rudolf Steiner seine Lehrtätigkeit in Spandau auf. Das Thema seines Kurses im I. Quartal lautete: *Kulturgeschichte des 19. Jahrhunderts.* Im II. Quartal referierte er dann über *Die Geschichte des 17. und 18. Jahrhunderts.* Weitere Kurse hat er offensichtlich nicht gegeben. Da trotz umfangreicher Recherchen keine näheren Dokumente über die weitere Entwicklung der Spandauer Arbeiter-Bildungsschule ausfindig gemacht werden konnten und auch die einschlägige Literatur, soweit sie erfasst werden konnte, die Schule praktisch nicht kennt, lässt sich auch nichts Näheres über die Zeit ab Herbst 1902 sagen. Möglicherweise musste sie schon im Sommer 1902 geschlossen werden aufgrund mangelnden Interesses. Ein wenig tönt dies in folgender Anzeige an, veröffentlicht in *Die Laterne* vom 20. April:

Achtung! Mitglieder der Arbeiter-Bildungsschule.

Der Besuch des Geschichtsabends lässt leider in diesem Quartal viel zu wünschen übrig. Im Interesse des Bildungsunternehmens, wie der Mitglieder, liegt es am Montag, **vollzählig** und **rechtzeitig** im Schullokal zu erscheinen!

Die Arbeiterbildungsschule Spandau

veranstaltet am **Sonntag, den 23. Februar**, im Lokal von **Wehe**, Pichelsdorferstraße 39, ihren ersten

Unterhaltungs-Abend.

Herr **Dr. Steiner** wird **Ferdinand Freiligrath und andere Dichter** behandeln. Daran schließt sich ein **geselliges Beisammensein** mit Concert und Tanz an. Wir erlauben uns, alle Freunde unserer Schule und alle Freunde einer gemüthvollen Geselligkeit hierzu freundlichst einzuladen. **Billets à 30 Pf.** (Tanz frei) sind in allen bekannten Lokalen und im Parteigeschäft, Jagowstr. 9, zu haben.

Mitglieder haben gegen Vorzeigung ihrer Mitgliedskarte freien Eintritt.

Anfang 6½ Uhr. Ende 12 Uhr.

Es ladet zu recht zahlreichem Besuch ein **Der Vorstand.**

Deutscher Holzarbeiter-Verband.

Sonnabend, den 22. Februar 1902, bei Wehe, Pichelsdorferstr. 39

Grosses

Der „erste Unterhaltungsabend" der hiesigen Arbeiter-Bildungsschule, am vergangenen Sonntag hat die gehegten Erwartungen sicher erfüllt, wenn nicht gar übertroffen. Der Besuch war ein überaus guter. Herr Dr. Steiner hielt zunächst einen äußerst fesselnden Vortrag über „Ferdinand Freiligrath", dem sich Recitationen einiger seiner ergreifenden Dichtungen anreihten. Der Vortragende fand allgemeinen lebhaften Beifall. Zwischendurch wurden einige musikalische Solovorträge gegeben, welche gleichfalls lebhaft applaudirt wurden. Den Vorträgen schloß sich ein Tanzkränzchen an, welches die Festgäste noch einige Stunden gesellig zusammenhielt. Das Gelingen dieses ersten Unterhaltungs-Abend hat den Beweis geliefert, daß der eingeschlagene Weg, Bildungsbestrebungen mit der Geselligkeit in passender Form zu verbinden; durchaus der richtige ist, und daß auf diese Weise am besten Verständniß für unsere Volksdichter und für eine schlichte Geselligkeit der Arbeiter untereinander gefördert werden kann. Nur weiter so!

Abb. 37 Die Laterne, *3. J., Nr. 7 vom 16. 2. und Nr. 9 vom 2. 3. 1902*

Ähnlich wie in Berlin, so hatte man auch in Spandau Sonntagsveranstaltungen eingerichtet. So hielt Rudolf Steiner im Rahmen des ersten ‹Unterhaltungs-Abend› einen Vortrag über den Dichter Ferdinand Freiligrath, dem sich ein «Tanzkränzchen anschloss», und am Sonntag, den 15. Juni, den

Festvortrag anlässlich eines *Dichter-Abends*, der ebenfalls mit Tanz ausklang.

In seiner Autobiographie *Mein Lebensgang* legt Steiner ein eindrucksvolles Zeugnis ab von jener Tätigkeit, die sein späteres Wirken gegen Ende des Ersten Weltkrieges zur Lösung sozialer Konflikte und vor allem seinen unermüdlichen Einsatz in Stuttgart und Baden-Württemberg zur Einrichtung von Betriebsräten maßgebend geprägt hat:

> *In dieser für mich schweren Zeit trat nun der Vorstand der Berliner Arbeiterbildungsschule an mich heran mit dem Ersuchen, ich solle in dieser Schule den Unterricht in Geschichte und Redeübungen übernehmen. Mich interessierte zunächst der sozialistische Zusammenhang, in dem die Schule stand, wenig. Ich sah die schöne Aufgabe vor mir, gereifte Männer und Frauen aus dem Arbeiterstande zu belehren. Denn junge Leute waren wenige unter den ‹Schülern›. Ich erklärte dem Vorstande, wenn ich den Unterricht übernähme, so würde ich ganz nach meiner Meinung von dem Entwicklungsgange der Menschheit Geschichte vortragen, nicht in dem Stil, wie das nach dem Marxismus jetzt in sozialdemokratischen Kreisen üblich sei. Man blieb dabei, meinen Unterricht zu wünschen.*
> *Nachdem ich diesen Vorbehalt gemacht hatte, konnte es mich nicht mehr berühren, dass die Schule eine sozialdemokratische Gründung des alten Liebknecht war. Für mich bestand die Schule aus Männern und Frauen aus dem Proletariat; mit der Tatsache, dass weitaus die meisten Sozialdemokraten waren, hatte ich nichts zu tun. Aber ich hatte selbstverständlich mit der Geistesart der ‹Schüler› zu tun. Ich musste in Ausdrucksformen sprechen, die mir bis dahin ganz ungewohnt waren. In die*

Begriffs- und Urteilsformen dieser Leute musste ich mich hineinfinden, um einigermaßen verstanden zu werden. Von zwei Seiten her kamen diese Begriffs- und Urteilsformen. Zunächst aus dem Leben. Die materielle Arbeit und deren Ergebnisse kannten diese Leute. Die die Menschheit in der Geschichte vorwärts leitenden geistigen Mächte traten nicht vor ihre Seele. Deshalb hatte der Marxismus mit der materialistischen Geschichtsauffassung so leichtes Spiel. Er behauptete, die treibenden Kräfte im geschichtlichen Werden seien nur die wirtschaftlich materiellen, die in materieller Arbeit erzeugten. Die geistigen Faktoren seien bloß eine Art Nebenprodukt, das aus dem Materiell-Wirtschaftlichen aufsteigt: sie seien eine bloße Ideologie.

Dazu kam, dass sich damals in der Arbeiterschaft ein Eifer nach wissenschaftlicher Bildung seit lange entwickelt hatte. Aber der konnte nur mit der populären materialistisch-wissenschaftlichen Literatur befriedigt werden. Denn nur diese Literatur traf eben auf die Begriffs- und Urteilsformen der Arbeiter auf. Was nicht materialistisch war, war so geschrieben, dass ein Verständnis für den Arbeiter unmöglich war. So kam die unsäglich tragische Tatsache, dass, als das werdende Proletariat mit höchster Sehnsucht nach Erkenntnis begehrte, ihm diese nur mit dem gröbsten Materialismus befriedigt wurde. […]
Die Arbeiter bekamen auf diese Art Vorstellungen von den Erkenntnisfähigkeiten, den religiösen, den künstlerischen, den sittlichen Triebkräften in der Geschichte und kamen davon ab, diese nur als Ideologie anzusehen. Dabei polemisch gegen den Materialismus zu werden, hätte gar keinen Sinn gehabt; ich musste aus dem Materialismus heraus den Idealismus erstehen lassen.
In den ‹Redeübungen› konnte allerdings nur wenig nach

der gleichen Richtung getan werden. Nachdem ich immer im Beginne eines Kurses die formalen Regeln des Vortragens und Redens erörtert hatte, sprachen die ‹Schüler› in Übungsreden. Sie brachten da selbstverständlich das vor, was ihnen nach ihrer materialistischen Art geläufig war. Die Führer der Arbeiterschaft kümmerten sich zunächst gar nicht um die Schule. Und so hatte ich völlig freie Hand.

Schwieriger wurde für mich die Sache, als zu dem geschichtlichen Unterricht der naturwissenschaftliche hinzukam. Da war es besonders schwer, von den in der Wissenschaft, namentlich bei deren Popularisatoren, herrschenden materialistischen Vorstellungen zu sachgemäßen aufzusteigen. Ich tat es, so gut es nur irgend ging. Nun dehnte sich aber gerade durch die Naturwissenschaft meine Unterrichtstätigkeit innerhalb der Arbeiterschaft aus. Ich wurde von zahlreichen Gewerkschaften aufgefordert, naturwissenschaftliche Vorträge zu halten. Insbesondere wünschte man Belehrung über das damals Aufsehen machende Buch Haeckels ‹Welträtsel›. Ich sah in dem positiv biologischen Drittel dieses Buches eine präzis kurze Zusammenfassung der Verwandtschaft der Lebewesen. Was im Allgemeinen meine Überzeugung war, dass die Menschheit von dieser Seite zur Geistigkeit geführt werden könne, das hielt ich auch für die Arbeiterschaft richtig. Ich knüpfte meine Betrachtungen an dieses Drittel des Buches an und sagte oft genug, dass man die zwei andern Drittel für wertlos halten muss und eigentlich von dem Buch wegschneiden und vernichten solle.

Als das Gutenberg-Jubiläum gefeiert wurde, übertrug man mir die Festrede vor 7000 Setzern und Druckern in einem Berliner Zirkus. Meine Art, zu den Arbeitern zu sprechen, wurde also sympathisch empfunden.

Das Schicksal hatte mich mit dieser Tätigkeit wieder in ein Stück Leben versetzt, in das ich unterzutauchen hatte. Wie die Einzelseele innerhalb dieser Arbeiterschaft schlummerte und träumte und wie eine Art Massenseele diese Menschheit ergriff, die Vorstellung, Urteil, Haltung umschlang, das stellte sich vor mich hin. Man darf sich aber nicht vorstellen, dass die Einzelseelen erstorben gewesen wären. Ich habe nach dieser Richtung tiefe Blicke in die Seelen meiner Schüler und überhaupt der Arbeiterschaft tun können. Das trug mich in der Aufgabe, die ich mir bei dieser ganzen Tätigkeit stellte. Die Stellung zum Marxismus war damals bei den Arbeitern noch nicht so, wie zwei Jahrzehnte später. Damals war ihnen der Marxismus etwas, das sie wie ein ökonomisches Evangelium mit voller Überlegung verarbeiteten. Später ist er etwas geworden, wovon die proletarische Masse wie besessen ist. Das Proletarierbewusstsein bestand damals in Empfindungen, die wie Wirkungen von Massensuggestionen sich ausnahmen. Viele der Einzelseelen sagten immer wieder: es muss eine Zeit kommen, in der die Welt wieder geistige Interessen entwickelt; aber zunächst muss das Proletariat rein wirtschaftlich erlöst werden.

Ich fand, dass meine Vorträge in den Seelen manches Gute wirkten. Es wurde aufgenommen, auch was dem Materialismus und der marxistischen Geschichtsauffassung widersprach. Als später die ‹Führer› von meiner Art Wirken erfuhren, da wurde es von ihnen angefochten. In einer Versammlung meiner Schüler sprach einer dieser ‹kleinen Führer›. Er sagte das Wort: «Wir wollen nicht Freiheit in der proletarischen Bewegung; wir wollen vernünftigen Zwang.» Es ging das darauf hinaus, mich gegen den Willen meiner Schüler aus der Schule hinauszutreiben. Mir wurde die Tätigkeit allmählich so erschwert,

dass ich sie bald, nachdem ich anthroposophisch zu wirken begonnen hatte, fallen ließ.
Ich habe den Eindruck, wenn damals von Seite einer größeren Anzahl unbefangener Menschen die Arbeiterbewegung mit Interesse verfolgt und das Proletariat mit Verständnis behandelt worden wäre, so hätte sich diese Bewegung ganz anders entfaltet. Aber man überließ die Leute dem Leben innerhalb ihrer Klasse und lebte selbst innerhalb der seinigen. Es waren bloß theoretische Ansichten, die die eine Klasse der Menschen von der andern hatte. Man verhandelte in Lohnfragen, wenn Streiks und dergleichen dazu nötigten; man gründete allerlei Wohlfahrtseinrichtungen. Das letztere war außerordentlich anerkennenswert.
Aber alles Tauchen dieser weltbewegenden Fragen in eine geistige Sphäre fehlte. Und doch hätte nur ein solches der Bewegung ihre zerstörenden Kräfte nehmen können. Es war die Zeit, in der die ‹höheren Klassen› das Gemeinschaftsgefühl verloren, in der der Egoismus mit dem wilden Konkurrenzkampf sich ausbreitete. Die Zeit, in der sich die Weltkatastrophe des zweiten Jahrzehnts des zwanzigsten Jahrhunderts schon vorbereitete. Daneben entwickelte das Proletariat auf seine Art das Gemeinschaftsgefühl als proletarisches Klassenbewusstsein. Es nahm an der ‹Kultur›, die sich in den ‹oberen Klassen› gebildet hatte, nur insofern teil, als diese Material lieferten zur Rechtfertigung des proletarischen Klassenbewusstseins. Es fehlte allmählich jede Brücke zwischen den verschiedenen Klassen.

So stand ich durch das ‹Magazin› [für Literatur, dessen Herausgeber und Redakteur Steiner damals war, Anm. W. K.] in der Notwendigkeit, in das bürgerliche Wesen unterzutauchen, durch meine Tätigkeit in der Arbeiter-

schaft in das proletarische. Ein reiches Feld, um die treibenden Kräfte der Zeit erkennend mitzuerleben.[197]

Neben seiner Lehrtätigkeit an der Arbeiterbildungsschule in Berlin und Spandau wurde er als Redner auf zahlreichen Veranstaltungen damaliger, mit der Arbeiterbewegung zusammenhängender Organisationen eingeladen, doch liegen hiervon keine Mitschriften vor.

Die Zusammenhänge zwischen seiner Tätigkeit an der Arbeiterbildungsschule und seinem späteren Einsatz für Bewusstmachung der *Dreigliederung des sozialen Organismus schildert* er in einer Fragenbeantwortung im Anschluss an einen in Zürich gehaltenen Vortrag mit den Worten:

Nun, da muss gesagt werden, dass die soziale Frage eigentlich erst kritisch geworden ist während dieser großen Weltkriegskatastrophe. Ich berühre ja nicht gern Persönliches, aber in solchen Dingen ist man nur allzu oft genötigt, das zu tun. Ich habe Gelegenheit gehabt, reichlich genug mitzuerleben den Gang der sozialen Frage. Ich war lange Zeit Lehrer an einer Arbeiterbildungsschule, in der von mir im Umgang mit den nicht nur erwachsenen, sondern oftmals recht alten Schülern die soziale Frage sehr gut studiert werden konnte. […] Ich habe gesehen […] wie es gerade in dem Zeitpunkt um die Wende des 19. zum 20. Jahrhundert möglich gewesen wäre, in die modernen breiteren Massen der arbeitenden Bevölkerung Ideen hineinzutragen, welche das heutige Chaos und die heutige Zerstörungswut auf sozialem Gebiete hätte verhindern können. Wahrhaftig, ich konnte deutlich sehen: Für aus dem Geiste heraus geborene Ideen wäre vor zwanzig Jahren, wenn man darauf seine Aufmerksamkeit gewendet hätte, eine breite Masse der Bevölkerung zugänglich gewesen.[198]

Schlusstakt

Der Prozess der Moderne ist auf halbem Wege stehengeblieben: er hat sich der Ökonomie, der Wissenschaft und der Technik bemächtigt, sie revolutioniert und tobt sich in ihnen beschränkungslos aus; er hat aus der Gesellschaft eine um die Achse von Erwerbsarbeit und Betrieb (aber auch Familie) organisierte Industriegesellschaft gemacht. Der Prozess der Moderne blieb hermetisch in die Welt der Ökonomie (und der an sie angeschlossenen Subsysteme) eingeschlossen: alle anderen gesellschaftlichen Sphären blieben von ihm unberührt. [...]
Der industrielle Kapitalismus hat keine neue Form hervorgebracht, die industrielle Revolution war nur im engsten industriellen Sinne eine. Da das heute noch herrschende, im 19. Jahrhundert beheimatete Denken dazu neigt, im technischen und ökonomischen Handeln das einzig relevante zu sehen, entgeht ihm das Hinterland, von dem die Industriegesellschaft lebt: der ganze Kosmos vorindustrieller Werte, Lebenswelten und Energien, der unsichtbar bleibt, weil die Gesetze von Mechanik und Mehrwert in ihm eine vergleichsweise geringe Rolle spielen. Die halbierte Moderne ist eine höchst irrationale: während sie höchste wissenschaftliche Vernunft darauf verwendet, im Käfig der Ökonomie die permanente Revolution zu sichern, geht sie mit allem anderen gedankenlos um – als handle es sich um unerschöpfliche Ressourcen. Stumm verbraucht, konsu-

miert sie das gesellschaftliche Ambiente, ohne ein neues zu schaffen.

Thomas Schmid
Die Chancen der Risikogesellschaft.
In: Ulrich Beck (Hrsg.)
Politik in der Risikogesellschaft.
Frankfurt 1991

Zwei Feststellungen und eine Frage

Erstens: Dreigliedern heißt, sich bewusst machen, dass der soziale Organismus nicht ein irgendwie von Menschenhand geschaffenes Konstrukt, sondern ein Zusammenspiel von drei Kräften ist. Es geht nicht darum, mit der *Dreigliederung* ein Konzept neben andere Zukunftsprojektionen zu stellen, sondern darum, «die Menschen in eine solche soziale Verbindung zu bringen, dass aus dem Zusammenwirken der Menschen die allmähliche Lösung der sozialen Frage entsteht».[199]

Zweitens: Mitten im Zweiten Weltkrieg, im Februar 1943, hat der Schriftsteller C.S. Lewis an der Universität von Durham drei Vorlesungen gehalten. Die dritte trug den Titel: *Die Abschaffung des Menschen.* – Wie heißt es doch manchmal so schön: Wir arbeiten dran. – Steiner hat sich nie lange damit aufgehalten, irgendwelche Untergangsszenarien auszubreiten. Sein großes Thema war die Zusammenarbeit. Das bezieht sich auf den engeren Umkreis eines jeden, aber auch auf den weiteren. Purer Individualismus war für ihn eher hinderlich als dienlich. Darum rief er seinen Zuhörern in Oxford im Sommer 1922 zu: «Man hat in der Menschheitsentwicklung nicht das Recht, sich als Individualität zu fühlen, wenn man sich nicht zu gleicher Zeit als Angehöriger der ganzen Menschheit fühlt.»[200]

Drittens: «Fragen wir uns jetzt: Hat menschliches Denken, hat menschliches Interesse auch vermocht, jene soziale Struktur zu schaffen, die in irgendeiner Harmonie, in irgendeiner Angemessenheit steht zu dem, was auf den Gebieten der Technik und der Industrie die menschliche Geisteskraft geschaffen hat? Man denke sich einmal hypothetisch, was geworden wäre, wenn die Menschen, oder wenn eine menschliche Individualität imstande gewesen wäre, ihre Geisteskraft, die in so gewaltiger, so großartiger Weise sich kristallisiert hat in Maschinen, in Banken und im Verkehrswesen, dazu zu verwenden, um diejenigen, welche hineingestellt sind in diese Entwicklung, auch in eine entsprechende soziale Struktur hineinzubringen.»[201]

Anhang

«Unaufhaltsam ist der Aufstieg …»

Was Schriftsteller denken
Bemerkungen des Herausgebers zu den Texten erscheinen *kursiv*.

Bertolt Brecht: *Die heilige Johanna der Schlachthöfe* (1929)
Chimamanda Ngozi Adichie: *Americanah* (2013)
Erasmus von Rotterdam: *Lob der Torheit* (1509/1510)
Henry George: *Fortschritt und Armut* (1879)
Johann Wolfgang von Goethe: *Faust II* (1830)
Henrik Ibsen: *Die Stützen der Gesellschaft* (1877)
George Bernard Shaw: *Die Häuser des Herrn Sartorius* (1892)
Friedrich Schiller: *Die Teilung der Erde* (1795)
Jean Jaques Rousseau: *Diskurs über die Ungleichheit* (1750)
Unbekannt, *The Goose and the Common* (England, 17. Jh.)

Bertolt Brecht
Die heilige Johanna der Schlachthöfe (1929)

O guter Lennox! Unaufhaltsam ist der Aufstieg dieses Ungetüms.
Ihm wird Natur zur Ware, selbst die Luft verkäuflich.
Was wir im Magen haben, er verkauft's uns nochmal.
Aus eingestürzten Häusern holt er Zins,
aus faulem Fleisch Geld – und wirfst du ihn mit Steinen,
setzt er in Geld gewiss die Steine um,
und so unbändig ist sein Geldsinn, so natürlich ihm diese Unnatur,
dass auch er selber nicht diesen Trieb in sich verleugnen könnt.

Denn wisse: er selbst ist weich und liebt das Geld nicht
Und kann nicht Elend sehen und schläft nicht nachts.
Drum musst du ihm dich nah'n mit halberstickter Stimme
Und sagen: Sieh mich an und nimm die Hand von meinem Hals,
denk an dein Alter!
Sei sicher, er erschrickt. Vielleicht: er weint …

Chimamanda Ngozi Adichie
Americanah (2013)

Alle sind hungrig in diesem Land, sagte Chief, sogar die reichen Männer sind hungrig, aber niemand ist ehrlich. – Obinze nickte, und Chief sah ihn lange an, bevor er sich wortlos erneut seinem Cognac zuwandte, um nach einer Weile seinen Monolog fortzusetzen: Es heißt, dass die Staatliche Gesellschaft zur Förderung der Landwirtschaft bankrott ist und privatisiert werden soll. Wusstest du das? Nein. Warum weiß ich es? Weil ich Freunde habe. Bis du es erfährst, habe ich mich entschieden und von der Arbitrage[202] profitiert. So funktioniert unser freier Markt! – Chief lachte. – Die Gesellschaft wurde in den sechziger Jahren gegründet und besitzt überall Land. Die Häuser sind heruntergekommen, und die Termiten fressen die Dächer. Aber sie werden verkauft. Ich werde sieben Grundstücke für jeweils 5 Millionen kaufen. Weißt du, mit wie viel sie in den Büchern stehen? Mit je einer Million. Weißt du, wie viel sie tatsächlich wert sind? Fünfzig Millionen. – Chief hielt inne und starrte auf ein klingelndes Handy – vier Handys lagen auf dem Tisch neben ihm – ignorierte es und lehnte sich auf dem Sofa zurück. Ich brauche einen Strohmann –

Ja, Sir, das kann ich machen, sagte Obinze.

Seine Cousine Nneoma wird später zu ihm sagen: Das ist deine Chance! Zed, wach auf! Die Sache hat einen großen Namen – Evaluierungsberatung –, aber es ist nicht schwierig. Man unterbewertet die Immobilie und sorgt dafür, dass es so aussieht, als ginge alles mit rechten Dingen zu. Du kaufst die Immobilie und verkaufst die Hälfte davon, um den Kaufpreis wieder reinzukriegen, und schon bist du im Geschäft! Du meldest dein eigenes Unternehmen an und als Nächstes baust du dir ein Haus in Lekki und legst dir ein paar Autos zu und bittest deine Heimatstadt, dir ein paar Titel zu verleihen, und deine Freunde, Glückwunschanzeigen für dich in die Zeitungen zu setzen, und bevor du dich umsiehst, gibt dir jede Bank, in die du einen Fuß setzt, sofort einen günstigen Kredit, weil sie glauben, dass du das Geld gar nicht mehr brauchst! Und nachdem du deine Firma angemeldet hast, brauchst du einen Weißen. Frag einen deiner Freunde in England. Erzähl allen, dass er dein Generaldirektor ist. Du wirst sehen, dass dir alle Türen offenstehen, nur weil du einen Oyinbo-Generaldirektor (western-styled) hast. Sogar Chief hat ein paar weiße Männer, die er wenn nötig zur Schau stellt. – So funktioniert Nigeria, glaub mir. – Und so funktionierte es, und so funktioniert es noch immer für Obinze.

Erasmus von Rotterdam
Lob der Torheit (1509/10)

Den törichtesten und schmutzigsten Haufen von allen stellen die Kaufleute dar, weil sie ja das widerwärtigste aller Geschäfte, und das noch auf die widerwärtigste Art betreiben. Während sie frisch drauflosIügen, Meineide schwören, stehlen, betrügen und blauen Dunst vormachen, gebärden sie sich im Bewusstsein ihres Reichtums wie Biedermänner ersten Ranges. Die Schmeichlergilde fehlt auch nicht, die sie in aller Öffentlichkeit bewundert und verehrt, damit nur ja von deren Einkünften auch ein bisschen für sie abfällt.

Henry George
Fortschritt und Armut (1879), 8. Buch, 1. Kap.

Aus der Neigung, Wesentliches mit Unwesentlichem zu verquicken, ist eine falsche Vorstellung entsprungen, welche die Gesetzgeber noch nach Möglichkeit förderten und die Nationalökonomen ihrerseits – statt deren Klarlegung zu versuchen – größtenteils sich zu eigen machten: nämlich die falsche Vorstellung, dass Privatgrundbesitz notwendig sei zu gehöriger Bodenausnutzung, und die Umwandlung desselben in Gemeingut nichts anderes hieße, als die Zivilisation zu zerstören und zur Barbarei zurückzukehren.

Diese falsche Vorstellung lässt sich ungefähr mit der Annahme vergleichen, die *Charles Lamb* zufolge noch lange Zeit unter den Chinesen vorherrschte, nachdem sie bei einem Brand von Hotis' Häuschen zufällig den Wohlgeschmack von Schweinebraten entdeckten: dass man nämlich ein Haus niederbrennen müsse, um ein Schwein braten zu können.

Obwohl es nun nach Lambs reizender Erzählung eines Weisen bedurfte, um dem Volke beizubringen, dass es Schweine braten könne, ohne darum Häuser niederzubrennen, so bedarf es doch wohl keines Weisen zur Erläuterung dafür, dass zur Pflege von Grund und Boden nicht absolutes Eigentumsrecht, sondern nur die für die Pflege nötige Sicherheit erforderlich sei. Wer sich nur umsehen will, wird dies leicht begreifen.

Es ist ebenso wenig notwendig, jemanden, um ihn zur Pflege des Bodens zu veranlassen, deshalb zum absoluten und ausschließlichen Eigentümer desselben zu machen – wie das Veranstalten einer Feuersbrunst, nur um ein Schwein zu braten – oder mit anderen Worten: die Umwandlung des Bodens in Privateigentum, um dadurch bessere Erträge zu erzielen, ist eben solch rohes nutzloses und unsicheres Beginnen, als der Plan, ein Haus lediglich deshalb niederzubrennen, um ein Schwein zu braten, roh, nutzlos und unsicher genannt zu werden verdient. Dazu haben wir für das Verharren in diesem Irrtum nicht einmal die Entschuldigung, die die Chinesen in Lambs Geschichte für das Verharren in dem ihrigen hatten, denn bis auf die Zeit des weisen Mannes, der den unvollkommenen Rost konstruierte – nach Lamb der Vorläufer des Bratspießes und des Ofens –, wusste noch niemand etwas von einem gebratenen Schweine, ausgenommen das eine Mal bei dem Brand des Hauses. Bei uns jedoch ist nichts alltäglicher, als dass der Boden von anderen als seinen wirklichen Besitzern bearbeitet wird. Der größere Teil Großbritanniens wird von Pächtern bebaut. Der größere Teil der Gebäude von London ist auf fremdem Grund und Boden errichtet. Sogar in den Vereinigten Staaten herrscht dasselbe System in höherem oder geringerem Maße. Es ist also eine überall zu beobachtende Tatsache, dass die Benutzung vom Eigentumsrecht getrennt ist.

Würde dieser Boden nicht gerade so gut bebaut und verbessert werden, wenn der Staat oder die Gemeinde dessen Ertrag für sich beanspruchten, als jetzt, wo der Ertrag in die Kassen von Privaten fließt? Wollte man mit allem Grund und Boden so verfahren, also Privateigentum an demselben nicht anerkennen – würde darum der Boden nicht ebenso gut benutzt und verbessert werden wie jetzt? Darauf kann es nur eine Antwort geben: Natürlich würde er das! Es würde also die Erklärung alles Grund und Bodens zum Gemeingut in keiner Weise der eigentlichen Benutzung und Verbesserung desselben hinderlich sein.

Nicht das Privateigentum, sondern die Sicherheit des Genusses der Verbesserungen ist für die Bodennutzung notwendig. Man braucht wirklich nicht zu jemandem sagen: Dieser Boden gehört dir – bloß um ihn zum Bebauen oder Verbessern desselben zu bewegen. Man braucht nur zu sagen: Alles, was deine Arbeit oder dein Kapital auf diesem Boden hervorbringt – es ist dein.

Gebt dem Ackerbauer die Gewissheit, dass die Ernte sein ist, so wird er schon säen. Sichert ihm den Besitz des Hauses zu, das er zu bauen beabsichtigt – und er wird es bauen. Das ist der natürliche Lohn der Arbeit. Die Menschen säen, um zu ernten; sie bauen, um Häuser zu besitzen. Das Eigentum an Grund und Boden hat damit nichts zu schaffen.

Für die gehörige Bodennutzung ist also die Anerkennung des Privateigentums an Grund und Boden nicht nur nicht notwendig, sondern im Gegenteil, sie ist eher schädlich. Behandelt man Grund und Boden als Gemeingut, so würde er genutzt und verbessert, sobald die Notwendigkeit seine Nutzung oder Verbesserung erheischte; da er aber als Privateigentum gilt, so kann der persönliche Eigentümer andere von der Nutzung oder der Verbesserung dessen abhalten, was er nicht selbst nutzen oder verbessern will. Erscheint der Rechtsanspruch streitig, so liegt das wertvollste Land während vieler Jahre brach. – Häufig liegen große Landstriche, die als Gemeingut Gebäude und Ernten tragen würden, unbenutzt da, um nur eine Laune des Besitzers zu befriedigen. In den am dichtesten besiedelten Teilen der Vereinigten Staaten ist genug Boden vorhanden, um das Drei-, ja Vierfache unserer jetzigen Bevölkerung zu erhalten; derselbe liegt aber brach, weil seine Eigentümer einen zu hohen Preis dafür verlangen.

Wir haben gesehen, dass es kein anderes Heilmittel gegen die Schäden unserer Zivilisation gibt als die Ursachen derselben zu vernichten; dass das Privateigentum an Grund und Boden gegen die Gerechtigkeit verstößt und als ein Widerspruch gegen die natürlichen Rechte zu verdammen ist.

Johann Wolfgang von Goethe
Faust II, 5. Akt (1830)

Offene Gegend, Bewohner: Philemon und Baucis: fromme Leute, bescheiden, geschäftig, alt. Ihre Lebenswelt, ein locus amoenus, ein lieblicher Ort, eine Idylle: Linden, Hütte, Kapelle, Gärtchen, alte Welt – alter Gott, Geborgenheit, Glück und zeitlose Stille, doch es kehrt Unruhe ein, denn es gibt eine neue Nachbarschaft: Hören wir, was die beiden frommen Leute zu sagen haben:

Kluger Herren kühne Knechte
gruben Gräben, dämmten ein,
schmälerten des Meeres Rechte,
schufen dichtgedrängt bewohnten Raum.
Menschenopfer mussten bluten,
nachts erscholl des Jammers Qual;
meerab flossen Feuergluten,
morgens war es ein Kanal.
Gottlos ist er, ihn gelüstet
unsre Hütte, unser Hain;
wie er sich als Nachbar brüstet,
soll man untertänig sein. –
Hat er uns doch angeboten
schönes Gut im neuen Land!

Derweil denkt Faust, der Nachbar der frommen Leute, über sein Schicksal nach:

Mein Hochbesitz, er ist nicht rein,
der Lindenraum, die braune Baute,
das morsche Kirchlein ist nicht mein.
Und wünscht' ich, dort mich zu erholen,
vor fremden Schatten schaudert mir,
ist Dorn den Augen, Dorn den Sohlen;
o! wär ich weit hinweg von hier!

Und Mephisto, Faust's Verwalter, huldigt sich selbst mit den Worten:

So haben wir uns wohl erprobt,
vergnügt, wenn der Patron es lobt.
Nur mit zwei Schiffen ging es fort,
mit zwanzig sind wir nun im Port.
Was große Dinge wir getan,
das sieht man unsrer Ladung an.
Das freie Meer befreit den Geist,
wer weiß da, was Besinnen heißt!
Da fördert nur ein rascher Griff,
man fängt den Fisch, man fängt ein Schiff,
und ist man erst der Herr zu drei,
dann hakelt man das vierte bei;
da geht es dann dem fünften schlecht,
man hat Gewalt, so hat man Recht.
Man fragt ums Was und nicht ums Wie.
Ich müsste keine Schifffahrt kennen:
Krieg, Handel und Piraterie,
Dreieinig sind sie, nicht zu trennen.

Faust's Zweifel wachsen, er verflucht sein HIER und ein Gefühl der Scham übermannt ihn. Und so hat er für die beiden alten Leute als Alternative ein schönes Gütchen ausersehn, was Mephisto nicht gerade beeindruckt: «Man trägt sie fort und setzt sie nieder, eh' man sich umsieht, steh'n sie wieder; nach überstandener Gewalt, versöhnt ein schöner Aufenthalt.»

Doch es kommt, wie es kommen musste: die Hütte und das Kapellchen der alten Leute werden ein Opfer der Flammen. Mephisto rechtfertigt die Tat:

Da kommen wir mit vollem Trab –
Verzeiht! – es ging nicht gütlich ab.
Wir klopften an, wir pochten an,
und immer ward nicht aufgetan.
Wir rüttelten, wir pochten fort,
da lag die morsche Türe dort.
Wir riefen laut und drohten schwer,
allein wir fanden kein Gehör.
Und wie's in solchem Fall geschieht,
sie hörten nicht, sie wollten nicht.
Wir aber haben nicht gesäumt,
behende dir sie weggeräumt.
Das Paar hat sich nicht viel gequält,
vor Schrecken fielen sie entseelt,
ein Fremder, der sich dort versteckt
und fechten wollte, ward gestreckt.
In wilden Kampfes kurzer Zeit
von Kohlen, ringsumher gestreut,
entflammte Stroh. Nun lodert's frei,
als Scheiterhaufen dieser drei.

Faust ist zutiefst erschüttert:

Wart ihr für meine Worte taub?
Tausch wollt' ich, wollte keinen Raub.
Dem unbesonnenen wilden Streich,
Ihm fluch' ich; teilt es unter Euch!

Henrik Ibsen
Die Stützen der Gesellschaft (1877)

Konsul Karsten Bernick ist ein reicher Schiffsreeder und Geschäftsmann in einer kleinen norwegischen Küstenstadt. Obwohl er Reichtum und Erfolg mehr oder weniger dubiosen und skrupellosen Geschäften verdankt, wird er von den Bürgern der Stadt als ein Mann von hoher Moral geachtet.

Guten Tag, Bernick! Na, gratuliere zu dem gestrigen Siege im kaufmännischen Verein. Das war ein Sieg des intelligenten Bürgertums über Egoismus und Vorurteil. Aber die Hauptschlacht muss ja noch geschlagen werden.

Es war Hilmar Tönnesen, der sich hier geradezu überschwänglich in Szene setzt und damit als Vetter von Frau Bernick seine Zugehörigkeit zur Familie des weitum beliebten Konsuls Bernick in Erinnerung ruft.

Bernick: Du meinst wohl die Eisenbahnsache?

Hilmar: Ja, du weißt doch, was der Redakteur Hammer zusammenbraut?

Bernick: Nein! Was denn?

Hilmar: Er hat sich ja des Gerüchtes bemächtigt, das jetzt umgeht, und darüber will er einen Artikel schreiben.

Bernick: Welches Gerücht?

Hilmar: Natürlich das über die großen Ankäufe von Grundstücken längs der Zweigbahn.

Bernick: Was sagst du? Ist hier ein solches Gerücht verbreitet?

Hilmar: Jawohl; in der ganzen Stadt. Ich hörte es soeben im Club. – Einer unserer Advokaten soll im Geheimen alle Waldungen, alle Erzlager, alle Wasserfälle etc. angekauft haben.

Bernick: Und sagt man nicht, für wen?

Hilmar: Im Club meinte man, es müsse für eine auswärtige Gesellschaft sein, die Wind davon erhalten, was du im Werke hättest, und die sich sehr beeilt, ehe die Grundstücke im Preise stiegen – ist das nicht niederträchtig?

Bernick: Niederträchtig?

Hilmar: Jawohl – dass Fremde in solcher Weise in unsre Gegend eindringen. Und dass noch ein Advokat hier aus der Stadt sich zu so etwas hergeben kann! Nun haben also fremde Leute den Vorteil.

Bernick: Aber es ist doch nur ein unbestimmtes Gerücht?

Hilmar: Das jedoch geglaubt wird, und morgen oder übermorgen wird Redakteur Hammer es natürlich als ein Faktum festnageln. Die Erbitterung ist schon allgemein. Ich hörte Verschiedene sagen, wenn sich das Gerücht bestätige, ließen sie sich aus den Listen streichen.

Bernick: Unmöglich!

Hilmar: So? Warum glaubst du, waren diese Krämerseelen so gern bereit, bei deinem Unternehmen mitzutun? Meinst du, sie hätten sich nicht selbst schon die Mäuler geleckt in Erwartung?

Bernick: Unmöglich, sag ich dir! So viel Bürgersinn ist doch wohl in unsrer kleinen Gesellschaft –

Hilmar: Hier? Ja, du bist nun einmal Optimist, und so beurteilst du andre nach dir selbst. Aber ich, der ich ein ziemlich geübter Beobachter bin – hier gibt es nicht einen – wir natürlich ausgenommen – nicht einen, sag ich, der das geistige Banner hochhält.

Bernick hat zunächst im Kreis seiner Familie gestanden, dass er die Grundstücke gekauft hat, und wenig später, als die Stadt ihn für seine Verdienste ehren wollte, auch vor der Versammlung der Stadt.

Bernick: Ich bin bis auf diesen Tag kein uneigennütziger Mann gewesen. Habe ich auch nicht immer nach greifbaren Vorteilen gestrebt, so bin ich mir doch jetzt bewusst, dass ein Streben und Trachten nach Macht, Einfluss und Ansehen die Triebfeder gewesen bei den meisten meiner Handlungen. –

Freiheit und Wahrheit – das sind die Stützen der Gesellschaft.

George Bernard Shaw
Die Häuser des Herrn Sartorius (1892)

Engl. Originaltitel: «Widowers House» (Haus der Witwen). Der englische Titel parodiert ein Wort aus dem Markus-Evangelium, Kap. 12, Vers 40: Sie fressen der Witwen Häuser. – Der Übersetzer, Siegfried Trebitsch, schreibt dazu (S. 63): «Da wir keine so guten Bibelkenner wie die Engländer sind, so habe ich das Drama, seinem Inhalt entsprechend, nach Rücksprache mit Shaw, für die deutsche Bühne und Buchausgabe zuerst ‹Heuchler› und für die Gesamtausgabe endgültig ‹Die Häuser des Herrn Sartorius› betitelt.
Es geht um angesehene Leute – insbesondere Herrn Sartorius –, die ihr Geld durch die Vermietung von Elendsquartieren beziehen. Shaw hat sie auch einmal als Pestbeulen, die am Leib der feinen Gesellschaft vor sich hin eitern, bezeichnet.
Hauptfiguren: Herr Sartorius, seine Tochter Blanch, Dr. Harry Trench, der Blanch heiraten möchte, und Herr Lickcheese, ursprünglich ein Miet-Eintreiber in Diensten von Sartorius und nach seinem Rausschmiss ein reicher Spekulant.

Eine Unterhaltung zwischen Sartorius und Lickcheese:

Sartorius: Ich bin Engländer und werde keinem Priester gestatten, sich in mein Geschäft einzumischen. – Jetzt will ich Ihnen etwas sagen, Herr Lickcheese: es ist jetzt das dritte Mal in diesem Jahr, dass Sie mir eine Rechnung über mehr als ein

Pfund für Reparaturen bringen. Ich habe Sie wiederholt davor gewarnt, mit diesen Zinshäusern umzugehn, als ob es sich um herrschaftliche Wohnungen in einem Westend-Viertel handelte. Ich hatte auch Gelegenheit, Sie davor zu warnen, meine Geschäfte mit Fremden zu besprechen. Sie haben vorgezogen, meine Wünsche zu missachten. Sie sind entlassen.

Lickcheese: Herr Sartorius, das ist hart, wahrhaftig. Kein Mensch auf der Welt hätte aus den gottverlassenen armen Teufeln mehr für Sie herausgepresst und weniger für Sie ausgegeben als ich. Ich habe meine Hände dabei so schmutzig gemacht, dass sie kaum mehr zu einer reinlichen Arbeit taugen, und nun werfen Sie mich –

Sartorius: Was wollen Sie damit sagen: Ihre Hände schmutzig gemacht? Wenn ich erfahren sollte, dass Sie auch nur einen Zoll breit vom Wege des Gesetzes abgewichen sind, Herr Lickcheese, dann werde ich selbst Sie anzeigen. Das Mittel, Ihre Hände rein zu halten, besteht darin, dass Sie das Vertrauen Ihrer Arbeitgeber zu gewinnen trachten. Sie werden gut daran tun, sich das für Ihre nächste Stelle zu merken.

Inzwischen waren Dr. Trench, der angehende Schwiegersohn, und sein Freund Cokane eingetreten.

Lickcheese: Erinnern Sie sich an meine Worte, meine Herren: Er wird es schon merken, was er an mir verloren hat, sobald der neue Mann ihm die ersten Wochenmieten bringt. Sie werden den

Unterschied selbst herausfinden, Herr Doktor, wenn Sie oder Ihre Kinder in den Besitz dieser Grundstücke gelangen. Ich habe dort Geld bekommen, wo kein anderer Zinseinnehmer welches herausgepresst hätte. Und das ist der Dank, den ich dafür ernte. Sehen Sie nur, meine Herren! Betrachten Sie diesen Sack Geld auf dem Tisch. Da ist kein Penny dabei, um den nicht ein hungriges Kind dasaß und nach dem Brot weinte, das dafür gekauft werden könnte. Aber ich habe das Geld für *ihn* bekommen – ich habe es aus den Leuten herausgedrückt, gepresst und gesaugt. Ich – sehen Sie, meine Herren, ich bin an diese Arbeit ziemlich gewöhnt; aber da ist Geld dabei, das ich nicht hätte nehmen können, wäre es nicht im Gedanken an meine eigenen Kinder gewesen, deren Existenz davon abhängt, dass ich *ihn* zufrieden stelle. Und weil ich ihm vierundzwanzig Schillinge dafür aufgerechnet habe, dass ich eine Treppe, auf der sich drei Frauen verletzt haben, ausbessern ließ, und um derentwillen er wegen Fahrlässigkeit hätte angeklagt werden können, wenn ich sie noch länger in solchem Zustande gelassen hätte, darum gibt er mir den Laufpass. Er wollte kein Wort mehr hören, obgleich ich mich erbötig gemacht hätte, das Geld aus meiner eigenen Tasche zu ersetzen – ja, ich bin jetzt noch bereit, es zu tun, wenn Sie nur ein gutes Wort für mich bei ihm einlegen wollten.

Dr. Trench: Sie haben Geld genommen, von dem hungrige Kinder hätten zu essen bekommen sollen! Geschieht Ihnen schon recht: wenn ich Vater eines dieser Kinder gewesen wäre, ich hätte Ihnen noch was ganz anderes als den Laufpass gegeben. Ich würde kein Wort für Sie einlegen, und wenn es um Ihre Seele ginge, falls Sie so ein Ding haben. Herr Sartorius hat ganz Recht.

Lickcheese: Man höre, höre. Sie sind wahrhaftig ein unschuldiger junger Herr. Glauben Sie, dass er mir gekündigt hat, weil ich zu hart gewesen bin? Keine Idee: sondern weil ich nicht hart genug gewesen bin. Ich habe noch nie von ihm gehört, dass er zufrieden war. Nein, er wäre es nicht, wenn ich den Armen bei lebendigem Leib die Haut abzöge. Ich sage nicht, dass er der schlimmste Hausbesitzer Londons ist; er könnte nicht schlimmer sein als manche; aber er ist nicht besser als die Schlimmsten, mit denen ich jemals zu tun gehabt habe. Und, obgleich ich es selbst von mir sage, ich bin tüchtiger als der beste Zinseinnehmer, der jemals Geschäfte für ihn gemacht hat. Ich habe mehr herausgepresst und weniger ausgegeben auf seinen Grundstücken, als irgend jemand glauben möchte, der weiß, wie das mit solchen Grundstücken ist. Ich kenne meine Verdienste, Herr Doktor, und spreche für mich selbst, wenn kein anderer es für mich tun will.

Dr. Trench: Was für Grundstücke sind das? Was für Häuser?

Lickcheese: Mietshäuser, die von Woche zu Woche vermietet werden, ganze oder halbe Zimmer – ja, oder Viertelzimmer. Das rentiert sich, wenn man es zu betreiben versteht, Herr Doktor. Nichts so wie das. Es ist nach dem Kubikfuß kalkuliert, so dass man, wenn man zimmerweise vermietet, höheren Zins bekommen kann als für einen Palast in Park Lane.

Dr. Trench: Ich hoffe, Herr Sartorius hat nicht viele solcher Grundstücke, wie viel sie auch einbringen mögen.

Lickcheese: Er hat nur solche, Herr Doktor, und er beweist seinen Verstand dabei, wie gut er sie auszunützen versteht. Für jede paar hundert Pfund seines zusammengescharrten Geldes hat er alte Häuser gekauft, Häuser, wie Sie sie kaum besichtigen könnten, ohne sich die Nase zuzuhalten. Er hat welche in St. Giles, er hat welche in Marylebone, er hat welche in Bethnal Green. – Sehen Sie nur, wie er selbst lebt, und Sie werden sehen, wie gut es ihm bekommt. Er liebt eine niedrige Sterblichkeitsziffer und Kiesboden für seine eigene Wohnung. Jawohl, kommen Sie mit nach der Robbins Gasse, und ich werde Ihnen einen Boden zeigen und Ihnen die entsprechende Sterblichkeitsstatistik erklären! Und vergessen Sie nicht, ich bin es, der dafür sorgt, dass sich das für ihn so gut rentiert. Lassen Sie ihn mal selbst hinuntergehen und seine Zinsen eintreiben. Ist aber nicht wahrscheinlich!

Dr. Trench: Wollen Sie damit sagen, dass sein ganzes Vermögen, alles, was er hat – von solchen Geschäften herrührt?

Lickcheese: Jeder Pfennig, den er hat, Herr Doktor.

Cokane: *sieht seinen Freund mitleidig an*: Ach, mein Freund: Die Liebe zum Geld ist die Wurzel allen Übels.

Friedrich Schiller
Die Teilung der Erde (1795)

«Nehmt hin die Welt!» rief Zeus von seinen Höhen
Den Menschen zu. «Nehmt, sie soll euer sein!
Euch schenk ich sie zum Erb und ewgen Lehen –
Doch teilt euch brüderlich darein!»

Da eilt', was Hände hat, sich einzurichten,
Es regte sich geschäftig jung und alt.
Der Ackermann griff nach des Feldes Früchten,
Der Junker pirschte durch den Wald.

Der Kaufmann nimmt, was seine Speicher fassen,
Der Abt wählt sich den edeln Firnewein,
Der König sperrt die Brücken und die Straßen
Und sprach: «Der Zehente ist mein.»

Ganz spät, nachdem die Teilung längst geschehen,
Naht der Poet, er kam aus weiter Fern –
Ach! da war überall nichts mehr zu sehen,
Und alles hatte seinen Herrn!

«Weh mir! So soll denn ich allein von allen
Vergessen sein, ich, dein getreuster Sohn?»
So ließ er laut der Klage Ruf erschallen
Und warf sich hin vor Jovis Thron.

«Wenn du im Land der Träume dich verweilet»,
Versetzt der Gott, «so hadre nicht mit mir.
Wo warst du denn, als man die Welt geteilet?»
«Ich war», sprach der Poet, «bei dir.»

«Mein Auge hing an deinem Angesichte,
An deines Himmels Harmonie mein Ohr –
Verzeih dem Geiste, der, von deinem Lichte
Berauscht, das Irdische verlor!»

«Was tun?» spricht Zeus, «die Welt ist weggegeben,
Der Herbst, die Jagd, der Markt ist nicht mehr mein.
Willst du in meinem Himmel mit mir leben –
So oft du kommst, er soll dir offen sein.»

Jean Jacques Rousseau
Abhandlung über den Ursprung und die Grundlagen der Ungleichheit unter den Menschen (1750)

Der Erste, der ein Stück Land eingezäunt hatte und es sich einfallen ließ zu sagen: *dies ist mein,* und der Leute fand, die einfältig genug waren, ihm zu glauben, war der wahre Gründer der bürgerlichen Gesellschaft. Wie viele Verbrechen, Kriege, Morde, wie viel Not und Elend und wie viele Schrecken hätte derjenige dem Menschengeschlecht erspart, der die Pfähle herausgerissen oder den Graben zugeschüttet und seinen Mitmenschen zugerufen hätte: Hütet euch, auf diesen Betrüger zu hören; ihr seid verloren, wenn ihr vergesst, dass die Früchte allen gehören und die Erde niemandem.

Engl. Autor, unbekannt (17. Jh.)
The Goose and the Common

The law locks up the man or woman
Who steals the goose from off the common
But leaves the greater villain loose
Who steals the common from off the goose.

Das Gesetz sperrt ein, Mann oder Frau'n,
die der Allmende Gänse klau'n.
Doch dem gröss'ren Schurken es erlaubt,
dass er der Gans die Allmende raubt.

Literatur von Rudolf Steiner zum Nach-, Weiter- und Gemeinsamlesen

Sämtliche Schriften, Vorträge und Sonderausgaben sind – zumeist auch als Taschenbuch – erschienen im Rudolf Steiner Verlag, Basel.

Die Kernpunkte der Sozialen Frage (GA 23)
Aufsätze über die Dreigliederung des sozialen Organismus und zur Zeitlage 1915–1921 (GA 24)
Die Erkenntnis der Seele und des Geistes (GA 56)
Die Kardinalfrage des Wirtschaftslebens (Vortrag in GA 79)
Westliche und östliche Weltgegensätzlichkeit (GA 83)
Entwicklungsgeschichtliche Unterlagen zur Bildung eines sozialen Urteils (GA 185a)
Die soziale Grundforderung unserer Zeit (GA 186)
Die soziale Frage als Bewusstseinsfrage, 3 Bde. (GA 189, 190, 191)
Geisteswissenschaftliche Behandlung sozialer und pädagogischer Fragen (GA 192)
Der innere Aspekt des sozialen Rätsels (GA 193)
Die Sendung Michaels (GA 194)
Geistige und soziale Wandlungen in der Menschheitsentwicklung (GA 196)
Heilfaktoren für den sozialen Organismus (GA 198)
Geisteswissenschaft als Erkenntnis der Grundimpulse sozialer Gestaltung (GA 199)
Die Erziehungsfrage als soziale Frage (GA 296)
Die soziale Frage (GA 328)
Die Befreiung des Menschenwesens als Grundlage für eine soziale Neugestaltung (GA 329)
Neugestaltung des sozialen Organismus (GA 330)
Betriebsräte und Sozialisierung (GA 331)
Soziale Zukunft (GA 332a)

Gedankenfreiheit und soziale Kräfte (GA 333)
Vom Einheitsstaat zum dreigliedrigen sozialen Organismus (GA 334)
Die Krisis der Gegenwart und der Weg zu gesundem Denken (GA 335)
Die großen Fragen der Zeit und die anthroposophische Geist-Erkenntnis (GA 336)
Soziale Ideen – Soziale Wirklichkeit – Soziale Praxis, zwei Bände (GA 337a, 337b)
Wie wirkt man für den Impuls der Dreigliederung des sozialen Organismus? (GA 338)
Anthroposophie, soziale Dreigliederung und Redekunst (GA 339)
Nationalökonomischer Kurs (GA 340)
Nationalökonomisches Seminar (GA 341)

Sonderausgaben

Soziale und antisoziale Triebe (2 Vorträge, Einzelausgabe aus GA 186).
Barometer des Fortschritts. Gesetze des sozialen Lebens. Hrsg. von Walter Kugler und Ulrich Rösch. Rudolf Steiner Verlag, Dornach 2006.
Quellentexte für ein neues Rechtsleben und für eine menschliche Gesellschaft. Anthroposophie und Jurisprudenz. Hrsg. von Günter Herrmann. Rudolf Steiner Verlag, Dornach 2000.

Anmerkungen

1 Steiner, Rudolf: *Die Kernpunkte der Sozialen Frage in den Lebensnotwendigkeiten der Gegenwart und Zukunft.* GA (= Gesamtausgabe) Bd. 23, S. 14. – Nachfolgend werden sämtliche Zitate von Rudolf Steiner ohne Namensnennung nachgewiesen.

2 Votum eines Diskussionsteilnehmers an der Betriebsräteversammlung vom 14. 06. 1919. In: Steiner, Rudolf: *Betriebsräte und Sozialisierung*. GA 331, S. 158.

3 Sämtliche Artikel sind erschienen in: *Gesammelte Aufsätze zur Kultur- und Zeitgeschichte* 1887–-1901. GA 31. Siehe im vorliegenden Buch dazu das Kapitel *Steiner unterwegs. Kommentator des Zeitgeschehens.*

4 Vortrag, Stuttgart, 15.6.1920. In: *Die Krisis der Gegenwart und der Weg zu gesundem Denken*. GA 335.

5 Sämtliche Zitate sind demselben Vortrag (siehe Anm. oben) entnommen.

6 Sontag, Susan: *The Doors und Dostojewski. Das Rolling-Stone-Interview* mit Jonathan Cott 1978. Hamburg 2014, S. 83.

7 Musil, Robert: *Tagebücher* (Heft 8, 1920). Hrsg. von Adolf Frisé, Reinbek, 2. Aufl. 1983, S. 389.

8 Beuys, Joseph: Interview mit Rainer Rappmann. In: Harlan, Rappmann, Schata: *Soziale Plastik. Materialien zu Joseph Beuys*, Achberg 1976, S. 13 f.

9 Vortrag, Oxford, 28. 8. 1922. In: *Die geistig-seelischen Grundkräfte der Erziehungskunst*. GA 305, S. 206.

10 Samuelson, Paul A. / Nordhaus, W. D.: *Volkswirtschaftslehre*. 15. Aufl. Frankfurt/Wien 1998, S. 127.

11 Vortrag, Dornach, 26.7.1922. In: *Nationalökonomischer Kurs*. GA 340, S. 38.

12 Ebenda.

13 Marc, Franz: Manuskript für seinen Vortrag *Zur Kritik der Vergangenheit* (1914). In: *Okkultismus und Avantgarde*, Katalog zur gleichnamigen Ausstellung in der Schirn-Kunsthalle

Frankfurt 1995, hrsg. von Veit Loers, Ostfildern 1995, S. 274.

14 Habermas, Jürgen: *Legitimationsprobleme im Spätkapitalismus*, Frankfurt 1973, S. 15. Siehe auch: Offe, Claus: *Krise und Krisenmanagement*. In: Jänicke, Martin (Hrsg.): *Herrschaft und Krise*, Opladen 1973.

15 Siehe auch Hurrelmann, Klaus: *Erziehungssystem und Gesellschaft*, Reinbek 1975, S. 43.

16 Bell, Daniel: *Die Zukunft der westlichen Welt. Kultur und Technik im Widerstreit*, Frankfurt 1976, S. 19f.

17 Beck, Ulrich: *Politik in der Risikogesellschaft*. Frankfurt 1991, S. 198.

18 Huber, Joseph: *Astral-Marx. Über Anthroposophen, einen gewissen Marxismus und andere Alternatiefen*. In: *Kursbuch 55*. Berlin 1979, S. 139.

19 Rede vom 13. 3. 1986. In: Wochenschrift *Das Goetheanum*, 65. Jg. 1986, Nr. 15, S. 106f.

20 Bodenmann-Ritter, Clara (Hrsg.): *Joseph Beuys – Jeder Mensch ein Künstler*. Frankfurt 1975, S. 9.

21 *Die Kernpunkte der Sozialen Frage. Vorbemerkungen über die Absicht dieser Schrift*. GA 23, S. 25.

22 Vortrag, Dornach, 29. 8.1920. In: *Geisteswissenschaft als Erkenntnis der Grundimpulse sozialer Gestaltung*. GA 199, S. 189/190.

23 Aufsatz *Papsttum und Liberalismus*. In: *Gesammelte Aufsätze zur Kultur- und Zeitgeschichte 1887–1901*. GA 31, S. 136f.

24 Quelle: https://de.wikipedia.org/wiki/Libertas_praestantissimum_donum.

25 Aufsatz *Freiheit und Gesellschaft*. In: *Gesammelte Aufsätze zur Kultur- und Zeitgeschichte 1887–1901*, GA 31, S. 255f.

26 Ebenda, S. 245.

27 Ebenda.

28 Ebenda.

29 Smith, Adam: *Theorie der ethischen Gefühle* (*The Theory of Moral Sentiments*. 1759), 1. Teil, 1. Abschnitt, 1. Kap. *Von der Sympathie*. Hamburg 2004.

30 Ders. in: *Der Wohlstand der Nationen* (*An Inquiry into the*

Nature and Causes of the Wealth of Nations. 1776). Buch 1, Kap. 2.

31 Vortrag, Zürich, 30.10.1919. In: *Soziale Zukunft*. GA 332a. Auch die folgenden Zitate sind diesem Vortrag entnommen.

32 Vortrag, Dornach, 26.7.1922. In: *Nationalökonomischer Kurs*. GA 340, S. 46.

33 *Wahrspruchworte*. Edith Maryon gewidmet 1920 und 1921. GA 40, S. 298.

34 *Mein Lebensgang*. Kap. XXII. GA 28, S. 318.

35 Vortrag, Dornach, 6.12.1918. In: *Die soziale Grundforderung unserer Zeit – In geänderter Zeitlage*. GA 186, S. 89.

36 Votum an einer Versammlung in Stuttgart am 30.5.1919. In: *Soziale Ideen – Soziale Wirklichkeit – Soziale Praxis*. Band I, GA 337a, Dornach 1999, S. 73.

37 Aufruf: *An das deutsche Volk und an die Kulturwelt!* Siehe Vortrag, Dornach, 15.2.1919. In: *Die soziale Frage als Bewusstseinsfrage*, GA 189, S. 21.

38 Ebenda, S. 22.

39 Vortrag, Dornach, 16.2.1919. In: *Die soziale Frage als Bewusstseinsfrage*. GA 189, S. 33.

40 Vortrag, Zürich, 17. 3.1920. In: *Vom Einheitsstaat zum dreigliedrigen sozialen Organismus*. GA 334.

41 *Die Kernpunkte der Sozialen Frage. Vorbemerkungen über die Absicht dieser Schrift*. GA 23, S. 25.

42 Vortrag, Berlin, 12.3.1908, *Beruf und Erwerb*. In: *Die Erkenntnis der Seele und des Geistes*. GA 56, S. 233.

43 Kant, Immanuel: *Was ist Aufklärung?* (1784).

44 Vortrag, Berlin, 2.1.1906: *Die königliche Kunst in einer neuen Form*. In: *Die Tempellegende und die Goldene Legende*. GA 93, S. 280f.

45 *Die Kernpunkte der Sozialen Frage*. GA 23, Kap. II, S. 88.

46 Vortrag, Berlin, 18.5.1905: *Die juristische Fakultät und die Theosophie*. In: *Ursprung und Ziel des Menschen*. GA 53, S. 447. Den Hinweis auf diesen Vortrag verdanke ich Prof. Dr. Günter Herrmann, dem ich erstmals als Justitiar beim Westdeutschen Rundfunk Köln begegnet bin. Später war er Intendant des Senders Freies Berlin und dann Professor für Me-

dienrecht an der Universität München. Nach seiner Emeritierung durchforstete er das mehr als 300 Bände umfassende Werk Rudolf Steiners im Hinblick auf Äußerungen über juristische Fragen, das Rechtsleben sowie geisteswissenschaftliche Hinweise, die für Juristen wesentlich sein können. Daraus wurde ein voluminöses Werk von mehr als 1000 Seiten, publiziert im Rudolf Steiner Verlag in der Reihe *Quellentexte für die Wissenschaften* unter dem Titel *Rudolf Steiner – Quellen für ein neues Rechtsleben*. Dornach 2000.

47 Vortrag, Zürich, 26. 10. 1919. In: *Soziale Zukunft*. GA 332 a, S. 107.

48 Ebenda, S. 94.

49 Siehe Herrmann, Günter: *Quellentexte für ein neues Rechtsleben und für eine menschliche Gesellschaft. Anthroposophie und Jurisprudenz*. Rudolf Steiner Verlag, Dornach 2000.

50 *Einleitungen zu Goethes Naturwissenschaftlichen Schriften*. GA 11, S. 205.

51 Vortrag, Dornach, 15. Januar 1916. In: *Die geistige Vereinigung der Menschheit durch den Christusimpuls.* GA 165, S. 217 f.

52 Rosmini-Serbati, Antonio: *La filosofia del diritto (Rechtsphilosophie),* 1841–1845, zitiert nach *Die Politik als philosophisches Problem*, hrsg. von Michele Federico Sciacca, Manz Verlag, München 1963, S. 22.

53 Siehe Oncken, Hermann, Einleitung zu Morus, Thomas: *Utopia*. Darmstadt 1964, S. 8.

54 Vortrag, Zürich, 26. 10. 1919. In: *Soziale Zukunft*. GA 332 a, S. 89.

55 Das von Roman Boos erstellte Protokoll ist noch nicht in der Gesamtausgabe erschienen. Es befindet sich im Rudolf Steiner Archiv, Dornach.

56 Vortrag, Dornach, 24. 12. 1923. In: *Die Weihnachtstagung zur Begründung der Allgemeinen Anthroposophischen Gesellschaft 1923/24*. GA 260, S. 50.

57 Ebenda.

58 Vorträge: *Wie wirkt man für den Impuls der Dreigliederung des sozialen Organismus?* (darin enthalten der sog. Agitato-

renkurs). GA 338. Siehe auch Kugler, Walter: *Polnisch oder Deutsch? Oberschlesien, ein Schulbeispiel für die Notwendigkeit der Dreigliederung.* In: Schriftenreihe *Beiträge zur Rudolf Steiner Gesamtausgabe*, Heft 93/94, Rudolf Steiner Verlag, Dornach, Michaeli 1986.

59 *Entwurf der Grundsätze einer Anthroposophischen Gesellschaft.* In: *Das Schicksalsjahr 1923 in der Geschichte der Anthroposophischen Gesellschaft.* GA 259, S. 637ff.

60 *Betriebsräte und Sozialisierung. Diskussionsabende mit Arbeiterausschüssen der großen Betriebe Stuttgarts.* GA 331; siehe auch Kugler, Walter: *Alle Macht den Räten? Rudolf Steiner und die Betriebsrätebewegung 1919.* In: *Beiträge zur Rudolf Steiner Gesamtausgabe*, Heft 103. Rudolf Steiner Verlag, Dornach, Michaeli 1989.

61 Siehe Anmerkung 58.

62 Vortrag, Stuttgart, 3. 5. 1920. In: *Soziale Ideen, Soziale Wirklichkeit, Soziale Praxis.* GA 337a, S. 167.

63 Vortrag, Dornach, 6. 8. 1920. In: *Geisteswissenschaft als Erkenntnis der Grundimpulse sozialer Gestaltung.* GA 199, S. 24.

64 Vortrag, 6. 10. 1918. In: *Die Polarität von Dauer und Entwickelung im Menschenleben.* GA 184, S. 255 f.

65 Seminarbesprechung, Dornach, 2. 8. 1922. In: *Nationalökonomisches Seminar.* GA 341, S. 41 f.

66 Ibsen, Sigurd: *Politikkens Motsetninger*, Oslo 1925. Der vollständige Artikel von Ibsen ist wiedergegeben in Kugler, Walter: *Rudolf Steiner und die Anthroposophie*, DuMont-Verlag, Köln, 4. Aufl. 2010, S. 217.

67 Erschienen in *Neues Wiener Journal*, Nr. 11647 vom 25. April 1926.

68 Notizzettel, Archiv-Nrn. NZ 4970 / 4971, Rudolf Steiner Archiv, Dornach. Über Anlass, Zweck, Adressaten und Zeitpunkt ist nichts Näheres bekannt.

69 Samuelson, Paul A. / Nordhaus, W. D.: *Volkswirtschaftslehre.* 15. Aufl. Frankfurt/Wien 1998, S. 181.

70 Wittgenstein, Ludwig: *Vermischte Bemerkungen. Eine Auswahl aus dem Nachlass.* Frankfurt 1977, S. 143.

71 Vortrag, Dornach, 11. 08. 1919. In: *Die Erziehungsfrage als soziale Frage*. GA 296, S. 65.
72 Vortrag, Dornach, 28. 07. 1922. In: *Nationalökonomischer Kurs*. GA 340, S. 75.
73 Vortrag, Bern, 11. 3. 1919. In: *Die Befreiung des Menschenwesens als Grundlage für eine soziale Neugestaltung*. GA 329.
74 Feyerabend, Paul: *Wissenschaft als Kunst*. Frankfurt 1984.
75 George, Henry: *Fortschritt und Armut* (1879), 8. Buch, 1. Kap. S. 349 ff.
76 Balkrishna Doshi, Interview in: *Das Magazin*, Beilage zur Basler Zeitung, Nr. 11 vom 16. März 2019.
77 Süddeutsche Zeitung vom 27./28. Februar 2010.
78 Christian Sewing. Basler Zeitung vom 9. Juli 2019.
79 Basler Zeitung vom 27. 2. 2010.
80 Löbl, Eugen: *Wirtschaft am Wendepunkt*. Achberg, Köln 1975, S. 42.
81 Vortrag, Ulm, 26. 5. 1919. In: *Gedankenfreiheit und soziale Kräfte*. GA 333, S. 21.
82 Vortrag, Zürich, 5. 2. 1919. In: *Die soziale Frage*. GA 328, S. 45.
83 *Die Kernpunkte der Sozialen Frage*. GA 23, S. 106.
84 Ebenda, S. 109.
85 Ebenda.
86 Ibsen, Sigurd: *Gegensätze der Politik* (Politikkens Motsetninger), Oslo 1925, in *Beiträge zur Rudolf Steiner Gesamtausgabe*. Heft 58/59, Dornach 1977, S. 56.
87 Vortrag, Stuttgart, 22. 5. 1919. In: *Betriebsräte und Sozialisierung*. GA 331, S. 62.
88 Quelle: Der Geist von Davos ist verraucht. WEF 2017 – tagesanzeiger.ch.
89 Rousseau, Jean Jaques: *Abhandlung (Diskurs) über den Ursprung und die Grundlagen der Ungleichheit unter den Menschen* (1750).
90 Vortrag, Dornach, 14. 4. 1919. In: *Vergangenheits- und Zukunftsimpulse im sozialen Geschehen*. GA 190, S. 217.
91 Vortrag, Dornach, 29. 8. 1920. In: *Geisteswissenschaft als Erkenntnis der Grundimpulse sozialer Gestaltung*. GA 199, S. 189 f.

92 Vortrag, Dornach, 27.07.1922. In: *Nationalökonomischer Kurs*. GA 340.

93 Quelle: https://www.zeit.de/2010/52/Woergl/Seite-2.

94 Vortrag, Kristiania (Oslo) 30.11.1921. In: *Die Wirklichkeit der höheren Welten*. GA 79, S. 267. Auch in Steiner, Rudolf: *Barometer des Fortschritts. Gesetze des sozialen Lebens*. Hrsg. von Walter Kugler und Ulrich Rösch. Rudolf Steiner Verlag, Dornach 2006.

95 Marc, Franz: *Geistige Güter*. In: *Der Blaue Reiter*. Almanach 1912.

96 Vortrag, Zürich, 26.10.1919. In: *Soziale Zukunft*. GA 332a, S. 99.

97 Assmann, Aleida: *Wo ist der Geist heute?* In: *Rudolf Steiner und die Kunst der Gegenwart*. Katalog zur gleichnamigen Ausstellung, hrsg. von Markus Brüderlin und Ulrike Gross, Köln 2010.

98 Vortrag *Die Kardinalfrage des Wirtschaftslebens*. Kristiania (Oslo), 30.11.1921. In: *Die Wirklichkeit der höheren Welten*. GA 79, S. 246.

99 *Die Philosophie der Freiheit. Grundzüge einer modernen Weltanschauung. Seelische Beobachtungsresultate nach naturwissenschaftlicher Methode* (1894). GA 4.

100 Vortrag, Zürich, 17.03.1920. In: *Vom Einheitsstaat zum dreigliedrigen sozialen Organismus*. GA 334, S. 105.

101 Aufsatz: *Die Dreigliederung des sozialen Organismus, eine Notwendigkeit der Zeit* (1919). In: *Aufsätze über die Dreigliederung des sozialen Organismus und zur Zeitlage 1915–1921*. GA 24, S. 37.

102 Ebenda, S. 38.

103 *Die Kernpunkte der Sozialen Frage*. GA 23, S. 11.

104 Bell, Daniel: a.a.O., S. 23.

105 Die Kernpunkte …, a.a.O., S. 10f.

106 Vortrag, Oxford, 23.08.1922. In: *Die geistig-seelischen Grundkräfte der Erziehungskunst. Spirituelle Werte in Erziehung und sozialem Leben*. GA 305, S. 133f.

107 Vortrag, Dornach, 23.12.1921. In: *Nordische und mitteleuropäische Geistimpulse*. GA 209, S. 134.

108 Vortrag, Stuttgart, 22.4.1919. In: *Neugestaltung des sozialen Organismus*. GA 330, S.15f.

109 Vortrag, Wien, 14.4.1914. In: *Inneres Wesen des Menschen und Leben zwischen Tod und neuer Geburt*. GA 153, S.174.

110 Aufsatz. In: *Aufsätze über die Dreigliederung des sozialen Organismus und zur Zeitlage 1915–1921*. GA 24, S.269f.

111 Vortrag, Zürich, 14.11.1917. In: *Die Ergänzung heutiger Wissenschaften durch Anthroposophie*. GA 73, S.197f.

112 Wilson, Woodrow: *Die neue Freiheit*. Kap. *Was ist Fortschritt? M*ünchen 1914, S.65f.

113 Vortrag, Dornach, 20.2.1920. In: *Geistige und soziale Wandlungen in der Menschheitsentwicklung*. GA 196, S.245.

114 Lerchenfeld, Graf, Otto: *Erinnerungen*. In: Boos, Roman (Hg.) *Rudolf Steiner während des Weltkrieges*. Dornach 1933, S.58.

115 Ebenda.

116 Ebenda, S.59.

117 Votum beim Zweiten Diskussionsabend des Schweizer Bundes für Dreigliederung des sozialen Organismus, Dornach, 19.7.1920. In: *Soziale Idee – Soziale Wirklichkeit – Soziale Praxis*. GA 337b, S.34f.

118 Vortrag, Kristiania (Oslo), 24.11.1921. In: *Nordische und Mitteleuropäische Geistimpulse*. GA 209, S.13.

119 Polzer-Hoditz, Graf, Arthur: *Kaiser Karl. Aus der Geheimmappe seines Kabinettchefs*. Wien 1929, S.504f.

120 Die Denkschrift gab im Wesentlichen den Inhalt der Memoranden Rudolf Steiners wieder, die ihm einige Monate zuvor übergeben worden waren. Bei seiner Abschiedsaudienz legte Polzer-Hoditz seine Denkschrift dem österreichischen Kaiser vor.

121 In: *Aufsätze über die Dreigliederung des sozialen Organismus und zur Zeitlage*. GA 24. S.386–391.

122 Vortrag, Stuttgart, 2.1.1921. In: *Wie wirkt man für den Impuls der Dreigliederung des sozialen Organismus?* GA 338, S.224.

123 Ebenda, S.364f.

124 *Die Kernpunkte der Sozialen Frage* (1919). GA 23, S. 60.
125 Wiesberger, Hella, in: *Beiträge zur Rudolf Steiner Gesamtausgabe*. Nr. 27/28, Dornach 1969, S. 13.
126 Komitee: gemeint ist das Komitee zur Gründung eines Kulturrates.
127 Über München war gerade am Tage zuvor (2. Mai) infolge blutiger Auseinandersetzungen zwischen Reichstruppen und der Roten Armee (Räterepublik) der Kriegszustand verhängt worden.
128 Ebenda, S. 10 f.
129 Spa: 1918/19 Sitz der Waffenstillstandskommission; im Juli 1920 Ort der ersten Konferenz zwischen Deutschen und Alliierten nach Friedensschluss.
130 In: Wochenzeitung *Dreigliederung des sozialen Organismus*, hrsg. vom ‹Bund für soziale Dreigliederung›. Stuttgart 1919, Heft I/3.
131 Vgl. Oertzen, Peter von: *Betriebsräte in der Novemberrevolution*, Düsseldorf 1961.
132 Vgl. Kolb, Eberhard / Schönhoven, Klaus: *Regionale und lokale Räteorganisationen in Württemberg 1918/19*. Düsseldorf 1974.
133 Siehe Molt, Emil: *Entwurf meiner Lebensbeschreibung*. Stuttgart 1972.
134 Leinhas, Emil: *Aus der Arbeit mit Rudolf Steiner*. Basel 1950.
135 Unger, Carl: *Zur Geschichte der Dreigliederung*. In Wochenzeitung *Dreigliederung des sozialen Organismus*, Nr. 1 vom 8. Juli 1919.
136 Molt, Emil: Manuskript (Rudolf Steiner Archiv, Dornach), S. 279, zu dem 1972 erschienenen *Entwurf meiner Lebensbeschreibung*. Im Druck ist dieser Passus weggefallen.
137 Kühn, Hans: *Dreigliederungszeit*. Dornach 1978.
138 Votum an einem Diskussionsabend mit den Arbeiter- und Angestelltenausschüssen der Stuttgarter Großbetriebe im Gewerkschaftshaus in Stuttgart am 14. Juni 1919. In: *Betriebsräte und Sozialisierung. Diskussionsabende mit Arbeiterausschüssen*. GA 331, S. 136 ff.
139 Ebenda, S. 159.

140 Vortrag, Dornach, 3.4.1920. In: *Heilfaktoren für den sozialen Organismus.* GA 198, S. 80.
141 Vorträge, Stuttgart, 1. und 2.1.1921. In: *Wie wirkt man für den Impuls der Dreigliederung des sozialen Organismus?* GA 338, S. 197 ff.
142 Dieses und die folgenden Zitate sind entnommen den Vorträgen vom 1. und 2. Januar 1921. Siehe vorangehende Anmerkung.
143 Leinhas, Emil: *Aus der Arbeit mit Rudolf Steiner.* Basel 1950, S. 87.
144 Umlauff, Ernst: *Oberschlesien.* In: *Wochenschrift Dreigliederung des sozialen Organismus.* 2. Jg. Nr. 10, Sept. 1920.
145 Heyer, Karl: *Die oberschlesische Aktion 1920/21 für die Dreigliederung des sozialen Organismus.* In: *Mitteilungen aus der Anthroposophischen Arbeit in Deutschland.* 16. Jg. Heft 1, Ostern 1962, Nr. 59. Siehe auch Heyers Aufsatz *Der Weg zur Lösung der oberschlesischen Frage.* In: *Wochenschrift Dreigliederung des sozialen Organismus.* 2. Jg. Nr. 31.
146 Kühne, Walter: *Persönliche Erinnerungen an Rudolf Steiner und seinen Menschenkreis*, unveröffentlichtes Manuskript, S. 62. Rudolf Steiner Archiv, Dornach.
147 Kühn, Hans: *Dreigliederungszeit. Rudolf Steiners Kampf für die Gesellschaftsordnung der Zukunft.* Dornach 1978, S. 126.
148 Bartsch, Moritz: *Von den Anfängen der anthroposophischen Arbeit in Schlesien.* In: *Aus der Arbeit der Anthroposophischen Gesellschaft in Deutschland.* 6. Heft, Stuttgart, September 1934.
149 Kühne, Walter, a. a. O., S. 54.
150 Aus dem von der Schriftleitung unterzeichneten Aufsatz *Dreigliederung und Oberschlesien.* In: Wochenschrift *Dreigliederung des sozialen Organismus.* 2. Jg. Nr. 40, 5. April 1921.
151 Siehe Anm. 147.
152 Vortrag, Dornach, 3.4.1920. In: *Heilfaktoren für den sozialen Organismus.* GA 198, S. 80.
153 Bericht, Dornach, 18.6.1922. In: *Westliche und östliche Weltgegensätzlichkeit.* GA 83, S. 358 ff.

154 In: *Aufsätze über die Dreigliederung des sozialen Organismus und zur Zeitlage* 1915–1921. GA 24, S. 460f.
155 *Mein Lebensgang*. GA 28, S. 146f.
156 Ebenda, S. 369.
157 Ebenda, S. 370.
158 *Antwort an John Henry Mackay*. In: *Gesammelte Aufsätze zur Kultur- und Zeitgeschichte 1887–1901*, GA 31, S. 283f.
159 *Mein Lebensgang*. GA 28, S. 372.
160 Vortrag, Dornach, 27.10.1918. In: *Geschichtliche Symptomatologie*. GA 185, S. 136.
161 Ebenda, S. 26.
162 Eisner, Kurt: *Wilhelm Liebknecht. Sein Leben und Wirken*. Berlin 1900, S. 56.
163 Ebenda.
164 Schulz, Heinrich: *Politik und Bildung. Hundert Jahre Arbeiterbildung*. Berlin 1931, S. 75.
165 Bernstein, Eduard: *Die Geschichte der Berliner Arbeiter-Bewegung*. Berlin 1910, S. 390.
166 Arbeiter-Bildungs-Schule Berlin, Jahresbericht über die Tätigkeit vom 1. April 1900 bis 31. März 1901. Berlin 1901, S. 1. Rudolf Steiner Archiv, Dornach/Schweiz.
167 Fricke, Dieter: *Handbuch zur Geschichte der deutschen Arbeiterbewegung 1869 bis 1917 in zwei Bänden*. Band 1, Berlin 1987, S. 677.
168 Siehe Anm. 165, ebenda, S. 391f.
169 Bagger, Wolfgang: *Untersuchungen zur Geschichte des Berliner Arbeiter-Bildungs-Instituts von 1878 und der Arbeiter-Bildungsschule Berlin 1891 bis 1914*. Dissertation Humboldt-Universität, Berlin 1983, S. VII.
170 Ebenda, S. 65f.
171 Arbeiter-Bildungsschule, Berlin. Jahres-Bericht über die Tätigkeit vom 1. April 1898 bis 31. März 1899, Berlin 1899, S. 3, Rudolf Steiner Archiv, Dornach/Schweiz.
172 Siehe Mücke, Johanna / Rudolph, Alwin: *Erinnerungen an Rudolf Steiner und seine Wirksamkeit an der Arbeiterbildungsschule in Berlin 1899–1904*. Basel 1979, S. 40ff.

173 Eisner, Kurt: *Die halbe Macht den Räten. Ausgewählte Aufsätze und Reden*, eingeleitet und herausgegeben von Renate und Gerhard Schmolze, S. 29.
174 Mücke / Rudolph, a. a. O., S. 47.
175 Ebenda, S. 14.
176 *Mein Lebensgang*. GA 28, Kap. XXVIII, S. 375.
177 Mücke / Rudolph, a. a. O., S. 14 f.
178 Mein Lebensgang, a. a. O., S. 376 f.
179 Mücke / Rudolph, a. a. O., S. 21 f.
180 Sohnrey, Heinrich: *Grete Lenz. Leben und Erlebnisse eines Großstadtkindes.* Dresden 1909, S. 366.
181 Mücke / Rudolph, a. a. O., S. 20 f.
182 Ebenda, S. 91.
183 *Der freie Bund,* Organ für genossenschaftliche Arbeit auf dem Gebiet der freien Volksbildung, III. Jg. Nr. 2, Leipzig, Februar 1901, S. 3.
184 Mücke / Rudolph, a. a. O., S. 89.
185 Rudolf Steiner Archiv, Dornach.
186 Steiner, Rudolf / Steiner-von Sivers, Marie: *Briefwechsel und Dokumente 1901–1925*. GA 262, S. 38 f.
187 Notizbucheintragung Oktober 1904, Archiv-Nr. NB 199. Rudolf Steiner Archiv, Dornach.
188 Unger-Winkelried, Emil: *Von Bebel zu Hitler*. Berlin 1934, S. 48 f.
189 *Vorwärts,* Berliner Volksblatt, 3. Beilage, 22. Oktober 1904.
190 Mücke / Rudolph, a. a. O., S. 27.
191 Ebenda.
192 Ebenda, S. 28.
193 Unger-Winkelried, siehe Anm. 188, ebenda S. 50.
194 Olbrich, Josef: *Arbeiterbildung nach dem Fall des Sozialistengesetzes (1890–1914). Konzeption und Praxis.* Braunschweig 1982; insbesondere das Kapitel *Die Arbeiterbildungsschule in Berlin (1891–1914),* verfasst von Hans-Jürgen Eckl, Karin Iwan und Wolfgang Weipert.
195 Fricke, Dieter: *Handbuch zur Geschichte der Deutschen Arbeiterbewegung 1869 bis 1917.* Zwei Bände, Bd. 1, Berlin (Ost) 1987, S. 679.

196 Vortrag, 27.10.1918. In: *Geschichtliche Symptomatologie.* GA 185, S. 149.

197 *Mein Lebensgang*. GA 28, S. 375 ff.

198 Vortrag, Zürich, 24.10.1919. In: *Soziale Zukunft.* GA 332a, S. 31 f.

199 Vortrag *Die Kardinalfrage des Wirtschaftslebens,* Kristiania (Oslo), 30.11.1921. In: *Die Wirklichkeit der höheren Welten.* GA 79, S. 260.

200 Vortrag, Oxford, 29.8.1922. In: *Die geistig-seelischen Grundkräfte der Erziehungskunst.* GA 305, S. 228.

201 Vortrag *Beruf und Erwerb*, Berlin, 12.03.1908. In: *Die Erkenntnis der Seele und des Geistes.* GA 56, S. 231 f.

202 Arbitrage ist in der Wirtschaft die ohne Risiko vorgenommene Ausnutzung von Kurs-, Zins- oder Preisunterschieden zum selben Zeitpunkt an verschiedenen Orten zum Zwecke der Gewinnmitnahme.

Abbildungsnachweis